Wolfgang W. Müller (Hg.)

Christentum und Islam
Plädoyer für den Dialog

T V Z

Wolfgang W. Müller (Hg.)

Christentum und Islam

Plädoyer für den Dialog

EDITION **N Z N**
BEI **T V Z**

Theologischer Verlag Zürich

Schriften Ökumenisches Institut Luzern 8

Die deutsche Bibliothek – Bibliografische Einheitsaufnahme
Die Deutsche Bibliothek verzeichnet diese Publikation in der Deutschen
Nationalbibliografie;
detaillierte bibliografische Daten sind im Internet über <http://dnb.ddb.de>
abrufbar.

ISBN 978-3-290-20054-1

Umschlaggestaltung: Simone Ackermann, Zürich
Satz: Verena Schaukal, Paris
Druck: ROSCH-BUCH GmbH, Scheßlitz

© 2009 Theologischer Verlag Zürich
www.tvz-verlag.ch

Inhaltsverzeichnis

Vorwort

«Seit Jahrhunderten leben Muslime in Europa. Sie bilden in manchen europäischen Ländern starke Minderheiten. Dabei gab und gibt es viele gute Kontakte und Nachbarschaft zwischen Muslimen und Christen, aber auch massive Vorbehalte und Vorurteile auf beiden Seiten. Diese beruhen auf leidvollen Erfahrungen in der Geschichte und in der jüngsten Vergangenheit.»[1]

Mit diesen Worten umschreibt die «Charta Oecumenica», ein Dokument für die wachsende Zusammenarbeit unter den Kirchen in Europa, die Aufgaben, die sich heute beiden Konfessionen stellen. Christentum und Islam kennen eine lange Geschichte, denn dem Islam war das Christentum seit seiner Entstehung bekannt. Immer wieder wird im Koran auf die Person Jesu und seine Lehre Bezug genommen. Die Geschichte eines christlich-islamischen Dialogs beginnt aus diesen historischen Gründen nicht erst in der Moderne. Der Dialog war über Jahrhunderte hinweg von Höhen und Tiefen bestimmt.[2]

---

1 Abschnitt 11 der Charta Oecuemenica trägt den Titel «Beziehungen zum Islam pflegen». Zum Text der Charta Oecumenica siehe www.unilu.ch/files/dogmatik_charta_oecumenica_6632.pdf (24.03.2009).

2 Zur Geschichte des christlich-islamischen Dialogs vgl. *Daniel, Norman:* The Arabs and Medieval Europe, London: Longman, 1975; *Weidner, Stefan:* Manual für den Kampf der Kulturen. Warum der Islam eine Herausforderung ist, Frankfurt a. M.: Verlag der Weltreligionen, 2008; *Heine, Peter:* Einführung in die Islamwissenschaft, Berlin: Akademie Verlag, 2009, 195–210.

Die Theologien der einzelnen Religionsgemeinschaften haben sich nur vereinzelt in unapologetischer Weise mit der jeweils anderen Religion auseinandergesetzt. In seiner «Summa contra gentiles», wahrscheinlich wurde das Werk im Jahr 1264 abgeschlossen, fragt Thomas von Aquin nach dem Islam als einer vom christlichen Glauben wahrgenommenen Religion, deren theologische Bedeutung auf der Basis philosophischer Reflexionen entfaltet wird. Im Anschluss an die Beschäftigung mit dieser Thematik in seinem grossen Werk geht der Aquinate in der kleinen Schrift «De rationibus fidei contra sarracenos» auf muslimische Anfragen zur christlichen Religion ein. Diese zweite Schrift von Thomas ist eine eigentliche Gebrauchsschrift, da sie für die Mission verfasst worden ist.

Ebenso hat Ramon Llull in seinem Werk «Llibre del gentil» (1276) einen Versuch unternommen, Christen, Juden, Muslime und Heiden eine Übereinstimmung in Kerninhalten ihrer jeweiligen Religion auf der Grundlage der natürlichen Vernunft aufzuzeigen. Nikolaus von Kues, wahrscheinlich vom Mallorquiner Theologen beeinflusst, verfasst seine Schrift «De pace fidei» nach der Eroberung des christlichen Konstantinopel durch die muslimischen Türken im Jahr 1453. In dieser Schrift entwirft er einen idealen Dialog aller Völker und Nationen und leitet an, die eigene Religion von aussen zu betrachten und hinter den Verschiedenheiten an der Oberfläche das unsichtbar Gemeinsame zu sehen.

Der Islam als die jüngste unter den grossen Weltreligionen wurde vom Propheten ausgelöst und weitete sich erstaunlich schnell aus. 600 Jahre nach Entstehung des Christentums entstand eine weltumfassende Erneuerung, die vielleicht von der damaligen Schwäche des Christentums in seiner jakobitischen und nestorianischen Ausprägung, mit denen der Religionsgründer in Kontakt kam, profitierte.[3] Dass die verschiedenen theologischen Richtungen

3   Siehe zum Folgenden *Zirker, Hans:* Islam, Düsseldorf: Patmos, 1993; Groupe de recherche islamo-chrétien. Ces Ecritures qui nous questionnent. La Bible & le Coran, Paris: Le Centurion, 1987; *Renz, Andreas/Leimgruber, Stephan (Hg.):* Lernprozess Christen Muslime, Münster: LIT, 2002; *Schmid, Hansjörg:*

des Christentums untereinander zerstritten waren, lässt sich aus der Sure 5 des Korans herauslesen. In dieser Sure heisst es, die Christen hätten in ihrem Streit Teile der Offenbarung vergessen, aber zuletzt doch offenbar gemacht, was sie zwar schon besassen, aber durch die Streitigkeiten verdunkelten (vgl. Q 5:48; ähnlich Q 2:148). Der Prophet verstand sich zunächst als ein Erneuerer der abrahamitischen Religion und machte den Islam zugleich als einen Weg publik, um die Botschaft für Völker verständlicher zu machen, denen die griechische Metaphysik fern lag. So finden sich zahlreiche Motive der Bibel, der Tora und des Evangeliums im Koran. Der Stifter des Islams hat sich aber zugleich bewusst abgegrenzt von dem, was er als Christentum verstand.

Die Begegnung beider Religionen war und ist aber auch durch polemische und apologetische Abgrenzungen durch die Jahrhunderte geprägt worden. Die Welt als *globale village*, die Migrationsströme auf dem europäischen Kontinent rufen heute erneut nach einer Begegnung beider Religionen. Die postulierte Begegnung – als Dialog geführt – impliziert mehrere Elemente. Zum einen gilt es, das Wissen der jeweils anderen Religion in Geschichte und Gegenwart, historisch und systematisch zu vertiefen. Ebenso müssen Chancen und Risiken des Dialogs in aller Offenheit sowohl die theologischen als auch die aussertheologischen Faktoren bedenken. Die Reflexion auf eine grosse und weltweit agierende Religion als *way of life* kann unter zwei Momenten betrachtet werden. Die Rede *about religion* thematisiert die historischen, kulturellen, gesellschaftlichen und politischen Phänomene der jeweiligen Religion in Geschichte und Gegenwart. *Learning in religion* hingegen spricht vom theologischen Diskurs, der vom (kritischen) Selbstverständnis der jeweiligen Glaubensgemeinschaft geführt und vorangetrieben wird.

Die aktuelle Situation des Interreligiösen kennt zwei in sich gegensätzliche Bewegungen, die sich aus dem Zusammentreffen

---

Theologische Fragen im christlich-islamischen Verhältnis, in: Theologische Revue 103 (2007) 89–112.

von Religion und Moderne ergeben. Zum einen wird angesichts der radikalen Infragestellung des Glaubens in der (Post-) Moderne (wieder) die Tendenz einer «Rekonfessionalisierung» der je eigenen Religion gepflegt. Die Abschottung gegenüber der (säkularen) Moderne und anderen Religionsgemeinschaften soll eine Identitätssicherung der Glaubensgemeinschaft mit sich bringen. Jede Hochreligion kennt das Phänomen der Institutionalisierung und des Fundamentalismus.

Die andere Richtung setzt auf Dialog und sucht eine Verständigung, die Gemeinsamkeiten und Differenzen in aller Klarheit benennt. Beide Dialogpartner suchen eine Verständigung und stellen sich unter den Aspekt der Wahrheit der Sache, um die es im Gespräch geht. Die Verständigung ist dann nicht ein blosses Sichausspielen und Durchsetzen des eigenen Standpunktes, sondern eine Annäherung an das gemeinsam Verbindende.

Der Dialog zwischen Christentum und Islam kann zum einen aufgrund einer theologischen Motivation geführt werden. Hierbei stehen Themen beider Glaubensgemeinschaften im Zentrum des Gesprächs, das nach Verständnismöglichkeiten zwischen beiden Religionen sucht. Andererseits kann die Begegnung unter dem Aspekt stehen, die jeweilige Religion als kulturprägendes Element einer Gesellschaft zu verstehen. Beide Zugangsweisen, Religion als Glaubensgemeinschaft und als Kulturträger zu sehen, sind bei dem postulierten Dialog zu berücksichtigen.[4] Die in Luzern durchgeführte Tagung «Christentum und Islam in Europa» war in

---

4 Auf diesen Sachverhalt verweist beispielsweise der tunesische Autor Abdelwahab Meddeb (La maladie de l'Islam. Paris: Seuil, 2005; dt.: Die Krankheit des Islams. Zürich: Unionsverlag, 2007). Diesen Unterschied, Religion unter beiden Aspekten zu betrachten, griff der US-amerikanische Präsident Barack Obama in seiner Rede vor der Al-Azhar-Universität in Kairo auf, vgl. Text der Rede, am 4. Juni 2009 gehalten: www.faz.net/s/RubDDBDABB9457BAA85A49C26FB23AO/Doc-E0D02B826F4374BD2B2EAF52354CCD41E-ATpl-Ecommon-Scontent.html; Originaltext unter: www.independent.co.uk/news/world/middle-east/obamas-speech-cairoin-full-1696792.html.

ihrer methodischen wie inhaltlichen Ausrichtung beiden Aspekten verpflichtet

Die Begegnung zwischen Christentum und Islam stellt für beide Dialogpartner eine theologische wie gesellschaftliche Herausforderung dar. Zur aktuellen Stunde scheint es eine Aufgabe des theologischen, gesellschaftlichen und politischen Diskurses in Europa zu sein, verstärkt einen Dialog mit dem Islam zu pflegen. Es geht dabei bei nicht um ein Gespräch *über* den Islam seitens der christlichen Kirchen und Theologien, sondern um ein Sprechen *mit* dem Islam.

Ansätze zum Dialog sind gemacht, zu denken wäre beispielsweise an den Brief der 138 muslimischen Gelehrten an die Leitungen der christlichen Kirchen im Jahr 2007 oder an das Religionsgespräch im Jahr 2008 in Madrid. Beide Initiativen stehen unter dem methodischen Ansatz *A common word between us and you*. Im November 2008 fand ebenfalls in Rom ein katholisch-islamisches Forum zu dem Thema Gottesliebe – Nächstenliebe statt.

In diese erwähnte Gesprächssituation schreibt sich die bereits erwähnte «Charta Oecumenica» ein.

Das Ökumenische Institut Luzern hat sich neben dem eigentlichen ökumenischen Dialog der christlichen Kirchen und Theologien seit einigen Jahren auch der Frage des interreligiösen Gesprächs, des Näheren dem Dialog Christentum/Islam gestellt. Im vorliegenden Band der Reihe «Schriften Ökumenisches Institut Luzern» liegen Beiträge von islamischer und christlicher Seite zu ausgewählten Themen des aktuellen Dialogs Christentum/Islam vor. Die Beiträge stammen von einer Tagung, die das Ökumenische Institut in Zusammenarbeit mit dem Religionswissenschaftlichen Seminar der Universität Luzern im Februar 2008 in Luzern durchführte. Die Tagung hatte sich zum Ziel gesetzt, die zunehmende Bedeutung des Themas Religion für den europäischen Diskurs über Identität, Selbstverständnis, Sicherheit und Zukunft zu erkunden. Die Tagung «Christentum und Islam als öffentliches Thema in Europa» führte dabei Stimmen verschiedener wissenschaftlicher Disziplinen und aus der Politik zusammen. Gleichfalls wurden Impulse aufgenommen, die Wolfgang Schäuble, Berlin, bei seiner Vorlesung im Rahmen der «Otto-Karrer-Vorlesungen» im Jahr 2007 in Luzern gab.[5]

Alle Beiträge liegen in einer für die Publikation leicht überarbeiteten Fassung vor, weshalb vorliegendes Buch z.T. Züge eines Tagungsberichtes trägt. Die Inhalte der einzelnen Beiträge sollen in diesem Vorwort weder kurz referiert noch systematisiert werden.

Die verschiedenen Positionen, die die einzelnen Beiträge kennzeichnen und artikulieren, spiegeln die dialogische Gesprächssituation des christlich-muslimischen Dialogs wider. Dabei geht es nicht um einen einfachen und billigen Konsens, sondern um das gemeinsame Ringen, unter den verschiedenen Ansätzen und Auffassungen von Religion eine gemeinsame Sprache zu finden, die die beiden Pole des Dialogs, Identität und Alterität, berücksichtigt. Der geführte Dialog kennt viele Ebenen:

– Den öffentlich-institutionalisierten Dialog, der in der Zivilgesellschaft geführt wird. Hier wäre an die *Islamkonferenz* der Bundesrepublik Deutschland oder den *Conseil français du culte musulman*, der, am 23. Mai 2003 gegründet, als Dachverband der Muslime in Frankreich gilt, zu denken. Diese und andere Initiativen haben die gesellschaftliche und politische Integration von Muslimen in der jeweiligen Gesellschaft zum Ziel.

– Die Gespräche der Kirchen und Religionsgemeinschaften untereinander. Hier sei pars pro toto an zwei Einrichtungen erinnert, die den Dialog zwischen den beiden Glaubensgemeinschaften führen. Im Jahr 2006 wurde in der Eidgenossenschaft ein *Rat der Religionen* errichtet. Der *Swiss council of Religions* (SRC) bringt Vertretungen aller drei monotheistischen Religionen zusammen, um den Dialog unter den Religionen zu fördern

5   *Schäuble, Wolfgang:* Staat und Islam in Europa, in: *Käßmann, Margot/ders./ Sommaruga, Cornelio:* Horizontale Ökumene. Otto-Karrer-Vorlesungen zu Ökumene, Caritas und interreligiösem Dialog, Zürich: TVZ, 2007, 49–66.

und zum Religionsfrieden beizutragen. In Frankreich besteht seit längerem ein Forum, das den Dialog beider Religionen zum Inhalt hat: *Groupe de Recherches Islamo-Chrétien*. In diesem Arbeitskreis werden Fragen sowohl kultureller, mentalitätsgeschichtlicher wie theologischer Herkunft besprochen.

– Daneben gibt es noch den akademisch-kulturellen Dialog, an dem sich die Universitätstheologie der grossen Volkskirchen beteiligt. Hier sei an Arbeiten der Islamwissenschaft, Religionswissenschaft und Theologie erinnert. So versteht sich beispielsweise das Centrum für Religiöse Studien an der Westfälischen Wilhelms-Universität in Münster als ein Ort akademischer Reflexion sowie Vertiefung und Ausarbeitung interreligiöser und interkultureller Forschungsperspektiven. Die Grosse Pariser Moschee und das Institut Catholique de Paris haben im Jahr 2008 einen Kooperationsvertrag geschlossen, der die Iman-Ausbildung für Paris regelt. Dieser Kooperationsvertrag legt fest, dass Vorlesungen über Religion, Politik, Gesellschaft und Islam in Frankreich am Institut Catholique durchgeführt werden, während Fragen des Ritus weiterhin der Grossen Moschee in Paris zukommen.

Diese Aufzählung bliebe jedoch unvollständig, würde nicht auch auf die konkreten Schritte des interreligiösen Dialogs hingewiesen werden, wie er an vielen Orten in Europa geführt wird. Hier bilden Pfarreien, politische Gemeinden, Kantone und Länder ein grosses Netzwerk. Bei diesen Bemühungen geht es grösstenteils um die Integration von Muslimen in den Alltag der jeweiligen Gesellschaft vor Ort. Diese Initiativen bieten einen bunten Teppich verschiedenster Initiativen und sind vor Ort zu betrachten.[6]

---

6   So gibt es z. B. im Kanton Luzern mehrere Initiativen zwischen Vertretungen der christlichen Landeskirchen und Vertretern muslimischer Vereinigungen. Im Jahr 2004 wurde eine Ausstellung «Islamischer Alltag im Kanton Luzern» in der Kornschütte durchgeführt. Der Grosse Stadtrat der Stadt Luzern sprach sich beispielsweise für die Schaffung eines Gräberfeldes für Musliminnen und Muslime auf dem städtischen Friedhof Friedental aus. Daneben gibt es noch verschiedene Gespräche, die auf Ebene der Pfarreien geführt werden.

Die Lesenden dieser Schrift sind eingeladen, durch die Lektüre der einzelnen Beiträge selbst ins Gespräch zwischen Christentum und Islam einzutreten. Der vorliegende achte Band der «Schriften Ökumenisches Institut Luzern» möchte zum gesuchten Dialog, der noch in den Anfängen steht, beitragen. Zum Wesen des Dialogs gehört die Offenheit, die das begonnene Gespräch voraussetzt und einfordert. Ohne eine existenzielle wie intellektuelle Offenheit bliebe der Dialog stumm. Es geht dabei um ein Gespräch, das sich als Sprache versteht, in der sich Frage und Antwort, im Geben und Nehmen, im Aneinandervorbeireden und Miteinanderübereinkommen jene Sinnkommunikation vollzieht, «deren kunstvolle Erarbeitung gegenüber literarischer Überlieferung die Aufgabe der Hermeneutik ist»[7]. Ein solches Gespräch ist mehr «als eine Metapher [...], wenn sich die hermeneutische Aufgabe als ein In-das-Gesprächkommen mit dem Text begreift»[8].

Die christlich islamische Debatte wird in den kommenden Jahren die Theologien beider Religionsgemeinschaften und die jeweilige Theologie als gesellschaftlich relevant erweisen.

---

7 *Gadamer, Hans Georg:* Wahrheit und Methode, Tübingen: Mohr, [4]1975, 350.
8 Ebd.

Bülent Ucar

Das ambivalente Verhältnis des Korans zu Christen und Juden

Historische und moderne Koranexegese im interreligiösen und säkularen Kontext

1   Einführung und historische Implikationen

Die positiven Beispiele aus der Omayyadenzeit in Spanien (8.–15. Jahrhundert) und die nachhaltig günstigen Auswirkungen des osmanischen Milletsystems (15.–19. Jahrhundert) sowie die Tatsache, dass es religiösen Minderheiten im islamischen Kulturkreis in aller Regel besser ging als zeitgleich im christlichen Abendland, sollen nicht verschwiegen werden,[1] doch die Beziehung zwischen Muslimen und Christen ist historisch wesentlich von Kriegen und gewaltsamen Auseinandersetzungen geprägt. Die islamischen Eroberungszüge, die Kreuzzüge, die Reconquista, die Türkenkriege, der Kolonialismus, der Imperialismus und die modernsten Auswüchse dieser post-kolonialen Phase sind Meilensteine der Geschichte, in denen Religionen von Menschen unterschiedlichster Konfessions- und Religionszugehörigkeit häufig als Legitimationsquelle für Verbrechen missbraucht worden sind.

---

1   Weder Verklärung dieser Phase, in der angeblich Gleichberechtigung galt, noch eine Diffamierung des Dimmī-Rechts sind historisch begründet. Vielmehr war der Umgang mit Christen und Juden im islamischen Kulturkreis freiheitlicher ausgerichtet als zeitgleich im christlichen Abendland. Es war jedoch kein System, das mit den rechtsstaatlichen Standards heutiger Demokratien und Rechtsstaaten verglichen werden darf. Siehe hierzu insgesamt mit weiteren Nachweisen *Ucar*, Umgang 100–124, insb. 108–113.

Dies hat m. E. seinen Ursprung in der Tatsache, dass Religionen seit jeher als Mittel für weltliche, irdische – persönliche, wie auch gemeinschaftsbezogene – Ziele eingesetzt werden. Gerade die religiöse Begründung und Legitimierung von Staat und Gemeinschaftsbezug hat die Verflechtung dieser Ebenen enorm verstärkt. In diesem Rahmen wird Religion als verbindliche Grundlage und Ferment der staatlichen Ordnung gesehen. Religion galt nicht nur in der islamischen Welt, sondern auch im Westen lange als staatstragendes, einigendes Band des Gemeinwesens. Die Identifikation mit dem Staat und der Gesellschaft funktionierte über die Zugehörigkeit zu einer *bestimmten* Religion. Damit ging zwangsläufig einher, dass Religionen aus allgemeinen gesellschaftlichen Bedürfnissen und Erwägungen für ökonomische und politische Zielsetzungen eingesetzt wurden. Dies hatte u. a. zur Folge – in Europa wie im Orient –, dass Menschen im politischen und gesellschaftlichen Rahmen mit anderer Religionszugehörigkeit und Konfession als Menschen zweiter Klasse oder bestenfalls als Geduldete betrachtet wurden. Dieses Phänomen kann anhand von zwei Beispielen, eines aus dem osmanischen Kulturkreis Anfang des 20. Jahrhunderts, das andere aus dem deutschen in den 1960er Jahren, veranschaulicht werden.

Als sich die Intellektuellen und die Abgeordneten im osmanischen Parlament um 1910 Gedanken darüber machten, ob nun auch die nichtmuslimischen Mitbürger ihren Waffendienst leisten und in die Armee einberufen werden sollten – statt der bisher üblichen Zahlung von der Kopfsteuer (de facto Ersatzleistung für den militärischen Schutz der Nichtmuslime im islamischen Staat) –, wurde hiervon wieder Abstand genommen, da nach einhelliger Meinung der muslimischen Abgeordneten muslimische Soldaten nicht um des Vaterlandes oder sonstiger Interessen und Güter Willen kämpften, sondern nur um Allahs Willen. Im Übrigen waren auch die wenigsten Nichtmuslime an dieser Form der Gleichberechtigung und Partizipation wirklich interessiert. Sie wollten weder ihr Leben an der Front lassen für einen Staat, der nicht wirklich ihrer war, noch wollten sie gegen ihre Religionsbrüder auf den Balkan ziehen und kämpfen.[2] Dieses Beispiel zeigt, dass Integration auf der Grundlage eines gleichberechtigten Zusammenlebens nicht in einem luftleeren Raum zu haben ist, sondern immer auch historisch-kulturelle und sozio-ökonomische Bezüge hat. Religionsfreiheit entwickelt und entfaltet sich unter komplexen Wechselbeziehungen.

Häufig besteht gerade im Westen der Hang in kultureller Überheblichkeit Muslime auf den Weg der Aufklärung zu führen und entsprechend belehren zu wollen, ohne die abweichenden kulturellen Unterschiede zu berücksichtigen und an die eigene, durchaus kontroverse geschichtliche Entwicklung zu denken. Dabei gerät die Tatsache allzu oft in Vergessenheit, dass die *weitgehende*[3] Gleichberechtigung der Religionen und ihrer Anhänger im Westen eine relativ neue Entwicklung in der Geschichte der westlichen Zivilisation ist. Bis in die 1960er Jahre galt die Idee der Menschenrechte bzw. deren Umsetzung, der Religionsfreiheit, der Demokratie, des weltanschaulich neutralen Staates etc. als Irrlehre und Häresie in der katholischen Kirche. Dieses spiegelte nicht nur die Haltung der Kirchen wider, sondern hatte zudem einen starken gesellschaftlichen Rückhalt in der Bevölkerung. Die religiöse Diskrepanz und die damit verbundenen Vorurteile waren insbesondere vor dieser Zeit nicht nur gegen Anhänger anderer Religionen, wie in der Regel gegen Juden, gerichtet, sondern betrafen auch und vor allem Menschen mit abweichenden Konfessionen innerhalb derselben Religion. Daher war es auch ausserhalb der eigenen Konfession schwierig, einfache alltägliche Handlungen zu vollziehen. Die

---

2   Siehe für weitere Quellen und Nachweise *Ucar*, Umgang 112.

3   De facto und im Grunde auch de jure ist man weiterhin in westlichen Gesellschaften (zumindest in Deutschland) weit von einer Gleichberechtigung der Muslime mit Christen und Juden entfernt. Das Grundgesetz stellt den Anspruch auf Gleichbehandlung aller religiösen Bekenntnisse. Da der Islam jedoch juristisch als Religionsgemeinschaft de facto nicht anerkannt wird, profitieren die Muslime nicht von zahlreichen Rechten, wie dem staatlich geförderten Religionsunterricht, Aufbau konfessioneller Schulen, Krankenhäuser, Altersheime, Universitäten, Beteiligung an Rundfunkräten u. v. a. m.

konfessionelle Kluft war bis in die 1960er Jahre in Deutschland noch so gross, dass sie eine erhebliche politische, gesellschaftliche und individuelle Bedeutung hatte. Die Diskussion zwischen Katholiken und Protestanten rund um die Gründung der CDU nach der Erfahrung mit der Zentrumspartei bildet ein schönes Beispiel hierfür.

Diese gesellschaftliche Komponente hatte selbstverständlich auch Implikationen und Auswirkungen auf das einfache Leben der Individuen. Als mein ehemaliger Schulleiter im Rheinland – selbst Protestant – eine Katholikin in den 1960er Jahren heiraten wollte, lehnten sowohl seine als auch die Familie der künftigen Braut die Eheschliessung aus religiösen Gründen ab, so dass das Paar fern von Familienangehörigen und ausschliesslich standesamtlich heiraten musste. Ich berichte hierüber bewusst an dieser Stelle, um zu verdeutlichen, dass scheinbar fern geglaubte Phänomene durchaus bis vor Kurzem auch in der eigenen Kultur und Religion vorhanden waren und nicht ohne weiteres in die andere Religion und Kultur, in den Fremden, kurz in den Islam hinein projiziert werden können. Das Langzeitgedächtnis ist bei den wenigsten Menschen und Kollektiven – insbesondere beim starken Wandel der Lebensvoraussetzungen – jedenfalls bei unangenehmen Wahrheiten besonders ausgeprägt.

2 Gemeinsamkeiten oder Trennlinien in der Islamdebatte?

Gemeinsamkeiten zu betonen auf der Grundlage der Quellen und der Lehre ist ein möglicher Zugang im Verhältnis des Islam zum Christen- und Judentum. Historisch rückblickend lassen sich bei allen Abgrenzungsbemühungen um die eigene Identität Blickwinkel beobachten, die das Gemeinsame zwischen Juden, Christen und Muslimen hervorheben und entsprechend betonen. Bemerkenswert ist auch, dass selbst die *neue Religion* der Araber in den ersten Reaktionen christlicher Theologen im 8. Jahrhundert nicht als eigene Religion, sondern als Häresie verstanden wurde, zuweilen galt der Prophet jedoch als Antichrist. Zwar wird gerade dieser Aspekt jüngst von einigen zweifelhaften Wissenschaftlern[4] als Beleg für die Nichtexistenz Mohammeds gewertet, vielmehr ist dies aber aus meiner Sicht ein Indiz für die grosse Verbundenheit und Ähnlichkeit zwischen Christentum und Islam, wie sie auch seit der Frühzeit des Islam in dieser Form durch die orientalischen Christen wahrgenommen wurde. In diesem Zusammenhang wird neuerdings in der Literatur von einer *Geschichte der Missverständnisse* zwischen Christen und Muslimen gesprochen.

In diesem Beitrag soll später dargelegt werden, warum diese Bezeichnung insbesondere mit Blick auf die gemeinsamen theologischen und spirituellen Axiome berechtigt ist. Auch wenn im Westen – zumindest in Europa – die Religion ihren Einfluss auf die Gesellschaft nahezu vollständig verloren hat an eine weit reichende Säkularisierung, bleibt die Beziehung zwischen Muslimen und Christen von grosser Bedeutung. Die Gründe für die Säkularisierung sind vielfältig, vor allem resultiert sie aus modernen Entwicklungen, wie der Verstädterung, der damit einhergehenden Abnahme der Naturverbundenheit, der fehlenden sozialen Gebundenheit, der Anonymität und dem verlagerten Gemeinschaftsbezug, des zunehmenden ökonomischen Wohlstands, der Individualisierung, Globalisierung und Zuwanderung, die wiederum eine zunehmende Pluralisierung zur Folge hatte. Die Beziehung zwischen Muslimen und Christen hat m. E. unterschiedliche Ebenen, die eine intensive Auseinandersetzung und das ernsthafte, aufrichtige und vertiefte Gespräch rechtfertigen. Primär sind in diesem Zusammenhang die Arbeit für den gesellschaftlichen Frieden, für einen ökonomischen Ausgleich innerhalb der Staaten und im Nord-Süd-Gefälle, der Beitrag zum Erhalt der Schöpfung, die ethische Grundlegung auf der Ebene des Gemeinwesens wie auch des Individuums und die gemeinsame spirituelle Erfahrung auf den Wurzeln der gemeinsamen Quellen und Tradition zu unterstreichen.

Insbesondere die sicherheitspolitische Entwicklung und die Integrationsdebatte führten zu der Fokussierung eben dieses religiösen

---

4   Vgl. *Ohlig,* Koran 30–32, mit weiteren Nachweisen.

Diskurses auch in säkularen Gesellschaften. Ohne diesen Bezug hätte die Regensburger Rede des Papstes vom 12.09.2006[5] nicht das bekannte Echo in den Medien gefunden. Den theologischen oder islamwissenschaftlichen (im Sinne von philologischer und historischer Wissenschaft bzw. Religions- und Kulturwissenschaft) Kontakten und Auseinandersetzungen wird in diesem Geflecht mit dem Phänomen Islam bzw. den Muslimen von diesen ausschliesslich etatistisch ordnungspolitisch, gesellschafts- und weltpolitisch denkenden Kreisen, denen fehlende religiöse Sensibilität vorzuwerfen ist, kein Wert beigemessen, vielleicht lediglich als Anwendungswissenschaft in einem neuen Kulturkampf! Denn in dieser Lesart steht der Islam für einen dritten Totalitarismus, für eine politische Gefahr, die mit allen Mitteln zu bekämpfen und zurückzudrängen ist. Erschwerend kommt hinzu, dass einseitige Positionen in der Islamdebatte häufig mit fremdenfeindlichen Grundhaltungen und/oder offenen bzw. verdeckten kulturrassistischen Ressentiments, die sich im Zuge der muslimischen Zuwanderung nach Europa entwickelt haben, einhergehen. Um diesem Vorwurf wiederum zu entgehen, bedienen sich die genannten Vertreter sogenannter *Kulturmuslime*, die selbst längst vom Islam abgefallen sind und pauschalisierend, wissenschaftlich unseriös und häufig ohne jegliche Vorbildung als Kronzeugen und Handlanger jener Kreise fungieren. Jenen wiederum, die einen spezifisch theologischen Dialog führen, wird Gutmenschentum, Kuscheldialog, oder etwa der Islamwissenschaft Schöngeisterei vorgeworfen.

Sicher ist, dass auf dieser Grundlage nicht sachlich und zielorientiert weiter argumentiert werden kann. Notwendig ist eine seriöse, differenzierte und vielschichtige Auseinandersetzung mit der Frage nach dem Verhältnis zwischen den Religionen und Weltanschauungen. Ganzheitliche Partizipation als höchste Form der Integration, konsequente Anerkennung und Respekt ohne Aufweichung und Herabwürdigung ist, oder sollte zumindest eine

5   Vgl. *Benedikt XVI.*, Glaube, ebenso in diesem Buch *Renz,* 165–194.

Selbstverständlichkeit im Umgang miteinander sein. Nur durch diese Form der Beteiligung an kontroversen Diskussionen wird in diesem ohnehin ungleichen Verhältnis zwischen Muslimen – im Grunde eine winzige Minderheit – und Christen bzw. der säkular geprägten Mehrheitsgesellschaft sachlich diskutiert werden können. Beheimatung und Identifikation mit dem Kollektiv setzen eine Grundakzeptanz durch die alteingesessenen *Hausherren* voraus. Ohne diese – auch und vor allem – gegenseitige emotionale Bindung und Offenheit zur Vergrösserung der bestehenden *Gemeinschaft* wird eine Distanz in der Beziehung zueinander dauerhaft bleiben.

3 Historische Grundlage: Koran und Sīra

Neben den gesellschaftlichen Implikationen für unsere Gegenwart hat die Beziehung zwischen Christen und Muslimen – immerhin rund die Hälfte der Menschheit bekennt sich zu diesen Religionen – auch einen historischen und vor allem theologischen Hintergrund. Da für Muslime der Koran die wichtigste Quelle darstellt, wird auf dieser Grundlage die theologische Positionierung zu skizzieren sein. Im folgenden Abschnitt sollen die grundlegenden Fakten zum Selbstbild des Islam dargelegt werden, um anschliessend die historische Entwicklung der Positionierung des Korans zu Christen und Juden (Ahl al-Kitāb) genauer nachzuzeichnen.

3.1 *Begriffsbestimmung: Islam, Dīn und Scharia*

Am Anfang seiner Gesandtschaft wurde der Prophet einer Überlieferung nach von einigen gebildeten Mekkanern unterstützt. Warāqa bin Naufal bestätigte den Propheten im Empfang der Offenbarung, als er sich in der Anfangsphase unsicher über die Bedeutung des Offenbarungsgeschehens war. Er befürchtete vom Teufel besessen zu sein. Warāqa stellte klar, dass es der Prophet mit dem Erzengel Gabriel zu tun habe, der zuvor dieselbe Botschaft auch Moses und Jesus überbracht habe.[6] Dementsprechend wird Jesus, wie auch alle anderen israelitischen Propheten, im Koran durchgehend positiv dargestellt.[7] Der Prophet sah sich selbst nicht als Begründer einer eigenen Religion, sondern als Glied und Abschluss in der Reihe der Propheten von Adam über Moses bis Jesus. Sie alle hatten den Auftrag die Menschen zu Gott zu führen, sie ihrem Glaubensinstinkt gemäss,[8] der in ihrer Veranlagung bestehe, Gott, dem Herrn der Welten, hinzuwenden. Sobald sich die Menschen dem Positiven in ihrem Wesen zuwenden, werden sie demnach auch Gott erkennen und sich ihm hingeben.[9] «Wer sich selbst kennt, erkennt seinen Herrn»[10], weil dieser dem Menschen von seiner Seele eingehaucht hat. «Dann formte Er ihn und blies von Seinem Geist in ihn. Und Er gab euch Gehör, Gesicht, Gefühl und Verstand. Wenig Dank erweist ihr Ihm!»[11]

Diese Hingabe, Ergebung und Zuwendung zu Gott bedeutet Islam.[12] Hierdurch bewirkt der Mensch schliesslich auch Frieden mit sich selbst, da er fern vom Gefängnis des Körpers, des Irdischen und Animalischen durch die Hilfe dieses Wissens und der darauf beruhenden und folgenden Haltung eine innere Ruhe, Ausgewogenheit und Harmonie findet. «Du Seele voll Ruhe, kehre zu deinem Herrn zurück, zufrieden und (Ihn) zufrieden stellend. Und tritt ein unter Meine Diener, tritt ein in Mein Paradies!»[13]

Was heisst also Religion demnach? Religion im Sinne von Dīn bedeutet wörtlich Ergebung (Q 2:193; 4:146; 7:29; 10:22), Gesetz bzw. Autorität (Q 9:12; 3:24; 2:256; 12:76), Rechenschaft (Q 1:4; 15:35; 26:82; 82:9), sowie Lohn und Strafe (Q 24:25). Allgemein bedeutet Dīn nach der Definition der islamischen Gelehrten ein

6   Vgl. *Ibn Hišām*, Sīra 237–238.
7   Vgl. *Frieling*, Christentum 55.
8   Vgl. Koran 43/87. *Kayhan*, Hak dinin 88–91.
9   Vgl. *Kayhan*, Hak dinin 90–93.
10 *As-Suyūṭī*, al-Ḥāwī 451–452.
11 Q 32:9.
12 Vgl. *Ar-Rāġib/Ḥalafallāh*, al-Mufradāt 350–351.
13 Q 89:27–29.

Normensystem, dass von Gott gestiftet ist, um die Menschen zum ewigen Glück zu führen. Ziel ist hierbei die Stärkung des Verantwortungs- und Ergebungsgefühls durch Hervorhebung von Gehorchen und Sanktionierung, im Sinne von Lohn und Strafe.[14]

Islam bedeutet wie bereits erwähnt wörtlich u. a. Ergebung. Aus demselben Stamm wird aber auch das Wort Frieden abgeleitet (*silm, salm*).[15] Die Koranexegeten aus der Frühzeit, wie Ibn Qutayba (gest. 889) und aṭ-Ṭabarī (gest. 923) haben beide Komponenten, also zum Frieden finden durch die freiwillige Hingabe zu Gott, miteinander kombiniert und in Bezug zueinander gestellt.[16] Folglich ist jede bewusste Hingabe und Zuwendung zu Gott Islam im Sinne des Korans.[17] Die Sinnfrage wird im Koran auf eine sehr einfache und schlichte Art beantwortet. Die Menschen haben ihren Existenzgrund darin zu sehen Gott anzubeten, seinen Namen zu ehren und ihm zu dienen. «Wir haben die Menschen und die Dschins nur deshalb erschaffen, damit sie uns dienen.»[18] Dieses Dienen wird im Koran mit dem Wort *ʿAbd* erklärt, was wiederum häufig zu Missverständnissen führt.[19]

---

14 Vgl. Q 48:28; 61:9; 9:36; 30:30.43; 98:5; 39:3; 109:6; 40:14.65; 31:32; 29:65; 10:22; 7:29; 48:28. *Ar-Rāġib/Ḥalafallāh,* al-Mufradāt 253. *Okuyan/Öztürk,* Kuran 163–166. *Kayhan,* Hak dinin 79–82. *Aydın,* Dinsel 109–112. *Haddad,* Conception 114.123. *Smith,* Study. *Esack,* Qur'an 126–134.

15 Vgl. *Ar-Rāġib/Ḥalafallāh,* al-Mufradāt 350–351. Q 2:208. *Okuyan/Öztürk,* Kuran 169.

16 Vgl. *Okuyan/Öztürk,* Kuran 172. Siehe Silm auch als Gegenteil von Krieg, wobei Islam von Silm abgeleitet sei. *Ar-Rāġib/Ḥalafallāh,* al-Mufradāt 351.

17 Vgl. *Süleyman,* Yüce Kuran'ın 75.

18 Q 51:56. Siehe auch 2:21; 19:93.

19 Vgl. *Frieling,* Christentum 66–68. Scheinbar ist dies mit der Würde und dem Freiheitsdrang des Menschen nicht zu vereinbaren. In dieser Lesart wird jedoch die Wechselbeziehung zwischen lieben und dienen verkannt. In lexikalischen Werken wird dies mit freiwilliger Hingabe, «sich und sein Ego klein halten» erklärt. Die Verneigung und das Niederwerfen beim Gebet demonstrieren diese Grundhaltung, die im Islam sehr stark verankert ist. Alle sind vor Gott gleich «klein», und damit steht niemand über den anderen. *Ar-Rāġib/Ḥalafallāh,* al-Mufradāt 233–235.

So richte dein ganzes Wesen aufrichtig auf den wahren Glauben, gemäss der natürlichen Veranlagung, mit der Allah die Menschen erschaffen hat. Es gibt keine Veränderung in der Schöpfung Allahs. Dies ist die richtige Religion. […] Wendet euch Ihm zu und fürchtet Ihn und verrichtet das Gebet und seid nicht unter denen, die Ihm Gefährten zur Seite setzen. (Q 30:30–31)

Und setzt euch auf Allahs Weg mit rechtem Einsatz ein, wie es Ihm gebührt. Er hat euch erwählt und hat euch in der Religion nichts Schweres auferlegt, der Religion eueres Vaters Abraham. Er hat euch Muslime genannt schon zuvor und in diesem [Buch], damit der Gesandte euer Zeuge sei und ihr Zeugen der Menschen sein möget. So verrichtet das Gebet und entrichtet die Steuer und haltet an Allah fest. Er ist euer Gebieter, und wie herrlich ist dieser Gebieter und wie herrlich dieser Beistand! (Q 22:78)

Die konkreten zeitgebundenen Religionen (Scharia) sind jeweils unterschiedliche Zugänge und Wege zu Gott, zu den Mitmenschen und zum Selbst eines jeden Menschen. Da diese von den jeweiligen Rahmenbedingungen in ihrer Gestaltung abhängig sind, fielen sie in der Geschichte auch unterschiedlich aus. Speisevorschriften, Rechtsnormen etc. können diesem Bereich zugerechnet werden. Der Bereich der Glaubensüberzeugungen und des elementaren Gottesdienstes sowie der ethischen Botschaften blieb jedoch weitgehend gleich, da diese von überzeitlicher Natur sind.[20] Mohammed sah sich als das letzte Glied jener Menschen, die von Gott eine Offenbarung erhielten, um sie zu ihm und zum rechten Pfad zu führen. Er sah alle Propheten als Brüder, deren Mütter verschieden, deren Vater jedoch derselbe sei.[21] Damit wollte er auf die Unterschiede in der jeweiligen Scharia und der Gemeinsamkeit in der Kernbotschaft hinweisen. Der Islam macht folglich keinen

---

20 Vgl. zur lexikalischen Bedeutung *Ibn Manẓūr*, Lisān al-ʿarab 175. *Ar-Rāġib/ Halafallāh*, al-Mufradāt 379. *Ibn Kaṯīr*, Tafsīr 65–66.

21 Vgl. Al-Buḫārī, Anbiyā 44.

Unterschied zwischen den Propheten und lobt etwa Moses und Jesus in den höchsten Tönen. «Wir unterscheiden nicht zwischen den Propheten.»[22] Der Koran bezieht das Muslimsein folglich nicht nur auf Mohammed und seine Anhänger, sondern auf alle Menschen, die sich Gott zuwenden und hingeben. So werden im Koran Abraham,[23] Jakobs Söhne,[24] die Gefährten Jesu[25] und sogar Pharao im Moment seines Todes als Muslime bezeichnet.[26] Abraham, der seinen Sohn Gott opfert, sich von ganzem Herzen Gott hingab und dem Koran zufolge weder Jude noch Christ war, sondern nur ein Menschentyp, der Gott sucht und über alles liebt, der bereit ist «alles» hierfür zu *geben*.

Siehe, die Religion bei Allah ist der Islam. (Q 3:19)

Wer eine andere Religion als den Islam will, sie soll von ihm nicht angenommen werden, und im Jenseits wird er verloren sein. (Q 3:85)

Heute habe Ich eueren Glauben für euch vollendet und habe Meine Gnade an euch erfüllt, und es ist Mein Wille, dass der Islam euer Glaube ist. (Q 5:3)

Die Muslime haben jedoch mit der Zeit die Konkretisierung des Islam im 7. Jahrhundert (im Sinne von Scharia) als Islam im allgemeinen Sinn verstanden und entsprechend definiert.[27] Nicht nur der Koran, sondern auch die *Sīra* zeigt, dass die Muslime in der Frühzeit diesen Gedanken, also Islam im genannten allgemein religiösen Sinn als Gottesergebung, hervorgehoben haben. In der Gemeindeordnung von Medina ist beispielsweise in Art. 2 und 25 davon die Rede, dass die Juden und Muslime eine *gemeinsame Umma* (Glaubensgemeinschaft) bilden, wobei jede Gruppe in ihren religiösen Angelegenheiten weitgehend autonom war.[28]

---

22 Q 2:285. Siehe auch Q 2:135–137; 3:64.84; 4:150–152; 29:46.
23 Vgl. Q 3:67.
24 Vgl. Q 2:133.
25 Vgl. Q 3:52.
26 Vgl. Q 10:90.
27 Vgl. *Okuyan/Öztürk*, Kuran 174.
28 Vgl. *Ibn Hišām*, Sīra 2, 147–150. Q 109:6.

Folglich werden die Muslime nur zu Folgendem in ihrer Beziehung zu den Ahl al-Kitāb aufgefordert: «Denjenigen, die gottesfürchtig sind [Muslime = Anhänger Mohammeds], obliegt nicht, sie [Ahl al-Kitāb = Anhänger Moses und Jesu] zur Rechenschaft zu ziehen, sondern nur das Ermahnen, damit sie auch gottesfürchtig werden.»[29] Es geht also um Konsequenz und Wahrhaftigkeit statt um eine formale Zugehörigkeit zu einer Glaubensgemeinschaft. Der Koran kritisiert jede Art von Monopolansprüchen auf das Jenseits und empfindet dies als eine unberechtigte und unnachvollziehbare Anmassung.[30] Hierbei geht der Koran von einer Pluralität der Religionen aus, die sich auf Abraham beziehen und über ein Buch (eine etablierte schriftliche Tradition) verfügen.[31] Grundelemente des Heils bilden auf dieser Grundlage der Glaube an Gott, das Jenseits und gutes Handeln im Sinne ethischer Praxis.[32] Noch deutlicher wird dies in folgendem Koranvers verdeutlicht:

> Leute der Schrift! Warum streitet ihr über Abraham, wo die Tora und das Evangelium erst nach ihm herabgesandt wurden? Habt ihr denn keinen Verstand? (Q 3:65)

Es ist bekannt, dass sich die Muslime in der Anfangszeit der Offenbarung über den Sieg der christlichen Byzantiner gegenüber den heidnischen Sassaniden besonders freuten,[33] zum gerechten christlichen König nach Abessinien auswanderten, um dort Zuflucht zu suchen und durchaus positive Gespräche mit ihren christlichen Glaubensbrüdern führten.[34] Diese Beispiele verdeutlichen unmissverständlich die Nähe der Muslime zu Christen.

---

29 Q 6:69.
30 Vgl. Q 2:111.120.135.
31 Vgl. Q 2:148; 5:48; 22:17.
32 Vgl. Q 20:75–76; 2:62; 5:69.
33 Vgl. Q 30:2–5.
34 Vgl. Q 30:1–5; 3:59–61.

3.2 Wandel in der Beziehung zu den Ahl al-Kitāb

Mit der Zeit änderte sich jedoch die Haltung des Korans gegenüber den Ahl al-Kitāb, insbesondere zu den Juden. Dies hing sehr stark mit den politischen Entwicklungen und Konstellationen zusammen. Vor allem die zweite Hälfte der medinensischen Periode wurde hiervon geprägt: Nach der Auswanderung der Muslime in die Stadt Yathrib (später Medina) hoffte der Prophet auf die Unterstützung, zumindest auf eine neutrale Positionierung der dort ansässigen jüdischen Gemeinden, die wahrscheinlich zum Judentum konvertierte arabische Stämme waren. Nach einer Bevölkerungszählung unmittelbar nach der Auswanderung im Jahre 622 bildeten sie rund ein Drittel der Bevölkerung Medinas. Die Zahl der Christen in Medina war verhältnismässig überschaubar. In den Quellen finden sie kaum Erwähnung.[35] Folglich mischten sie sich auch nicht in politische Geschehnisse gegen die muslimische Minderheit ein. Dementsprechend standen die Christen in einem weniger schlechten Licht als die Juden, mit denen der Prophet arg zu kämpfen hatte.[36] Weil sich die arabischen Juden in Medina nicht an den erwähnten Vertrag mit den Muslimen – auch Gemeindeordnung von Medina genannt – hielten,[37] gemeinsam mit den Feinden des Propheten kooperierten und manchmal offen, manchmal verdeckt gegen die Muslime agierten, nahm der Koran eine allgemein ablehnende, polemische Sprache gegen die Juden ein.[38]

---

35   Vgl. *Aydın,* Anayasa 153–155.

36   Vgl. Q 5:82–84.

37   Vgl. § 44: Medina ist gemeinsam gegen Angreifer zu verteidigen! Siehe jedoch Q 4:51; 47:26. *Ibn Hišām,* Sīra 2, 166–168. Ebd. 3, 51.

38   Vgl. Okuyan/Öztürk, Kuran verilerine 178. *Tokpınar,* Hadislere 36–37. *Güner,* Hz. Peygamber'in 248–249 mit weiteren Nachweisen. Tätlicher Angriff auf eine Muslimin, Mordversuch und Kollaboration u. a. waren Gründe für die Vertreibung und Tötung der Juden in Medina, die der Prophet auf sämtliche Christen und Juden aus der arabischen Halbinsel ausweiten wollte. *Ṣaḥīḥ,* Ǧihād 63, *Abū Dāwūd,* Ḥarāǧ 28. Als Legitimation der Strafe des Stammes-/ Völkermordes vgl. Dtn 20,10–14.

Vor allem wird ihre Ablehnung und Diffamierung des Islam,[39] ihre Feindschaft gegenüber den Muslimen[40] und ihre politische Unzuverlässigkeit heftig kritisiert.[41] Zunächst wird in zahlreichen Koranversen ein Bedauern über diese negative Entwicklung und feindselige Positionierung gegenüber den Muslimen ausgesprochen.[42] Die Enttäuschung bei den Muslimen war daher gross: «Sie, denen wir die Schrift gaben, kennen sie, wie sie ihre Kinder kennen: Wahrlich, ein Teil von ihnen verbirgt die Wahrheit, obwohl sie sie kennen.»[43] Vor diesem Hintergrund sollten sich die Muslime diese Juden nicht zu Freunden nehmen.[44] «Ihr, die ihr glaubt! Nehmt nicht Juden und Christen zu Freunden. Sie nehmen einander zu Freunden. Wer von euch sie zu Freunden nimmt, siehe, der wird einer von ihnen. Fürwahr, Allah leitet ungerechte Leute nicht.»[45] Die folgenden Koranverse verdeutlichen den Zusammenhang und erklären systemimmanent diese Textstelle. Diese Freundschaft bezieht sich demnach im Umkehrschluss also nicht auf eine feindschaftliche Beziehung, sondern auf Schutz, Obhut und politische Hingabe.

Die Gläubigen sollen sich nicht die Ungläubigen zu Beschützern nehmen, *unter Zurücksetzung der Gläubigen.* Wer solches tut, der findet von Allah in nichts Hilfe – es sei denn, ihr schützt euch so vor ihnen. Beschützen aber wird euch Allah selber, und zu Allah geht die Heimkehr. (Q 3:28, Hervorh. v. Vf.)

Ihr, die ihr glaubt! Nehmt nicht meinen Feind und eueren Feind zu Freunden. Ihr zeigt ihnen Zuneigung, obwohl sie an die Wahrheit, die zu euch gekommen ist, nicht glauben. Sie *vertreiben* den Gesandten und euch, weil ihr an Allah, eueren Herrn,

---

39 Vgl. Q 5:57–58; 3:111.186.
40 Vgl. Q 5:82; 3:119.
41 Vgl. Q 3:120; 5:13.
42 Vgl. Q 3:65.70–71.98–99.
43 Q 2:146.
44 Vgl. Q 4:144; 8:73; 45:19; 5:51.57–58; 2:120; 3:100; 2:75–78.107.120.257; 5:55–56; 4:138–139; 9:71.
45 Q 5:51.

glaubt. Obwohl ihr zum Kampf auf Meinem Wege und im Trachten nach Meinem Wohlgefallen auszieht, zeigt ihr ihnen insgeheim Zuneigung. Doch Ich weiss sehr wohl, was ihr verbergt und was ihr zeigt. Wer aber von euch sich so verhält, der ist vom rechten Pfad abgeirrt. (Q 60:1, Hervorh. v. Vf.)

Allah verbietet euch nicht, gegen die gütig und gerecht zu sein, die euch nicht wegen eueres Glaubens bekämpft oder euch aus eueren Häusern vertrieben haben. Allah liebt fürwahr die gerecht Handelnden. Allah verbietet euch nur, mit denen Freundschaft zu schliessen, die euch des Glaubens wegen bekämpft oder euch aus eueren Wohnungen vertrieben oder bei euerer Vertreibung geholfen haben. Wer mit ihnen Freundschaft schliesst, tut Unrecht. (Q 60:8–9)

Als auch diese relative Zurückhaltung die Eskalation in der Beziehung nicht normalisierte, wird die Kritik spezifischer: Ein Grossteil der Ahl al-Kitāb wird als Sünder dargestellt,[46] sie würden wider besseres Wissen die Muslime von ihrer Religion abzubringen versuchen,[47] die Wahrheit bewusst verschweigen,[48] sich Gottesleugner zu Freunden nehmen,[49] über Gott Falsches sagen und glauben,[50] schliesslich Uzayr (Ezra), Jesus und ihre Gelehrten vergöttlichen.[51]

Ungläubig sind fürwahr, die da sprechen: ‹Allah, das ist der Messias, der Sohn der Maria.› Der Messias sagte doch: ‹O ihr Kinder Israels! Dient Allah, meinem Herrn und euerem Herrn.› Siehe, wer Allah Götter an die Seite stellt, dem hat Allah das Paradies verwehrt, und seine Behausung ist das Feuer. Und die Ungerechten finden keine Helfer. (Q 5:72–74)

---

46 Vgl. Q 3:110; 5:81.
47 Vgl. Q 2:109; 3:72.99–100.
48 Vgl. Q 2:146.
49 Vgl. Q 5:80.
50 Vgl. Q 4:171.
51 Vgl. Q 9:30–31; 5:17.72; 3:79–80. *Ulutürk*, Kuran'da 12.

Ausserdem wirft ihnen der Koran vor, dass sie ihre Offenbarungen verdrehen[52] und Verträge brechen.[53] Insbesondere Juden würden ihrer gesellschaftlichen, ethischen und religiösen Verpflichtung nicht nachkommen, das Gute nicht gebieten und das Böse verbieten, Zinsen einnehmen und nicht an eine ethische Rechenschaft gegenüber Nichtjuden glauben.[54] Damit wird ihnen vorgeworfen kein Verantwortungsgefühl gegenüber Menschen anderer Religionszugehörigkeit zu haben.

Weiterhin sollen die Ahl al-Kitāb, dabei ausdrücklich die Juden, ihre Religion nicht ernst nehmen,[55] einen Teil verleugnen,[56] ihre Propheten töten[57] und den Bund mit Gott brechen.[58] Ebenso heftig kritisiert werden die Radikalisierung in der Religion,[59] die Behauptung, dass sie Gottes auserwählte Kinder seien, ihnen eine Monopolstellung auf das Paradies zustehe[60] und die theologische Beanspruchung von Abraham.[61]

Obwohl der Koran schon relativ früh bereits in Mekka die Gesandtschaft Jesu anerkennt, kritisiert er die Vorstellung von seiner Gottheit.[62] Die Trinitätslehre wird heftig attackiert, ja der Koran ist über diese Vorstellung entrüstet. In diesem Zusammenhang wirft der Koran Juden wie Christen Polytheismus vor.[63]

---

52 Vgl. Q 2:79; 4:46.
53 Vgl. Q 2:63–64.100. Siehe auch *Özsoy*, Leute 109–110. *Ulutürk*, Kuran'da 25–28.
54 Vgl. Q 7:165; 3:104.110; 5:63; 4:160–161; 5:41–42; 3:75.
55 Vgl. Q 5:57; 3:185.
56 Vgl. Q 2:85.
57 Vgl. Q 2:87; 4:155.
58 Vgl. Q 4:155.
59 Vgl. Q 5:77.
60 Vgl. Q 5:18; 2:211; 3:24–25; 2:94–95. *Ulutürk*, Kuran'da 14–15.
61 Vgl. Q 3:65.
62 Vgl. Q 19:30.34–35; 43:59. Siehe auch aus der späteren Zeit 4:171; 3:59; 5:17.72.116.
63 Vgl. Q 2:135; 5:17.72–75.116; 3:64. «Manchen heutigen Christen scheint die Trinitäts-Lehre ohne Belang zu sein, man fragt sich im stillen, ob nicht dem Islam mit seiner jedem Menschen sofort faßlichen Eingott-Anschauung der Vorzug zu geben wäre.» *Frieling*, Christentum 63. Im 16. Jh. musste Michael

«Unter den Menschen gibt es jene, die über Gott streiten, ohne wissend zu sein, und hierdurch dem Teufel folgen.»[64]

Dies ist jedoch nur die eine Seite der Medaille in der Positionierung des Korans zu den Ahl al-Kitāb. Es ist traurig genug, dass diese Einseitigkeit im Umgang in unserer Gegenwart immer wieder hervorgehoben und als die eigentliche Botschaft des Islam dargestellt wird. Gleichzeitig wird im Koran betont, dass ein Teil der Ahl al-Kitāb wirklich glaubend und wahrhaftig sei.[65] Diese würden an alle Botschaften Gottes ohne Unterscheidung und somit auch an den Koran glauben.[66]

Und wahrlich, Wir liessen das Wort nach und nach zu ihnen gelangen, auf dass sie es sich zu Herzen nähmen. Diejenigen, denen Wir die Schrift davor gaben, glauben daran. Und wenn sie ihnen vorgetragen wird, bekennen sie: ‹Wir glauben daran. Es ist die Wahrheit von unserem Herrn. Gewiss, wir waren schon Gott Ergebene [sc. Muslime].› Diese werden ihren Lohn doppelt empfangen, weil sie ausharrten und das Böse mit Gutem zurückwiesen und von dem, womit Wir sie versorgten, spendeten. Und wenn sie eitles Geschwätz hören, kehren sie sich davon ab und sprechen: ‹Für uns unsere Taten und für euch euere Taten! Friede sei mit euch! Wir suchen keine Unbedarften.› (Q 28:51–55)

Wahrhafte Christen und Juden würden an Gott und das Leben nach dem Jenseits glauben, vorbildhaft leben, das Gute gebieten und das Böse verbieten, nachts beten und Gott dienen.[67] Sie seien dem Koran zufolge auch mit guten Charaktereigenschaften

---

Servet, der die Trinitätslehre in Frage stellte, dies mit seinem Leben bezahlen. Vgl. *Zuber, Valentine (Ed.):* Michel Servet 1511–1553: Hérésie et pluralisme du XVIe au XXIe siècle, Paris 2007; *Plasger, Georg:* Johannes Calvins Theologie – Eine Einführung. Göttingen: Vandenhoeck & Ruprecht 2008; *Link, Christian:* Johannes Calvin. Humanist, Reformator, Lehrer der Kirche, Zürich: TVZ 2009.

64 Q 22:3.
65 Vgl. Q 3:110.
66 Vgl. Q 3:199; 4:162.
67 Vgl. Q 3:113–114.

wie Zuverlässigkeit, Vertrauenswürdigkeit und Verantwortungs-
bewusstsein ausgestattet.[68] Weiterhin bescheinigt ihnen der Koran
Bescheidenheit, Demut und Ausgewogenheit.[69] Hier nun einige
Koranverse als Beleg für diese Thesen:

> Und unter den Leuten der Schrift gibt es manchen, der, wenn
> du ihm einen Schatz anvertraust, ihn dir zurückgibt, aber auch
> manchen, der, wenn du ihm eine einzige Münze anvertraust,
> sie dir nicht zurückgibt, wenn du nicht ständig hinter ihm her
> bist. Dies, weil sie behaupten: ‹Wegen dieser Unbelehrten kann
> man uns nicht belangen.› (Q 3:75)

> Und die, denen Wir die Schrift gaben, freuen sich über das,
> was zu dir hinabgesandt wurde. Doch es gibt Parteigänger, die
> einen Teil davon ablehnen. Sprich: ‹Mir wurde geboten, Allah
> alleine zu dienen und Ihm keine Partner an die Seite zu stellen.
> Zu Ihm bete ich, und Er ist mein Ziel.› (Q 13:36)

> Sie sind aber nicht alle gleich. Unter den Leuten der Schrift gibt
> es eine aufrechte Gemeinde, welche die Verse Allahs zur Zeit der
> Nacht liest und sich niederwirft. Diese glauben an Allah und
> an den Jüngsten Tag und gebieten das Rechte und verbieten
> das Unrechte und wetteifern in guten Werken; und sie gehören
> zu den Rechtschaffenen. Und was sie an Gutem tun, es wird
> ihnen niemals bestritten; und Allah kennt die Gottesfürchtigen.
> (Q 3:113–115)

> Und siehe, unter den Leuten der Schrift gibt es welche, die an
> Allah glauben und an das, was zu euch hinabgesandt wurde
> und was zu ihnen hinabgesandt wurde. Sie sind demütig vor
> Allah und verkaufen die Zeichen Allahs nicht für einen winzigen
> Preis. Ihr Lohn ist bei ihrem Herrn; siehe, Allah ist schnell im
> Rechnen. (Q 3:199)

68 Vgl. Q 3:75.
69 Vgl. Q 5:65–66.82–83.

Wahrlich, du wirst finden, dass die Juden und die, welche Allah Götter zur Seite stellen, unter allen Menschen den Gläubigen am feindlichsten sind. Und du wirst finden, dass den Gläubigen diejenigen am freundlichsten gegenüberstehen, welche sagen: ‹Wir sind Christen›, weil unter ihnen Priester und Mönche sind, und weil sie nicht hochmütig sind. (Q 5:82)

4   Ergebnis und Ausblick

Insgesamt zeigt sich, dass die Beziehung der Muslime zu den bzw. die Ausführungen des Korans über die Juden sehr stark gesellschaftlich, politisch und ethisch gefärbt sind, wohingegen die Haltung zu den Christen eher theologisch problematisch empfunden wird.[70] Die Aufgabe des Propheten liegt in der Beziehung zu Juden und Christen nun darin, die vorangegangenen Offenbarungen mit Blick auf die Ahl al-Kitāb in ihrem Inhalt und in ihrer Wirkung zu bestätigen,[71] die Verdrehungen und Nachträge zu korrigieren,[72] fehlende Teile zu vervollständigen,[73] zu erleichtern und Barmherzigkeit für die Menschheit auszustrahlen.[74]

Dementsprechend fordert der Koran die Juden dazu auf, sich nach der Tora, die sie in der Hand halten, zu richten und adäquat konsequent zu urteilen bzw. zu handeln.[75] Ausserdem sollten sie die bestehende Schrift zur Bestätigung des Korans nehmen und mit dieser Perspektive lesen. Denn darin gebe es hinreichende Zeichen für das Erscheinen Mohammeds.[76] Obgleich der Koran auch davon spricht, dass die Ahl al-Kitāb Aussagen der Offen-

70 Vgl. *Okuyan/Öztürk*, Kuran 220.
71 Vgl. Q 2:101; 61:6.
72 Vgl. Q 2:75; 5:13.41.
73 Vgl. Q 5:3.
74 Vgl. Q 2:286; 21:104.
75 Vgl. Q 5:43. Bemerkenswert ist, dass die zur Grundlage zu nehmende Tora in der Gegenwartsform dargestellt wird. Vgl. auch *Süleyman,* Yüce Kuranın 95–96.
76 Vgl. Q 3:93.

barung verdrehen,[77] wird diese Verdrehung von muslimischen Gelehrten unterschiedlich verstanden. Ar-Rāzī (gest. 1209) z. B. sieht in Umdeutung, falscher Interpretation und Wortspielereien den eigentlichen *Taḥrīf*, es sei also Verdrehung damit gemeint und nicht die Veränderung des Wortlauts der Bibel.[78] Die herrschende Ansicht positioniert sich jedoch extensiver zu diesem Themenkomplex und meint, dass auch der literarische Sinn der heiligen Texte verändert worden ist.[79]

Der Koran empfiehlt im Umgang mit den Ahl al-Kitāb die Betonung von Gemeinsamkeiten und die Zurückhaltung in Diskussionen.[80] Bei unvermeidbaren Diskussionen sollen die Muslime jedoch «auf die schönste Art» mit ihnen disputieren.[81] Zugleich werden die Ahl al-Kitāb aufgefordert den Koran als eine göttliche Offenbarung anzuerkennen.[82] Die Muslime sollen ihrerseits durch wahrhaftes Auftreten, vorbildhaftes Leben und ausgeprägte Glaubenserfahrung Zeugnis ablegen.[83] Trotz Hervorhebung der eigenen Identität und dem Verbot, sich in die Obhut und Freundschaft[84] – unter damaligen kriegerischen Umständen zu verstehen, in der Religionsfreiheit ein Fremdwort gewesen ist – der Ahl al-Kitāb zu begeben,[85] wird die engste aller freundschaftlichen Beziehungen, nämlich die Ehe mit einer nichtmuslimischen Frau gestattet.[86]

---

77 Vgl. Q 2:79; 4:46; 5:13.41. Siehe beispielsweise zur Kreuzigung Jesu Q 3:48. *Frieling*, Christentum 59. In gnostischen Kreisen soll die Meinung vorgeherrscht haben, dass Simon von Kyrene statt Jesus gekreuzigt worden ist.

78 Vgl. *Ar-Rāzī*, Mafātiḥ 118.

79 Vgl. *Tatar*, Kelam a göre 292–293.

80 Vgl. Q 2:139; 3:19–20; 5:13; 29:46; 42:15–18.

81 Vgl. Q 2:109–110.139; 3:186; 29:46; 42:15.

82 Vgl. Q 2:41–44; 5:43–47; 3:20.64.98; 5:66–68.75–77; 62:5.

83 Vgl. Q 2:135–136; 3:20.84; 13:36.

84 Siehe hierzu differenziert *Yazır*, Hak dini.

85 Vgl. Q 3:99–102; 5:51–53.

86 Vgl. Q 5:5. Das Verbot für Frauen, nichtmuslimische Männern zu heiraten, lässt sich unter den damaligen patriarchalen Strukturen nachvollziehen. Frauen hatten damals de facto in der Regel ihren Ehemännern auch in

Welche Bedeutung hat das alles nun für unsere Gegenwart im Umgang miteinander? Fehlende Kenntnisse über die eigene Religion, kaum vorhandene Glaubenserfahrung und abgeschwächte Gemeinschaftsgefühle erschweren den Dialog. Mit der Öffnung gegenüber den Anderen ist die Angst verbunden, etwas zu verlieren, sich ggf. dem Anderen zu sehr zu öffnen und den eigenen Glauben, die eigene Identität aufzugeben. Menschen sind von der Angst geprägt, sich beeinflussen zu lassen und ein Teil ihrer Identität, also ihre Religion zu verlieren. Daher muss die eigentliche Leistung im Gespräch darauf ausgerichtet sein, den Anderen in seiner Andersartigkeit kennenzulernen, anzuerkennen und daraus Rückschlüsse für sich und die Selbsterkenntnis zu ziehen. Die Anerkennung eines jeden in seiner Eigenart und Beschaffenheit ist hierbei jedoch zwingend notwendig, will man nicht den Anderen lediglich zum Mittel der Selbsterkenntnis und der Kommunikation degradieren.

Gegenseitig wird bis in unsere Gegenwart behauptet, dass die jeweilige Religion Menschenwerk, entstellt und letztlich eine *falsche Religion* sei. Intoleranz, Fanatismus, Misstrauen, fehlende Anerkennung und ungezügelte Gewaltbereitschaft sind etablierte Vorwürfe im Umgang miteinander. Diese Grundhaltung muss um des Friedens Willen zunächst einer differenzierteren Betrachtung weichen. Es ist jedoch nicht nur ein hermeneutisches Problem. Vielmehr setzt diese Betrachtung ein Interesse, ein Bewusstsein für diese Ausgangslage und eine innere Bereitschaft zum Gespräch und gegenseitigen ernsthaften Kennenlernen voraus. Danach erst können Muslime und Christen gemeinsam «Zeugnis für den Glauben an Gott» geben und «einen Beitrag zur Lösung der Probleme unserer Zeit» leisten.[87] Muslime und Christen müssen viel mehr, intensiver und offener miteinander statt übereinander sprechen und sich gegenseitig weniger ausgrenzen. Aufrichtigkeit bei

---

Religionsangelegenheiten zu folgen und zu gehorchen. Muslimischen Männern war es wiederum explizit verboten, ihre nichtmuslimischen Frauen zum Islam zu zwingen. Q 2:256. Siehe auch *Tokpınar*, Hadislere göre 46.

87 Vgl. *Khoury*, Islam 226.

bleibenden Differenzen und der Betonung von Gemeinsamkeiten fern von Gleichmacherei, oder nivellierendem Synkretismus, muss die Maxime für die Zukunft heissen. Eine starke Identität bildet immer die Voraussetzung für einen ehrlichen Dialog. Im Dialog kann es nicht um die Aufgabe der eigenen Identität zugunsten von Gemeinsamkeiten gehen, sondern eher um die Betonung und Benennung der kleinsten gemeinsamen Nenner, die m. E. gar nicht so klein sind, wie häufig behauptet wird. Zum Abschluss zitiere ich nochmals aus dem Koran:

> Und streitet nicht mit dem Volk der Schrift; es sei denn auf die beste Art und Weise. Ausgenommen davon sind jene, die ungerecht sind. Und sprecht: ‹Wir glauben an das, was zu uns herabgesandt wurde und was zu euch herabgesandt wurde; und unser Gott und euer Gott ist Einer; und Ihm sind wir ergeben.› (Q 29:46)
> Sprich: ‹O Volk der Schrift, kommt herbei zu einem gleichen Wort zwischen uns und euch, dass wir nämlich Gott allein dienen und nichts neben Ihn stellen und dass nicht die einen von uns die anderen zu Herren nehmen ausser Gott.› Und wenn sie sich abwenden, so sprecht: ‹Bezeugt, dass wir uns [Ihm] ergeben haben.› (Q 3:64)

Wir brauchen eine enge Kooperation zwischen den Glaubenden in Europa bei gleichzeitigem Respekt gegenüber all jenen, die diese Erfahrung nicht kennen bzw. teilen. Man kann im Umgang miteinander das Trennende hervorheben, ich aber meine, dass das Gemeinsame zwischen Juden, Christen und Muslimen viel stärker zu betonen ist. Lassen sie uns alle gemeinsam daran arbeiten. Muslime bitten täglich den Herrn beim Gebet sie auf den «rechten Pfad» zu führen. Diese Bitte ist verbunden mit Demut und Bescheidenheit bei der Wahrheitssuche fern von exklusivistischen Monopolansprüchen. Mit Khoury, einem Kenner beider Religionen, gleichzeitig ein bekennender Christ, lässt sich die Kernbotschaft meines Beitrags folgendermassen zusammenfassen: «Wir dürfen nicht nur nebeneinander wie Feinde leben und uns gegenseitig als Konkurrenten betrachten. Wir müssen miteinander wirken und

Partner sein. Und wir sollten es schaffen, füreinander dazusein und Freunde zu werden.»[88]

Literatur

Abū Dāwūd: Sunan Abī-Dāwūd: Kitāb al-Ḥarāǧ 28. O. O., o. J.

Al-Buḫārī: al-Ǧamiʿ aṣ-ṣaḥīḥ Abschnitt: Kitāb al-Anbiyā 44. Istanbul: Çağrı Yayınları 1981.

Ar-Rāġib al-Isfahānī; Ḥalafallāh, M. A. (Hg.): al-Mufradāt fī ġārīb al-Qurʾān. Bd. 1. Kairo: Maktabat al-Anǧlū al-Miṣrīya, 1970.

Ar-Rāzī: Mafātiḥ al-ġaib. Bd. 10. Beirut, o. J.

As-Suyūṭī: al-Ḥāwī li l-fatāwī. Bd. 2. Beirut: Dār al-kitāb al-ʿarabī, o. J.

Aydın, Mahmut: Dinsel çoğulculuk üzerine bir Müslüman mülahazası, in: *ders.:* Hıristiyan: Yahudi ve Müslüman Perspektifinden Dinsel çoğulculuk ve Mutlaklık İddiaları. Ankara: Ankara Okulu yay, 2005, S. 87–128.

Aydın, Mehmet Akif: Anayasa, in: Türkiye Diyanet Vakfı Islam Ansiklopedisi. Bd. 3. İstanbul, 1991, S. 153–164.

Benedikt XVI: Glaube und Vernunft. Die Regensburger Vorlesung. Freiburg i. Br.: Herder, 2006.

Esack, Farid: The Qurʾan: Liberation & Pluralism. An Islamic Perspective of Interreligious Solidarity against Opression. Oxford: Oneworld, 1997.

Frieling, Rudolf: Christentum und Islam. Der Geisteskampf um das Menschenbild. Stuttgart: Urachhaus, 1977.

Güner, O.: Hz. Peygamberʾin «Öteki»ne Bakış, in: *Cafer Sadik Yaran (Hg.):* İslam ve Öteki Dinlerin Doğruluk Kurtarıcılık ve Birarada Yaşama Sorunu. İstanbul: İnceleme-Araştırma Dizisi, 2001, S. 217–284.

Haddad, Yvonne: The Conception of the Term Din in the Qurʾan, in: The Muslim World 64 (1974), S. 114.123.

---

88   A. a. O. 236.

Ibn Hišām, Muṣṭafā as-Saqqā (Hg.): as-Sīra an-Nabawīya. Bd. 2 und 3. Beirut: o. J.

Ibn Kaṯīr: Tafsīr al-Qur'ān al-'Azīm. Bd. 2. Kairo: Maktaba Dār at-Turāṯ, 1980.

Ibn Manẓūr: Lisān al-'arab. Bd. 8. Beirut: Dār aṣ-Ṣādir, 1955.

Kayhan, Veli: Hak dinin tek oluqu, in: Fırat Üniversitesi Ilahiyat Fakültesi Dergisi 11 (2006), S. 77–106.

Khoury, Adel Theodor: Der Islam: sein Glaube, seine Lebensordnung, sein Anspruch. Freiburg i. Br.: Herder, 1988.

Ohlig, Karl-Heinz: Wie der Koran wirklich entstand, in: Publik-Forum (2005), Nr. 21, S. 30–32.

Okuyan, Mehmet; Öztürk, Mustafa: Kuran verilerine göre «ötekini» nin konumu, in: *Yaran, C. S.:* Islam ve Öteki. Istanbul: Kaknüs Yayınları, 2001, S. 163–216.

Özsoy, Ömer: «Leute der Schrift» oder Ungläubige? Ausgrenzungen gegenüber Christen im Koran, in: *Schmid, Hansjörg; Renz, Andreas; Sperber, Jutta; Terzi, Duran (Hg.):* Identität durch Differenz? Wechselseitige Abgrenzungen in Christentum und Islam. Regensburg: Pustet, 2007, S. 107–118.

Ṣaḥīḥ, Muslim: Kitāb al-Ǧihād. Beirut: Dār al-katub al-'Ilmīya, 1994.

Smith, Jane: A historical and semantic Study of the Term «Islam» as seen in a Sequence of Qur'an Commentaries. Montana: Scholars Press of the University, 1975.

Süleyman, Ateş: Yüce Kuran'ın Çağdaş Tefsiri. Bd. 2. Istanbul: Yeni Ufuklar Nesr, 1989.

Tatar, Burhanettin: Kelam'a göre öteki dinlerin durumu, in: *Yaran, C. S.:* Islam ve Öteki. Istanbul: Kaknüs Yayınları, 2001, S. 285–306.

Tokpınar, Mirza.: Hadislere göre Yahudi ve Hristiyanlara Uymak. Istanbul: İnsan Yayınları, 2003.

Ucar, Bülent: Der Umgang mit Minderheiten im Osmanischen Reich, in: *Bielefeldt, Heiner; Lüer, Jörg (Hg.):* Rechte nationaler Minderheiten: Ethische Begründung, rechtliche Verankerung und historische Erfahrung. Bielefeld: transcript, 2004, S. 100–124.

Ulutürk, Veli: Kuran'da ehli kitab. İstanbul: İnsan Yayınları, 1996.

Yazır, Elmalılı Muhammed Hamdi: Hak dini Kuran dili. 9 Bde. İstanbul: Maarif Vekaleti yay, 1935–38.

Wolfgang Lienemann

Religiöse Symbole in der Öffentlichkeit

Das Beispiel des Minaretts in religionsrechtlicher Perspektive[1]

1 Einführung

Mitglieder von Religionsgemeinschaften kommunizieren unter anderem mit Hilfe von Symbolen, sowohl religiöser als auch nicht-religiöser Art. Wenn eine Gesellschaft in religiöser und/oder kirchlicher Hinsicht einigermassen homogen ist, muss die Verwendung religiöser Symbole keine besonderen Probleme aufwerfen. Die Symbole sind bekannt, ihr Sinn wird hinreichend verstanden, ihre pragmatische Verwendung funktioniert. Nicht alle, aber die meisten religiösen Symbole werden in der Öffentlichkeit verwendet. Das führt normalerweise, jedenfalls unter Bedingungen sozialer und kultureller Homogenität, zu keinen besonderen Konflikten.

Sobald verschiedene Religionsgemeinschaften (einschliesslich anti- oder areligöser Weltanschauungs-Vereinigungen) unterschiedliche Symbole/Symbolsysteme in der Öffentlichkeit verwenden, sieht alles anders aus. Das Verständnis der Symbole wird nicht mehr allgemein geteilt. Symbole der einen können die anderen irritieren oder provozieren. Wenn man sich einem Symbol und

1 Beitrag zur Tagung «Christentum und Islam als öffentliches Thema in Europa», Luzern 28./29.02.2008. Eine auf Thesen reduzierte erste Kurzfassung dieses Beitrages mit teilweise wörtlichen Übereinstimmungen: *Lienemann*, Religionsfreiheit und der Umgang mit religiösen Symbolen in der Öffentlichkeit. Thesen, in: *Heller*, Mache Dich auf, 355–361.

41

der mit ihm gemeinten Bedeutung und Kommunikation nicht entziehen kann, wenn man es missversteht oder falsch versteht oder falsch verstehen will, können religiöse oder antireligiöse Gefühle verletzt werden. Ich kann mich durch religiöse Symbole anderer Menschen provoziert fühlen, andere können von mir verwendete Symbole ablehnen, weil sie diese nicht anerkennen, nicht verstehen oder ablehnen.

In modernen, rechtsstaatlich verfassten Gesellschaften spielt in Fragen der Religion die Garantie der Religionsfreiheit die massgebende Rolle. Das jeweilige staatliche Religionsverfassungsrecht, die Allgemeine Erklärung der Menschenrechte von 1948 (sowie die folgenden Pakte, Konventionen und Erklärungen der UN) und besonders Art. 9 EMRK bilden in den Rechtsstaaten Europas den gesetzlichen Rahmen des Religionsrechtes und damit auch der symbolisch-religiösen Kommunikation. Zunächst muss es daher darum gehen, die jeweils geltenden religionsrechtlichen Voraussetzungen des Umganges mit religiösen Symbolen zu skizzieren.

Es gibt religiöse Symbole, deren kommunikative Verwendung unproblematisch ist, und andere, die typischerweise Konflikte und Kontroversen ausgelöst haben und auslösen. Nicht alle diese Konflikte können Gesetzgeber und Rechtsprechung ein für alle Mal lösen, denn sie entstehen im alltäglichen und feiertäglichen Zusammenleben der Menschen, das heisst heute: in einer pluralistischen politischen Bürgergesellschaft (Zivilgesellschaft). Dabei können die Symbole als solche konfliktträchtig sein oder lediglich besondere Weisen des Umganges mit ihnen (eben: die jeweilige Kommunikation). Zu den umstrittenen Symbolen zählen u.a. Kruzifixe in Gerichtssälen und Klassenräumen, Kopfbedeckungen (Tücher, Hauben, Kippas) bei Personen in Ausübung eines öffentlichen Amtes oder – aktuell – Bau und Betrieb eines Minaretts. Die meisten Konflikte über Symbole in der Öffentlichkeit lassen sich, mit etwas gutem Willen, pragmatisch lösen, aber wenn sie zugespitzt, womöglich politisch instrumentalisiert werden, ist nach der konfliktlösenden Macht des Rechtsstaates zu fragen. Bürgerethos und staatliches Recht geraten dabei leicht in eine komplizierte

Konstellation. Über die Minarette und Kruzifixe hinaus gibt es noch viele andere Beispiele für konfliktträchtige Verwendungen religiöser Symbole, wie etwa beim sog. Karikaturenstreit zu beobachten war.[2] Hier konzentriere ich mich auf die Fragen der Kommunikation mittels religiöser Symbole und des religionsrechtlich gebotenen Umganges mit Minaretten in der Schweiz.

2 Der Minarettstreit in der Schweiz

Minarette sind schmale Türme im Zusammenhang mit einer Moschee[3], von denen aus normalerweise die Muslime zum Gebet gerufen werden. Das Wort «Minarett» enthält das Bedeutungselement *nur* (arab.), «Licht»/«Leuchten». Es mag sich bei dem damit bezeichneten Bauwerk ursprünglich um einen mit Fackeln versehenen Wachtturm oder einen Leuchtturm am Meer gehandelt haben. Sie sind seit der Zeit der Ummayaden (661–750) in vielen islamischen Ländern im Gebrauch und dienen im Rahmen einer Moschee dem Gebetsausrufer (Muezzin) als öffentliches Podest. Der Koran kennt die Notwendigkeit von Minaretten noch nicht.

Es gibt sehr unterschiedliche Bauformen des Minaretts; meist handelt es sich um schmale, hohe Türme.[4] Bisweilen wurden in

2   Dieser Streit wurde durch eine Karikaturenserie der dänischen Tageszeitung «Jyllands Posten» vom 30.09.2005 eingeleitet, die den Propheten Mohammed zum Gegenstand hatte («Muhammeds Ansigt» – «Das Gesicht Mohammeds»). Die ägyptische Zeitung «Al Fager» druckte die Karikaturen nach und löste dadurch grosse Empörung unter den Muslimen aus, weil sie als eine Herabwürdigung des Propheten und eine Beleidigung der Muslime empfunden wurden. Der anschliessende politische und teilweise handgreifliche Konflikt (Brandanschläge auf skandinavische Botschaften) wurde zwar eingedämmt, hat aber nach wie vor Auswirkungen; aktuelle Informationen unter: http://de.wikipedia.org/wiki/Das_Gesicht_Mohammeds (06.04.2009).

3   Zu neueren Moscheebauten in Deutschland vgl. *Kraft*, Sakralarchitektur. Ein genaues Verzeichnis der 1272 Moscheen in Deutschland findet man auf der einschlägigen Datenbank von http://www.moscheesuche.de (06.10.2008). Aktuell sind dort insgesamt gut 120'000 Besucher der Freitagsgebete gemeldet.

4   Es gibt keine Standardvorschriften für Minarette (Grundriss, Aufbau, Höhe, Dekoration usw.). Das derzeit höchste Minarett mit 210 m findet sich in

der Vergangenheit Kirchtürme in Minarette und Minarette in Kirchtürme umgewandelt, wie im maurisch-christlichen Andalusien.[5] Das Minarett soll sichtbar hervorragen, damit von dort der Muezzin die Gläubigen fünfmal am Tag zum Gebet zusammenrufen kann.

In der Schweiz gibt es derzeit drei Moscheen, die ein Minarett aufweisen – in Genf, Winterthur und Zürich.[6] Für Turbulenzen sorgten und sorgen Baugesuche für Minarette in Wangen, Langenthal und Wil. In Bern scheint das Projekt eines Islam-Zentrums vorerst gescheitert zu sein.[7] Es hat sich ein Initiativkomitee «Gegen den Bau von Minaretten» gebildet, das von zwei politischen Parteien, der Schweizerischen Volkspartei (SVP) und der Eidgenössischen Demokratischen Union (EDU), unterstützt wird. Der Initiativ-Text lautet:

«Die Bundesverfassung vom 18. April 1999 wird wie folgt geändert:

Art. 72 Abs. 3 (neu)

3 Der Bau von Minaretten ist verboten.»

Casablanca bei der Moschee Hassan II. Nähere Informationen findet man im Internet, u. a. bei der Enzyklopädie «Wikipedia».

5   Berühmtes Beispiel hierfür ist die Grosse Moschee von Córdoba. Vielen gilt die Giralda in Sevilla als schönster Minarett-Bau (gebaut Ende des 12. Jh.), 1596 mit einem Glockenturm nach christlicher Art versehen. Die neue Moschee in Granada, im alten maurischen Stadtteil Albaicín, markant gegenüber der Alhambra gelegen, hat (derzeit) kein Minarett. Zur islamischen Kunst in Andalusien siehe den vorzüglichen Ausstellungskatalog *Dodds,* Al-Andalus.

6   Eine aktuelle Übersicht über Moscheen, islamische Vereine und Verbände findet man u. a. unter http://www.islam.ch/typo3/index.php?id=77 (06.10.2008). Eine (für die Schweiz ganz unzureichende) weitere Übersicht mit Angaben über die Träger-Organisationen unter: http://de.wikipedia.org/wiki/Liste_von_Moscheen_in_Deutschland,_Österreich_und_der_Schweiz#Schweiz (06.10.2008), die zahlreiche Fotos von Moscheen mit und ohne Minarett enthält.

7   Eingehende rechtliche und ethische Untersuchungen zur Situation in der Schweiz findet man in zwei (unveröffentlichten) Berner theologischen Lizentiatsarbeiten: *Tanner,* Mediation, und *Müller,* Minarett-Initiative.

Am 8. Juli 2008 reichten die Initianten über 110'000 gültige Unterschriften bei der Bundeskanzlei ein. Der Bundesrat hat in seiner «Botschaft zur Volksinitiative ‹Gegen den Bau von Minaretten›» vom 27.08.2008 die Initiative für gültig erklärt und – ohne Gegenvorschlag – zur Ablehnung empfohlen.[8] National- und Ständerat sind dem gefolgt. Der Schweizerische Evangelische Kirchenbund hat ebenfalls in einer umfangreichen Erklärung «Zwischen Glockenturm und Minarett. Argumentarium des Rates des Schweizerischen Evangelischen Kirchenbundes (SEK) zur Volksinitiative ‹Gegen den Bau von Minaretten›» eindeutig klar Stellung gegen die Initiative bezogen.[9] Etliche andere religiöse Gemeinschaften, Gruppen und weltliche Parteien haben ähnlich argumentiert,[10] so dass man fast meinen könnte, die Initiative sei schon jetzt aussichtslos. Gleichwohl kann man nicht gut bestreiten, dass die erhebliche Menge der Unterschriften zugunsten der Initiative auf ein tief sitzendes Unbehagen in Teilen der Bevölkerung angesichts der multireligiösen Situation der Schweiz hindeutet, was und wer auch immer deren Ursachen und Verursacher sein mag.

Der Streit um Minarette in der Schweiz ist ein aktuelles Beispiel für interreligiöse und/oder interkulturelle Konflikte, die nach vielen Erfahrungen unvermeidlich sind, wenn Menschen unterschiedlicher kultureller und religiöser Prägung in einem politischen Gemeinwesen zusammenleben. Die folgenden Überlegungen wollen einige rechtsstaatliche und (christlich-)theologische Grundsätze in Erinnerung rufen, die in Stellungnahmen der Kirchen zu diesen Fragen berücksichtigt werden sollten.

8   Volltext: http://www.admin.ch/ch/d/ff/2008/7603.pdf (06.10.2008).
9   http://www.sek-feps.ch/media/pdf/stellungnahme/Argumentarium_Zwischen_ Glockenturm_und_ Minarett.pdf (06.10.2008).
10 Weitere Stellungnahmen findet man auf der Homepage der Bundesversammlung (http://www.parlament.ch/D/dokumentation/do-dossiers-az/minarette/Seiten/minarette.aspx: 6.10.2008) sowie unter «Information Religion» im Internet (http://www.inforel.ch).

3   Religionsverfassungsrechtliche Grundlagen

In der Schweiz schützt Art. 15 der Bundesverfassung das Recht eines jeden Menschen, «eine religiöse Überzeugung zu haben, zu äussern, zu verbreiten oder zu praktizieren oder gemäss einer religiösen Überzeugung zu handeln.» Zur Glaubens- und Gewissensfreiheit gehört nicht nur die Freiheit der inneren, privaten Überzeugungen, sondern auch die entsprechende Freiheit, allein oder gemeinsam mit anderen zu handeln, d. h. den eigenen Glauben öffentlich zu manifestieren und zu verbreiten. Dies gilt nach einhelliger Rechtsprechung nicht schrankenlos, wohl aber soweit, als dadurch nicht Freiheitsrechte anderer oder die öffentliche Ordnung gefährdet werden. Art. 9 EMRK lautet: «(1) Jede Person hat das Recht auf Gedanken-, Gewissens- und Religionsfreiheit; dieses Recht umfasst die Freiheit, seine Religion oder Weltanschauung zu wechseln, und die Freiheit, seine Religion oder Weltanschauung einzeln oder gemeinsam mit anderen öffentlich und privat durch Gottesdienst, Unterricht oder Praktizieren von Bräuchen und Riten zu bekennen. (2) Die Freiheit, seine Religion oder Weltanschauung zu bekennen, darf nur Einschränkungen unterworfen werden, die gesetzlich vorgesehen und in einer demokratischen Gesellschaft notwendig sind für die öffentliche Sicherheit, zum Schutz der öffentlichen Ordnung, Gesundheit oder Moral oder zum Schutz der Rechte und Freiheiten anderer.» Die EMRK ist für die Staaten, die Mitglied des Europarats sind, bindend, soweit diese sie, wie die Schweiz, unterzeichnet und ratifiziert haben.

Die Garantie der Religionsfreiheit als Menschenrecht umfasst also den Schutz der individuellen Glaubens- und Gewissensfreiheit und ebenso das Recht auf öffentliche Wahrnehmung dieser Freiheit. Dazu gehört eine Fülle religiöser Lebensäusserungen wie Gottesdienst, Kultushandlungen, Prozessionen, aber auch rituelle Tänze, Gesänge und Feiern, sofern sie bestimmte religiöse Überzeugungen zum Ausdruck bringen. Dasselbe gilt für Bauwerke, die dem konkreten Ausdruck des individuellen und gemeinsamen Glaubens und entsprechenden gemeinsamen Veranstaltungen dienen, wie

Kirchen, Glockentürme, Moscheen, Minarette, Synagogen oder Tempel unterschiedlicher Art.[11]

Für die rechtliche Beurteilung des Minarettbaus sind weitere verfassungsrechtliche Grundbestimmungen von massgeblicher Bedeutung.[12] Dazu gehören insbesondere die Verpflichtung des Staates und seiner Organe zur Neutralität gegenüber Religionsgemeinschaften und in religiösen Angelegenheiten. Der freiheitliche Staat hat selbst keine religiösen Überzeugungen und Handlungen zu vertreten, anzuordnen, vorzuschreiben oder zu beurteilen. Er hat sogar nur geringe Kompetenzen, darüber zu entscheiden, was überhaupt als Religion gelten kann oder anzuerkennen ist, ausser es handelt sich um offen missbräuchliche Berufungen auf die Freiheit der Religionsausübung oder religiöse Praktiken, die gegen Gesetz und Recht verstossen, die öffentliche Ordnung gefährden oder die Grundlagen des friedlichen Zusammenlebens der Religionsgemeinschaften bedrohen.[13] Einschränkungen der Religions- und Kultusfreiheit müssen wiederum ihrerseits eine klare, verfassungsgemässe Rechtsgrundlage haben, im öffentlichen Interesse liegen und verhältnismässig sein.

4   Diskriminierungsverbot

Insbesondere müssen alle Einschränkungen der Religions- und Kultusfreiheit das Diskriminierungsverbot der Verfassung (BV Art. 8) beachten, das ausdrücklich auch für alle Religionsgemeinschaften gilt. Es verbietet dem Staat und den Kantonen jede Willkür in der Behandlung der Religionsgemeinschaften. Das Willkür- und

---

11 Vgl. dazu *Schaer*, Minarett.
12 Vgl. *Winzeler*, Religionsverfassungsrecht.
13 Die Gesetzgebung und Rechtsprechung der Schweiz ist in dieser Hinsicht offener als diejenige in Deutschland, wie man an der unterschiedlichen Behandlung von Scientology und deren Anspruch, Kirche zu sein, sehen kann. In Deutschland wird in den Verfassungsschutzberichten regelmässig über Scientology genauso wie über fundamentalistische islamische Gemeinschaften berichtet.

Diskriminierungsverbot ist die Kehrseite des fundamentalen Gebotes der Rechtsgleichheit. Einem bestimmten Glauben oder einer bestimmten Religion anzuhängen, ist ein unveräusserliches Freiheitsrecht. Die freie Ausübung ihrer Religion ist für viele Menschen ein entscheidendes Element ihrer Identität, und dies wiederum sowohl im Blick auf die Individualität wie die Sozialität eines Menschen. Wer religiöse Symbole öffentlich verwendet, stellt damit seine religiöse Identität ein Stück weit sichtbar dar, exponiert sich in der Öffentlichkeit und lässt erkennen, dass sie oder er an der öffentlichen Kommunikation über religiöse Sachverhalte, Überzeugungen und Bräuche teilnehmen will.

Sofern Anhänger oder Mitglieder von (organisierten) Religionen öffentlich wirken (wollen), sind sie dazu unter rechtsstaatlichen Bedingungen aufgrund der menschen- und verfassungsrechtlich geschützten Religionsfreiheit berechtigt, und zwar in grundsätzlich gleicher und gleichberechtigter Weise. Dieses Recht können grundsätzlich alle Religionsgemeinschaften in gleicher Weise wahrnehmen. Das religionsverfassungsrechtliche Prinzip der staatlichen Parität verbietet ebenfalls die Diskriminierung einer jeden Religionsgemeinschaft. Dieses Diskriminierungsverbot, im Kern zu verstehen als ein Willkürverbot, schliesst wenigstens zweierlei aus: dass ein Staat eine Religionsgemeinschaft privilegiert oder sich gar mit dieser identifiziert, und dass ein Staat sich anmasst, religiöse Sachverhalte selbst beurteilen zu können. Der säkulare Staat hat kein Recht zu definieren, was eine «gute Religion» ist.[14] Wohl aber hat er ein Recht, ja die Pflicht, auch der Religionsfreiheit – wie etlichen anderen Grundrechten – gegebenenfalls Grenzen zu setzen, nämlich dann, wenn die Ausübung der Religionsfreiheit andere ebenfalls geschützte Grundrechte verletzt oder verletzen kann. Grenzen der Religionsfreiheit müssen gesetzlich klar bestimmt sein,

---

14 Die NZZ veröffentlichte vor einiger Zeit Beiträge zu der Frage «Was ist eine gute Religion?» Die Meinungsvielfalt bei den Antworten ist beeindruckend. Es wäre aber wichtig klarzustellen, dass der Rechtsstaat – um der Religionsfreiheit willen – keine Kompetenz hat, auf diese Frage eine für alle Menschen verbindliche Antwort zu geben.

den anerkannten Rechtszwecken wie dem Schutz der öffentlichen Ordnung in geeigneter Weise dienen und insgesamt verfassungskonform und verhältnismässig sein. Dies alles wird man von der holzschnittartigen Initiative nicht behaupten können.[15]

5 Religiöse Symbole in der Öffentlichkeit

Die Präsenz religiöser Symbole in der Öffentlichkeit ist traditionell durch die in einer Gesellschaft vorherrschenden Religionsgemeinschaften geprägt. Wenn neue Religionen, Kirchen oder Konfessionen auftauchen, haben sie, auf der Basis der dargelegten religionsverfassungsrechtlichen Grundsätze, das gleiche Recht wie die traditionellen Religionsgemeinschaften, ihre religiösen Symbole in der Öffentlichkeit zu präsentieren und zu verwenden. Gesetzliche Einschränkungen dieser Freiheit dürfen keine einzelne Religionsgemeinschaft diskriminieren.[16]

Die Bandbreite der religiösen Symbole, die von den traditionellen christlichen Kirchen in der Öffentlichkeit typischerweise gezeigt werden, ist sehr gross. Symbole können materieller oder immaterieller Art sein.[17] Sie sind durchweg auf als «heilig» bezeichnete Zeiten, Orte oder Räume, Handlungen, Personen und Gegenstände bezogen. Es handelt sich meist um sinnlich wahrnehmbare *Zeichen und Vollzüge* (Objekte, Gesten, Sprechakte, Rituale), die als Gegenstand sinnhafter *Interaktionen* zu *Symbolen* werden und (mehr oder weniger) in der *Öffentlichkeit* allgemein zugänglich sind.

---

15 Vgl. *Schaer*, Minarett, mit weiterführender Lit. und Hinweisen auf die ständige Rechtsprechung.

16 Beispielsweise kann man Prozessionszüge, genau wie Demonstrationszüge, aus gesetzlichen Gründen verbieten oder ihnen besondere Routen anweisen – jedoch ohne Willkür.

17 Das Feld ist viel zu weit, um hier darauf näher eingehen zu können; ich beschränke mich auf vergleichende und beschreibende Hinweise. Als neueren lexikalischen Überblick zur Einführung siehe *Berner*, Symbol.

Diese formalen Bestimmungen von religiösen Symbolen im öffentlichen Raum, die leicht mit Beispielen der christlichen Tradition illustriert werden können, lassen sich entsprechend auch auf die religiösen Symbole von nichtchristlichen Religionen übertragen, hingegen auf areligiöse Gemeinschaften (z. B. Freidenkerverbände, atheistische Weltanschauungsgemeinschaften) nur in gewissen Grenzen. Es erscheint mir jedenfalls nicht als sehr sinnvoll, Rituale, Handlungen und sonstige Symbole der Religionskritik und atheistischer Positionen entgegen ihren expliziten Intentionen als religiöse Symbole zu verstehen, obwohl diese der äusseren Form und Verwendung nach nicht selten bei religiösen Symbolen Anleihen machen – man denke an die Regie früherer staatskommunistischer Parteitage oder die für jene Parteien charakteristische Geschichts«philosophie» mitsamt deren emblematischen Verdichtungen. In einen Grenzbereich gerät man leicht im modernen organisierten, massenmedial vermittelten und hoch kommerzialisierten Sport; Abläufe derartiger Veranstaltungen und kommunikative Äusserungen der Teilnehmenden tragen, formal gesehen, durchaus religiöse Züge, aber die meisten Fans würden vermutlich zögern oder bestreiten, dass ihr Verhalten und Handeln mit guten Gründen «religiös» genannt werden kann.[18]

Zu den meisten religiösen Symbolen, wie sie in der Geschichte der christlichen Kirchen ausgebildet worden sind, lassen sich Entsprechungen in anderen Religionen identifizieren, die hier indes nicht eigens dargestellt werden sollen.

6   Funktionen religiöser Symbole

Die Funktionen religiöser Symbole sind vermutlich – formal betrachtet – in den meisten Religionsgemeinschaften sehr ähnlich:

18   Vgl. die erhellenden Vergleiche zur «Fussball-Religion» unter: http://www.kath. de/religionundfussball/die-fussball-religion.htm (06.10.2008).

50

- sichtbare *Kommunikation von Zeichen und Ritualen* als Merkmal gemeinschaftlicher *Identität* mit den besonderen Bezeichnungen von religiöser/sozialer Zugehörigkeit und Abgrenzung;
- *Darstellung* von symbolisch verdichteten und (extern wie intern) leicht identifizierbaren Ausdrücken grundlegender *Überzeugungen* im Blick auf *Glaubensinhalte* und (darauf bezogene, darstellende und bewirkende) *Handlungen;*
- *Stabilisierung* der Verbundenheit der zugehörigen Personen mit der jeweiligen religiösen Gemeinschaft;
- öffentliche Kommunikation von *Einladungen und Ausschliessungen, Werbung und Mission;*
- soziale *Integration* der Gemeinschaft;
- *Partizipation* an allgemeiner sozialer, politischer und kultureller Kommunikation.

Grundsätzlich gilt: Zeichen und Rituale werden zu religiösen Symbolen, wenn sie als solche von den Mitgliedern einer Religionsgemeinschaft identifiziert, gebraucht und gedeutet werden, und zwar derart, dass die Symbole verwendenden Menschen damit in hinreichender Weise dasselbe oder ein ähnliches Verständnis verbinden.[19] Der säkulare Staat hat keine Kompetenz und Befugnis, ihre Bedeutung verbindlich festzulegen, zu erklären und auszulegen, sondern ist gehalten, sie als verbindlichen Ausdruck des Glaubens der jeweiligen Gemeinschaftsmitglieder anzuerkennen.

Auf vielfache Weise dient die öffentliche Kommunikation mittels religiöser Symbole dazu, die eigene (religiöse) Identität zum Ausdruck zu bringen, die Verbundenheit mit anderen zu bekunden und sich (auch) öffentlich sichtbar abzugrenzen. Indes ist die Art und Gestaltwerdung öffentlich sichtbarer religiöser Identität im individuellen und gemeinschaftlichen Leben nicht stabil. Identitäten ändern sich in der Zeit, auch und gerade religiös bestimmte Identitäten. Das gilt offenkundig für alle Religionsgemeinschaften,

---

19 Protestanten fällt beispielsweise nicht ohne weiteres auf, dass römisch-katholische und orthodoxe Mit-Christen auf verschiedene Weise das Kreuz schlagen.

und das gilt erst recht, wenn sie sich den Transformationsprozessen in ihrem gesellschaftlichen Umfeld nicht entziehen können oder wollen. So ist für viele Religionsgemeinschaften mit einer intern strengen Sozialkontrolle und Sexualmoral die (tatsächliche oder vermeintliche) Säkularität und Permissivität moderner, kapitalistisch geprägter Gesellschaften eine permanente Herausforderung und Anlass zu strenger Abgrenzung. Da kann dann schnell der Wunsch nach Schutz der eigenen kulturellen Identität und Integrität gegen externe Beeinflussungen aufkommen. Das gilt sowohl für muslimische wie christliche oder jüdische Gemeinschaften.

Aber es gibt kein Recht auf staatlich garantierte Bestandspflege kultureller und religiöser Konzeptionen und Milieus. Wohl gibt es ein Recht, hinsichtlich der eigenen Identität nicht mit Gewalt bedroht oder eingeschüchtert zu werden – die noch jungen Grundrechte auf sexuelle und informationelle Selbstbestimmung sind wichtige Beispiele dafür. Ein Recht jedoch, gegen die öffentlich werbende Existenz anderer Lebensweisen und Überzeugungen geschützt zu werden, kann es nicht geben. Daraus folgt, dass unterschiedliche religiös-symbolische Kommunikationen koexistieren müssen und es keine Ansprüche auf symbolische Kommunikations- und Interpretationsmonopole geben kann. Neben den Kirchturmglocken ist der Gebetsruf gleichberechtigt, auch wenn beide für den jeweils Andersgläubigen fremd oder befremdlich klingen mögen.

7   Anerkennung und Bedeutungswandel von religiösen Symbolen

Die Identifikation von Zeichen als anerkannten religiösen Symbolen unterliegt geschichtlichem Wandel. Eine externe, neutrale Qualifizierung von Zeichen als religiösen Symbolen ist zwar als Ausdruck wissenschaftlicher Betrachtung möglich und sinnvoll, kann aber nicht den *Eigensinn* der Zeichen in Bewusstsein und Praxis der Gläubigen ersetzen. *Den Sinn, den Gläubige ihren religiösen Symbolen beilegen, hat eine rechtlich verfasste Gesellschaft zu respektieren.* Deshalb darf man einer Frau, die aus religiösen Gründen ein Kopftuch trägt, nicht ganz andersartige Motive unterstellen, sofern es dazu nicht aufgrund ihrer sichtbaren Handlungen und Verhaltensweisen offenkundige Veranlassungen gibt. Ebensowenig darf man einem Minarettbau in der Schweiz politische Absichten unterstellen wie dem Aufbau einer lutherischen Diakoniestation in Russland oder dem Bau einer Kirche in Jordanien – *es sei denn,* dass das *sichtbare Handeln* der Beteiligten deutlich eine – ganz überwiegend – religionsfremde, politische, ökonomische oder andere Absicht erkennen lässt. Zunächst aber muss gelten: Religiöse Symbole sind in ihrem Eigensinn zu respektieren, auch wenn manche Menschen diesen Sinn nicht verstehen oder ihn gar ablehnen.

Zeichen im Allgemeinen und insbesondere religiöse Symbole (ganz ähnlich auch politische Symbole) können nun aber auch fahrlässig, irrtümlich oder vorsätzlich auf vielfache Art missbraucht oder in bewusst herabsetzender, beleidigender, einschüchternder oder verletzender Weise gebraucht werden. Wenn es sich um Zeichen handelt, die als religiöse Symbole in ihrem Eigensinn und in ihrer konkreten Verwendung geeignet sind, in die Lebensverhältnisse anderer Menschen in rechtsverletzender Weise einzugreifen, kann und muss der Rechtsstaat dem öffentlichen Symbolgebrauch Grenzen setzen, um mit den Mitteln des Rechts die Freiheit, die Integrität und die Rechte aller Bürger in gleicher Weise zu schützen.

Ein Beispiel: In Nordirland hatten in den zurückliegenden Jahrzehnten symbolische Handlungen wie grosse öffentliche Demonstrationen und Umzüge zu bestimmten historischen Gedenktagen der verfeindeten Religionsparteien eine eminente Bedeutung. Sie dienten der öffentlichen Vergewisserung der eigenen religiösen Identität. Sie waren gleichzeitig auch als bewusste Provokationen Andersgläubiger konzipiert. Die britischen Ordnungskräfte haben immer wieder versucht, die Lage dadurch zu entschärfen, dass sie bestimmte Prozessionswege freigaben und zugleich begrenzten. Ich denke: Religiöse Manifestationen mit bewusst provokatorischen

Elementen, die die öffentliche Ordnung und damit den Religionsfrieden gefährden, muss ein Rechtsstaat unterbinden, notfalls sogar
mit rechtlich geordneter Polizeigewalt. Der Staat hat sich nicht
in die religiösen Überzeugungen einzumischen, aber er muss –
um des friedlich-rechtlichen Zusammenlebens willen – vorsätz-
liche Provokationen unterbinden – seien sie religiös oder anders
motiviert.

Die Begrenzung der Ausübung der Religionsfreiheit muss dabei
den schon erwähnten rechtsstaatlichen Anforderungen genügen:
– Sie darf nicht diskriminierend sein, sondern muss für alle
  Religions- und Weltanschauungsgemeinschaften in gleicher
  Weise gelten.
– Sie darf andere Grundrechtsgarantien, insbesondere die Glau-
  bens-, Meinungs- und Kunstfreiheit, nicht verletzen.
– Sie muss durch die Erfordernisse der öffentlichen Ordnung
  geboten sein.
– Einschränkungen und Grenzsetzungen müssen verhältnismässig
  und zweckmässig sein.

Die Tatsache, dass in einer Gesellschaft neu auftauchende religiöse Symbole fremd anmuten, kann indes kein Grund sein, sie
zu verbieten. Schwieriger wird es bei religiösen Symbolen und
Darstellungen von religiösen Sachverhalten, die bestimmte religiöse
Überzeugungen anderer Menschen nicht nur in Frage stellen, sondern bewusst und gezielt abwerten oder verunglimpfen, oder wenn
es dazu kommt, dass religiöse Symbole einer Gemeinschaft von
dissidenten Mitgliedern, von Aussenstehenden oder von Abtrün-
nigen verhöhnt oder attackiert werden.[20] Auch kann es geschehen,

20 Hierher gehört der sogenannte Karikaturenstreit, aber auch der Kurzfilm
    von Ayaan Hirsi Ali und Theo van Gogh «Submission. Part 1». Der Film
    zeigt eine junge Frau, die in einer Art Dialog mit Allah gegen die Miss-
    handlung durch ihren Ehemann klagt, mit dem sie zwangsverheiratet wurde.
    Dabei werden auf der nackten Haut der Frau Koranverse gezeigt, die zur
    Unterwerfung der Frau unter den Ehemann auffordern. Der Film wurde
    ein einziges Mal am 29.08.2004 im holländischen Fernsehen gezeigt. Am

dass Angehörige einer Religionsgemeinschaft den Gebrauch von früher gemeinsam hoch geschätzten Symbolen oder symbolisch aufgeladenen Handlungen bis hin zur Einführung neuer Lebens- und Verhaltensweisen aufgeben und damit die «Altgläubigen» absichtlich oder unabsichtlich provozieren – man denke an den Bruch von Tabus oder sonstigen religiösen Vorschriften, wie derlei in den meisten Religionen begegnet, jedenfalls unter den Bedingungen eines sozialen Wandels, der neuartige Wertorientierungen und Normvorstellungen mit sich bringen kann. Doch selbst in krassen Fällen gilt: Wenn der Ausübung der Religionsfreiheit, etwa um der öffentlichen Ordnung willen, gesetzliche Grenzen gezogen werden, müssen diese rechtlich klar bestimmt sein, dürfen nicht diskriminieren und müssen im Blick auf den beabsichtigten Zweck der Ordnungssicherung verhältnismässig sein.[21]

---

2. November 2004 ermordete Mohammed Bouyeri Theo van Gogh auf brutale und symbolisch inszenierte Weise. Der Kurzfilm war lange Zeit im Internet zugänglich.

21 Man kann vielleicht, wie neuerdings vielfach gefordert, das Einbringen «fremder» Organismen (Tiere und Pflanzen) mit Verweis auf die Erhaltung der Bio-diversität eines (grossen) Biotops einschränken, aber gewiss nicht die Ausübung einer «fremden» Religion durch Menschen, die sich an einem Ort aufhalten. Im Übrigen gibt es UN-Konventionen, die insbesondere auch die Religions-ausübung von Menschen in prekären Situationen und besonderen Gewalt-verhältnissen schützen; Art. 4 der Flüchtlingskonvention vom 28.07.1951 lautet: «Die vertragschliessenden Staaten werden den in ihrem Gebiet befind-lichen Flüchtlingen in Bezug auf die Freiheit der Religionsausübung und die Freiheit des Religionsunterrichts ihrer Kinder *eine mindestens ebenso günstige* Behandlung wie ihren eigenen Staatsangehörigen gewähren.» (Hervorhebung durch Vf.) Eine ähnlich lautende Präferenzbestimmung enthält Art. 4 des Übereinkommens über die Rechte der Staatenlosen vom 28.09.1954. Die Formulierung «mindestens ebenso günstig» erkläre ich mir damit, dass für Flüchtlinge und Staatenlose die religiösen Wurzeln und Verbindungen von ganz besonderer Bedeutung für die Erhaltung ihrer Identität sind. Allerdings kann man aus diesen Bestimmungen wohl keine unmittelbaren Leistungspflichten eines Staates herleiten, wohl aber drückt sich darin ein anerkannter sittlich-religiöser Anspruch auf Respekt und Anerkennung aus.

8   Grenzen religiös-symbolischer Kommunikation in moralischen und politischen Fragen

Religiöse Symbole als Gegenstand öffentlicher Kommunikation sind Ausdruck der positiven Religionsfreiheit. Für sie gilt grundsätzlich, dass sie nur solchen Einschränkungen unterworfen werden dürfen, «die gesetzlich vorgesehen und in einer demokratischen Gesellschaft notwendig sind für die öffentliche Sicherheit, zum Schutz der öffentlichen Ordnung, Gesundheit oder Moral oder zum Schutz der Rechte und Freiheiten anderer.» (Art. 9 EMRK)

Weil und soweit für die meisten Religionen eine mehr oder weniger grosse Reihe von Moralvorschriften einen wichtigen Teil ihrer Identität und ihrer Mitgliederloyalität bilden und weil in Fragen der Moral Übereinstimmung zwischen Religionen, Kirchen und Konfessionen besonders schwer zu gewinnen ist, muss der säkulare Staat mit vorrangiger Rücksicht auf den individuellen Freiheitsschutz für alle Menschen die Bestrebungen zur Durchsetzung partikularer Moralvorstellungen begrenzen. Hingegen dürfen selbst rigide, religiös begründete und kommunizierte Moralvorstellungen, die ausschliesslich die (freiwilligen) Mitglieder einer Religionsgemeinschaft binden, nicht Gegenstand staatlicher Interventionen sein, sofern sie nicht gegen Recht und Gesetz verstossen.

Der Verweis von Art. 9 EMRK auf die (öffentliche) Moral darf nicht so verstanden werden, als seien damit beliebige, laxe oder rigide Moralvorstellungen irgendwelcher religiöser Gemeinschaften grundsätzlich sakrosankt. Art. 9 erlaubt sicher keine Diktatur von religiösen Moralisten. Man muss den Zusammenhang bedenken, denn der Hinweis auf die Moral ist eingebettet sowohl in die Erfordernisse der öffentlichen Sicherheit als auch des Schutzes der Rechte und Freiheiten anderer. Gleichwohl kann ich mir vorstellen, dass die Erwähnung der (öffentlich relevanten) Moral – nicht: der Privatmoral! – Anlass geben könnte, in einer Rechtsordnung schon vorhandene oder neu zu schaffende Straftatbestände wie den der Blasphemie zu präzisieren.[22]

Im aktuellen Minarettstreit in der Schweiz bringen die Minarett-Gegner hauptsächlich drei Argumente vor: (1) Das Minarett sei ein Macht-Symbol für den Anspruch der Muslime, in der Schweiz die Geltung der Scharia als eines eigenständigen Rechtes durchzusetzen und auf diese Weise die freiheitliche Rechtsordnung der Schweiz zu bedrohen und letztlich zu zerstören. Es gelte, den Anfängen zu wehren. (2) Der Religionsfriede in der Schweiz werde durch den Bau von Minaretten bedroht, die überdies häufig von fundamentalistischen islamischen Gruppen oder Regierungen finanziert oder finanziell unterstützt werden. (3) In zahlreichen vom Islam geprägten Ländern gebe es keine oder nur eine empfindlich eingeschränkte Religionsfreiheit für Nicht-Muslime.

Dazu ist Folgendes zu sagen: (1) Die Einheit der Rechtsordnung der Schweiz wird nicht durch Minarette bedroht; diese als Machtsymbole zu bezeichnen, stellt eine völlig willkürliche Fremdzuschreibung der Bedeutung eines religiösen Symbols dar. (2) Wer eine Moschee oder ein Minarett finanziert, ist völlig unerheblich, sofern es sich um eine rechtmässige Finanzierung handelt. (Bei Kirchen, Kirchtürmen, Glocken und Orgeln fragen wir im Allgemeinen auch nicht, wer das Geld für ihren Bau aufbringt. Wenn industrielle Sponsoren auftreten, gilt im allgemeinen erst recht: *pecunia non olet*.) (3) Aus menschenrechtswidrigen Zuständen in einem bestimmten Land kann man kein Recht herleiten, ebenfalls Menschen- oder Grundrechte im eigenen Land zu verweigern.

Höchst bedenklich ist indes ein weiterer Punkt der Antiminarett-Initiative, den der SVP-Nationalrat Schlüer betonte: Er wies darauf hin, dass über den Bau von Minaretten letztlich «das

---

22 Rechtlich handelt es sich allerdings um ein äusserst schwieriges, vielfach vermintes Gelände. So ist es erstens schwierig, den objektivierbaren Kerngehalt eines derartigen Tatbestandes zu fixieren, und zweitens hat man es schnell mit anderen kollidierenden Normen wie der Meinungs- und Kunstfreiheit zu tun, deren Gehalt wiederum in verschiedenen Zivilisationen sehr unterschiedlich bestimmt wurde und wird. Vgl. zur Geschichte der Blasphemie *Cabantous*, Histoire; *Levy*, Blasphemy; *Pahud de Mortanges*, Archetypik; *Zirker*, Gotteslästerung.

Volk» entscheiden werde. Das heisst im Klartext: Massgeblich ist nicht das Recht – in diesem Fall geht es immerhin um nicht mehr und nicht weniger als ein in der Bundesverfassung garantiertes, elementares Grundrecht –, sondern das jeweilige Macht- oder Stimmenverhältnis. Demgegenüber erinnere ich an einen rechtsethischen Grundsatz, der die Schutzfunktion des Rechtes auch und gerade gegenüber dem (zufälligen) Mehrheitswillen betont: Wer wenig im Leben hat, soll viel im Recht haben. Die BV der Schweiz hat sich diese Maxime in der Präambel mit den Worten zu eigen gemacht, «dass die Stärke des Volkes sich misst am Wohl der Schwachen». Religiöse Minderheiten sind zudem im Rechtsstaat keine Bittsteller, sondern gleichberechtigte Rechtssubjekte. Die Religionsfreiheit, wie sie heute die christlichen Kirchen durchweg anerkennen und einfordern, ist darum nicht irgendeine gnädige Erlaubnis, sondern ein unveräusserliches Menschenrecht, das die Mitglieder jeder Religionsgemeinschaft in gleicher Weise in Anspruch nehmen dürfen. Auf der anderen Seite hat der Staat ein Recht, zwischen Religionsgemeinschaften und Gruppen, die sich zu Unrecht diesen Status anmassen, zu unterscheiden – nicht nach Massgabe ihrer Lehren und Überzeugungen, wohl aber im Blick auf ihre konkreten Handlungen und Verhaltensweisen. Man darf beispielsweise nicht die rechtsstaatliche Verfassung bekämpfen und diesen Kampf als Religion bezeichnen; verfassungsfeindliche Bestrebungen, auch und gerade in religiöser Verbrämung, sind vom Rechtsstaat mit rechtsstaatlichen Mitteln strikt zu unterbinden.

9   Gleicher Schutz der Religionsfreiheit *aller* Menschen

Ob und inwieweit moralische Gehalte, Implikationen oder Konsequenzen religiöser Überzeugungen und entsprechender sichtbarer Symbole Gegenstand staatlichen Schutzes sein können oder müssen, ist umstritten, wie man an den bekannten Beispielen des Kopftuches, der Ablehnung von Sexualkunde in öffentlichen Schulen, an Speiseverboten u. a. m. sehen kann. Der säkulare Staat hat die moralischen Konsequenzen, die aus der positiven Religionsfreiheit (individuell und/oder kollektiv) gezogen werden, ebenso zu schützen, wie er umgekehrt Menschen davor schützen muss, gegen ihren Willen zur Beachtung von religiös begründeten Moral- und anderen Vorschriften gezwungen zu werden. Die Kehrseite des Schutzes der Religionsfreiheit ist der Schutz jedes Menschen, gegen seinen Willen für religiöse Zwecke vereinnahmt zu werden.

Von den meisten Religionsgemeinschaften sind in Geschichte und Gegenwart zwei Äusserungen menschlicher Freiheit abgelehnt und teilweise mit drakonischen Strafen sanktioniert worden: Das *Verlassen* der Gemeinschaft (Schisma, Religionswechsel, Austritt, Konversion) und die *Bestreitung/Leugnung* des Glaubens oder von Teilen der Glaubensüberzeugungen der jeweiligen Gemeinschaft (Dissens, Apostasie, Häresie, Schisma). Genau diese Weisen des Gebrauchs menschlicher Freiheit muss jedoch der Rechtsstaat um der individuellen Gewissens- und Glaubensfreiheit willen schützen und insofern allen Religionsgemeinschaften verbindliche Grenzen für ihre interne Sanktionskompetenz setzen. Die Freiheit des Wechsels des Glaubens und der jeweiligen Zugehörigkeit darf nicht gegen den Willen der betroffenen Menschen von Religionsgemeinschaften zum Gegenstand von Sanktionen gemacht werden. Bekanntlich tun sich Muslime und islamisch geprägte Staaten mit der Anerkennung eines Rechts auf Verlassen ihrer Gemeinschaft sehr schwer; im September 2008 hat der Iran ein neues Apostasiegesetz mit der Androhung der Todesstrafe erlassen, und dort, wo es derartige Gesetze nicht gibt, kommt es oft in der Alltagspraxis bei Fragen des Austritts zu massiver Diskriminierung oder gar nackter Gewalt.

Traditionen und Bräuche einer gewachsenen Kultur verdienen Schutz und Förderung durch Gesellschaft und Staat. Der säkulare Staat darf einerseits nicht über den Glauben von Menschen und die daraus folgenden symbolischen Ordnungen nach eigenem Gutdünken urteilen. Er muss aber auch nicht indifferent gegenüber kulturellen und religiösen Traditionen sein, sondern darf diese fördern und unterstützen, sofern dabei keine Diskriminierungen anderer erfolgen. Der Rechtsstaat darf allerdings selbst nicht zwischen akzeptablen und nicht-akzeptablen Weisen der Präsenz und womöglich der Anerkennung religiöser Symbole verschiedener Religionsgemeinschaften wertend unterscheiden, solange nicht die Schranken der für alle geltenden Gesetze überschritten werden.

Keine Religionsgemeinschaft kann dazu gezwungen oder überredet werden, in ihrer öffentlichen Präsenz besondere Zurückhaltung zu üben, wenn sie dies nicht von sich aus und aus freien Stücken will.[23] Es wird oft von neu auftretenden Konfessionen und Religionen verlangt, sich den einheimischen Traditionen ein- und unterzuordnen und auf öffentliche Bekundungen und die Darstellung ihrer religiösen Symbole zu verzichten. Das mag eine sinnvolle pragmatische Klugheitsregel sein, taugt aber nicht als Grundsatz des Religionsrechts.

Vielfach wird diskutiert, ob nicht Verfahren der *Mediation* die Zuspitzung einer rechtlichen Auseinandersetzung vermeiden könnten. So wurde im Falle des Langenthaler Minarettstreites die Frage untersucht untersucht, ob eine Mediation sinnvoll und zweckmässig sei.[24] Unter Mediation versteht man ausser- oder pararechtliche Vermittlungsverfahren, bei denen eine unparteiische Person zwischen Konfliktpartnern oder -gegnern einen von beiden Seiten als möglichst befriedigend empfundenen Ausgleich herbeizuführen versucht. Mediationsverfahren dienen, jedenfalls der Absicht nach, vielfach einer Entlastung der Justiz. Sie haben besonders ihren Ort im Falle von Ehestreitigkeiten und Scheidungsverfahren.

In der erwähnten Untersuchung wird herausgearbeitet, dass in Langenthal beide Konfliktseiten – einheimische Schweizer

---

23 In meiner Kindheit in einer konfessionell gemischten norddeutschen Stadt feierten die Katholiken den Feiertag Fronleichnam mit demonstrativen Prozessionen, während die Evangelischen den Karfreitag auf ihre Weise nicht minder nachhaltig zelebrierten, während die jeweils andere Seite auf vielfache Weise ihre Abneigung zum Ausdruck brachte. Diese törichte religiöse Symbolpolitik ist längst einer respektvollen wechselseitigen Anerkennung der unterschiedlichen Bräuche und dem Verzicht auf jede Provokation gewichen.

24 *Tanner*, Mediation.

Bevölkerung, antragstellende Muslime – Befürchtungen hinsichtlich ihrer religiösen und ethnischen Identität hegten. Sie fühlten sich durch das Ansinnen der jeweils anderen bedroht. Die Muslime haben ein starkes Interesse daran, aus der Anonymität von Moscheen in Lagerhallen und Hinterhöfen von Industriequartieren herauszukommen, sich und ihre Symbole öffentlich zu zeigen und darin auch gesellschaftliche und rechtliche Anerkennung zu finden. Die «alt-einheimische» Bevölkerung wiederum sah und sieht ihre kulturelle Identität in Frage gestellt – was immer das bedeuten mag und worin diese besteht. Für ein Mediationsverfahren stellt sich dann die leitende Frage, auf welche Weise die Identitätserwartungen der Konfliktaprteien am besten gewahrt werden können. Im Langenthaler Minarettstreit, aber auch andernorts, tauchte sodann der Vorschlag auf, die den Bau eines Minaretts beantragenden Muslime könnten und sollten doch um der einheimischen Bevölkerung willen Zurückhaltung üben – sie könnten vielleicht einstweilen oder überhaupt auf ein Minarett verzichten, oder sie könnten sich verbindlich verpflichten, den Gebetsruf nicht mit Lautsprechern zu unterstützen. Doch läuft dies alles auf einen Kuhhandel hinaus, bei dem eine rechtliche Gewährleistung – hier die der Religionsfreiheit – zum Gegenstand einer Aushandlung gemacht wird. Es kommt aber darauf an, dass Recht gesprochen, anerkannt und durchgesetzt wird.

Für und gegen Mediation kann man Unterschiedliches einwenden – Praxisnähe, Kosteneinsparung, Effizienz, Zeitbedarf, Rechts(un)sicherheit etc. Prekär ist aber Mediation vor allem dann, wenn man sie nicht als Ergänzung oder Vorlauf zu einer rechtlichen Klärung anstrebt, sondern an die Stelle des Rechtes setzt. Mediation mutet nämlich tendenziell den einen wie den anderen zu, erst einmal auf grundsätzlich beanspruchte und/oder anerkannte Rechte zu verzichten, und wo das geschieht, wird mein Recht zum Resultat eines Aushandlungsprozesses. Wenn aber Recht verhandelt und gehandelt wird, dann ist sein Ort in einem Feld von Machtbeziehungen, ohne diese prinzipiell transzendieren zu können. Der Druck dürfte dann gross sein, dass die machtmässige *minor pars* zu den grösseren Zugeständnissen gedrängt wird – etwa zur Anerkennung der beanspruchten Privilegien einer «Leitkultur». (Ähnliches befürchte ich übrigens auch bei Mediationen in Ehekonflikten.) Statt zu fragen, was rechtens sei – worum man letztlich nie herumkommt (Ernst Bloch) –, wird bei Mediationen tendenziell nur gefragt, wie man sich arrangieren kann, was als Kompromiss für die Beteiligten «stimmen» mag. Das ist mir zu wenig und m. E. letztlich nicht einmal tragfähig. Das unterbietet, ja gefährdet sogar den Rechtsstaat in meinen Augen.

Man muss im Übrigen auch fragen, ob die Angst vor Identitätsverlust ausschliesslich als der «eigentliche» Kern des Langenthaler Konflikts bestimmt werden kann. Für die religiös orientierten Bürgerinnen und Bürger vor Ort mag das überwiegend oder teilweise gelten. Aber es ist unverkennbar, dass inzwischen «das Minarett» von bestimmten politischen Gruppierungen instrumentalisiert wird, um schweizweit antislamisch und teilweise explizit fremdenfeindlich zu politisieren. Diese politische und rechtsstaatliche Dimension dürfte die Möglichkeiten einer Mediation übersteigen, denn mir scheint, dass zu Anlass, Ort und Bedingungen erfolgreicher Mediation die direkte, vermittelte («mediierte») Interaktion zwischen unmittelbar Betroffenen gehört.

10 Fazit

Für den Bau und Betrieb von Moscheen und Minaretten ergibt sich aus den vorstehenden Überlegungen:
- Sie unterliegen grundsätzlich denselben rechtlichen Regelungen, die bei Genehmigungsanträgen, Vorschriften und Auflagen bezüglich der Gebäude anderer Religionsgemeinschaften angewendet werden.
- Staatlichen Behörden steht es nicht zu, die Bedeutung von religiösen Symbolen (einschliesslich Gebäuden zu religiösen Zwecken) zu identifizieren und zu bewerten.

- Aus dem grundrechtlichen Diskriminierungsverbot folgt, dass der Staat im Rahmen seiner Kultursubventionen alle Religionsgemeinschaften gleich behandeln muss. Das gilt für Steuerbefreiungen aufgrund von Gemeinnützigkeitsregeln genauso wie für analoge Baugesuche.

Auch und gerade im Religionsrecht gilt die Maxime des freiheitlichen Rechtsstaates:

In dubio pro libertate.

Literatur

Berner, Ulrich, Art. Symbol, Symbole, Symboltheorien, in: RGG[4] (2004) Sp. 1921–1937.

Cabantous, Alain: Histoire du blasphème en occident. Paris: Albin Michel, 1998 (deutsche Übersetzung: Geschichte der Blasphemie. Weimar: Böhlau, 1999).

Dodds, Jerrilynn D. (ed.): Al-Andalus: The Art of Islamic Spain. New York: The Metropolitan Museum of Art, 1992.

Gartner, Barbara: Der Islam im religionsneutralen Staat. Frankfurt a. M. u. a.: Lang 2006.

Hüttermann, Jörg: Das Minarett: Zur politischen Kultur des Konflikts um islamische Symbole. Weinheim: Juventa, 2006.

Kraft, Sabine: Neue Sakralarchitektur des Islam in Deutschland: Eine Untersuchung islamischer Gotteshäuser in der Diaspora anhand ausgewählter Moscheeneubauten. Münster u. a.: LIT, 2002.

Levy, Leonard Williams: Blasphemy. Verbal Offense Against the Sacred: From Moses to Salman Rushidie. Chapel Hill N.C.: The University of North Carolina Press, 1995.

Lienemann, Wolfgang: Religionsfreiheit und der Umgang mit religiösen Symbolen in der Öffentlichkeit: Thesen, in: *Heller, Dagmar u. a. (Hg):* «Mache Dich auf und werde Licht!»:

Ökumenische Visionen in Zeiten des Umbruches. FS für Konrad Raiser. Frankfurt a. M.: Lembeck, 2008, S. 355–361.

Müller, Felix: Rechtliche, politische und ethische Aspekte der Minarett-Initiative. Unveröffentlichte Lizentiatsarbeit. Bern, 2008.

Pahud de Mortanges, René: Die Archetypik der Gotteslästerung als Beispiel für das Wirken archetypischer Vorstellungen im Rechtsdenken. Fribourg: Universitätsverlag, 1987.

Schaer, Alexander: Das Minarett im (politischen) Kreuzfeuer: Rechtliche Überlegungen anlässlich der Einreichung der «Minarettinitiative», in: AJP/PJA 17 (2008) S. 1133–1138.

Tanner, Mathias: Mediation in Minarettkonflikten? Beschreibung, Kontextualisierung und Analyse des Minarettkonflikts in Langenthal im Hinblick auf die Frage, was Mediation zu seiner Lösung beitragen könnte. Unveröffentlichte Lizentiatsarbeit. Bern, 2007.

Verbot des Anbringens von Kruzifixen in Klassenzimmern / BGE 116 Ia 252 – Kruzifix. Deutsch in EuGRZ 18 (1991) S. 89–95.

Waldmann, Bernhard: Moscheebau und Gebetsruf, in: *Pahud de Mortanges, René; Tanner, Erwin (Hg.):* Muslime und schweizerische Rechtsordnung: Fribourg: Universitätsverlag, 2002, S. 219–242.

«Wehret den Anfängen! Stopp den Minarettbau in der Schweiz!»: Petition gegen den Minarettbau vom 8. Juli 2008, http://www.minarette.ch (6.10.2008).

Winzeler, Christoph: Einführung in das Religionsverfassungsrecht der Schweiz. Zürich u. a.: Schulthess, 2005.

Zirber, Hans; Gotteslästerung oder Freiheit der Kunst? Religiöse Empörungen in säkularer Gesellschaft, in: ZRGG 43 (1991) 345–359.

Nevfel Cumart

Von den Bergen in die Städte Anatoliens

Über das Wiedererwachen des Alevitentums in der Türkei

1 Bezeichnung, Definition und Bevölkerungszahl der Aleviten

In der für diesen Aufsatz benutzten Literatur gibt es keine einheitliche Bezeichnung für die Mitglieder der Glaubensgemeinschaft der Aleviten. Bei Peter Alford Andrews wird die Bezeichnung für die Aleviten im Englischen mit *Alevis, Kizilbash*, im Deutschen mit *Alewiten, Kyzylbasch* und im Türkischen schliesslich mit *Alevî(ler), Kızılbaş, Türkmen* aufgeführt.[1] Während als Selbstbezeichnung der Aleviten lediglich *Alevi* angeführt wird, sind für die sekundäre Selbstbezeichnung eine Reihe von Namen erfasst, darunter *Nalcı, Elçi, Tahtacı, Çepni, Abdal, Türkmen Alevi* und andere mehr. In den meisten türkischen Periodika finden wir den Ausdruck *Alevilik*. In der türkischen Literatur finden wir neben *Kızılbaş-Alevileri* auch *Alevi-Bektaşiler*. In der deutschsprachigen Literatur finden sich Bezeichnungen wie *Alevismus-Bektaschismus* neben verkürzten Formen wie *Alevi* bzw. *Alevis* genauso wie *Alevitum* neben *Alevitentum*.

Im Folgenden wird der Terminus «Aleviten» für die Gesamtheit der Mitglieder dieser esoterischen Glaubensgemeinschaft durchgängig verwendet, unabhängig von der ethnischen Zugehörigkeit

---

1 Siehe *Andrews*, Ethnic 56.

(z. B. Kurden[2]), der bruderschaftlichen Zugehörigkeit der Bektaşi[3] oder der tribalen Zugehörigkeit (z. B. Tahtacı). Die hier getroffene Ausgrenzung bezieht sich jedoch auf die arabischsprachigen Alawiten, auch Nusairier genannt, die sich in Glaube und Doktrin erheblich von den türkischsprachigen Aleviten unterscheiden. Der Siedlungsschwerpunkt der Alawiten liegt in Syrien, auf dem Gebiet der Türkei konzentriert sich ihre Anwesenheit auf die Provinzen Hatay, Gaziantep und Adana.[4] Der Begriff «Alevi» kommt aus dem Arabischen «Alawi» und bedeutet «Anhänger Alis». Ali war der Schwiegersohn des Propheten Muhammed und der vierte Kalif in der islamischen Geschichte.

Wer oder was ist ein Alevit? Auf diese Frage hin liessen sich viele Antworten und Definitionen über das Wesen des Alevitentums aus einer mittlerweile sehr umfangreichen Literatur anführen. An dieser Stelle soll eine Kurzdefinition genügen: Als Aleviten werden die Mitglieder eine heterodoxen, esoterischen Religionsgemeinschaft bezeichnet, die den Schwiegersohn des Propheten Muhammed, Ali, und seine Nachkommen, die zwölf Imame, verehren und deren Verbreitungsgebiet sich nicht auf die Fläche der heutigen Türkei beschränkt.[5] Seit dem Ende des 19. Jh. begann sich der Begriff «Alevi» im offiziellen Sprachgebrauch gegenüber dem türkischen Ausdruck «Kızılbaş», welcher bis dahin eine pejorative Bedeutung hatte, durchzusetzen (Kızılbaş = türk. wört.: Rotkopf).[6]

Die alevitischen Glaubensvorstellungen und -praktiken sowie ihre sozial-religiöse Struktur weichen erheblich von denen der überwiegend sunnitisch-hanefitisch ausgerichteten Bevölkerung der Türkei ab. Zu den offenkundigen Unterscheidungsmerkmalen zählt die Ablehnung der Fünf Säulen des sunnitischen Islams

2 Vgl. hierzu *Bumke*, Kızılbaş-Kurden.
3 Vgl. hierzu u. a. *Zelyut*, Kaynaklarına 12f.
4 Über die arabischsprachigen Alawiten siehe *Halm*, Schia, 190–198, *Massignon*, Nusairi.
5 Besonders das Bektaşitum hat eine rege Verbreitung auf der Balkanhalbinsel.
6 Vgl. hierzu die einschlägigen Artikel von *Savory*, Kızılbash; *Gölpınarlı*, Kızıl-Baş.

(Glaubensbekenntnis, Ritualgebet, Almosensteuer, Fasten sowie die Wallfahrt nach Mekka). Die Tatsache, dass in alevitischen Dörfern und Wohngegenden keine Moscheen existieren, dass Alkohol getrunken wird und dass die Geschlechtersegregation im weltlichen wie im religiösen Bereich schwächer ausgebildet ist als bei den Sunniten, hat schon seit jeher Verdächtigungen und Vorurteile seitens der islamisch-orthodoxen Bevölkerung hervorgerufen. Auch heute noch werden diskriminierende Anschuldigungen gegen die Aleviten erhoben.[7]

Die Aleviten bilden nach den sunnitischen Muslimen die zweitgrösste Bevölkerungsgruppe in der Türkei. Die Angaben über ihren Bevölkerungsanteil in der Türkei schwanken erheblich. Da keine statistischen Angaben nach der innerislamischen Differenzierung der Bevölkerung existieren, muss auf Schätzungen zurückgegriffen werden. Diese reichen von vorsichtigen, sehr niedrigen Angaben bis hin zu prozentualen Angaben wie 25% der Gesamtbevölkerung oder zahlenmässigen Angaben wie 20 Millionen Personen. Als realistisch erscheint eine Grössenordnung von 18–20 Millionen Aleviten bei einer Gesamtbevölkerung von rund 70 Millionen.[8] Hauptsiedlungsgebiete der Aleviten sind in der Türkei insbesondere Mittel- und Ostanatolien; aber auch in der Westtürkei und am Mittelmeer, z. T. seit Jahrhunderten auch in den schwer zugänglichen Waldregionen wie die der turkmenischen Tahtacı. Die Verbreitung der Aleviten konzentriert sich in starkem Masse besonders in Städten wie Çorum, Erzincan, Malatya, Maraş, Tokat, Yozgat, Nevşehir, Sivas und deren Umgebung.[9]

2   Die alevitischen Glaubensvorstellungen

Eine eingehende Ausführung der alevitischen Glaubensvorstellungen würde den gegebenen Rahmen sprengen. Hier sollen

---

7   Vgl. in Zusammenhang mit dem abschliessenden Teil der Cem-Zeremonie, der bei erloschenen Kerzen durchgeführt wird, *Benekay*, Alevilik 116f.
8   Vgl. hierzu *Zelyut*, Kaynaklarına 295.
9   Zur Verbreitung der Aleviten vgl. *Andrews*, Ethnic 56–69.

lediglich einige wesentliche Elemente und zentrale Glaubensinhalte ausgeführt und in Vergleich zu dem sunnitischen Islam gesetzt werden.[10]

Wie bereits ausgeführt, zählt zu den offenkundigen Unterscheidungsmerkmalen zwischen Alevitentum und orthodoxem Islam die Ablehnung der Fünf Säulen (Glaubensbekenntnis, Ritualgebet, Almosensteuer, Fasten sowie die Wallfahrt nach Mekka).

Diese fünf individuellen Grundpflichten sind der Kernbestand sunnitischer und schiitischer Orthopraxie, das Herzstück orthodox-muslimischer Glaubensorientierung. Nicht nur die Sunniten, auch die Schiiten bestehen auf der strengen Einhaltung dieser fünf Pflichten. Die Aleviten lehnen diese Fünf Säulen fast ausnahmslos ab bzw. haben Äquivalente dafür, die vom orthodoxen Islam als häretisch eingestuft werden. Daher bezeichnen Sunniten wie Schiiten die Aleviten als Abtrünnige.

Glaubensbekenntnis: Das Glaubensbekenntnis der Aleviten lautet: Ich bezeuge, dass es keinen Gott gibt ausser Gott, dass Muhammad sein Prophet und Ali sein Freund (*wâlî*) ist. Dabei handelt es sich um die auf Ali bezogene erweiterte schiitische Formel. Das Glaubensbekenntnis hat bei den Aleviten keinen so hohen Stellenwert wie bei den Sunniten.

Ritualgebet: Das fünfmal täglich zu verrichtende rituelle Gebet ist von zentraler Bedeutung im sunnitischen wie schiitischen Islam. Wenn die Aleviten sagen: Arbeit ist Gebet, oder: mehr arbeiten und wenig beten ist besser als wenig arbeiten und mehr beten, und das rituelle Gebet ablehnen, so verstossen sie damit gegen eines der wichtigsten Gebote des Islam. Die eigenen Gebete der Aleviten (*gülbenk*, das laut gesprochene Gebet) sind frei von rituellem und zeitlichem Tagesablauf. Sie liegen für die Cem-Zeremonien im Wortlaut fest. Die Gebetsrichtung der Aleviten ist nicht Mekka, sondern sie sitzen beim Gebet im Kreis und schauen einander an.

---

10 Die folgenden Ausführungen fussen auf *Kehl-Bodrogi*, Kızılbaş-Aleviten und *Vorhoff*, Glaube.

Almosensteuer: Die pflichtgemässe Sozialabgabe (*zakat*) ist den Aleviten fremd. Allerdings gilt ihnen der humanitäre Einsatz für andere auch ohne das Gebot der Almosensteuer als religiöse Pflicht, freilich ohne die im Islam ansonsten dafür festgelegten Normen.

Fasten: Das Fasten im Monat Ramadan lehnen die Aleviten ab. Stattdessen praktizieren sie zehn oder auch mehr Tage hindurch das sogenannte Aschura-Fasten. Damit gedenken sie der Ermordung von Muhammads Enkel Hussein im Jahre 680 bei Kerbela. Dieses ist eine schiitische Sonderbestimmung, die nach Auffassung des orthodoxen Islam jedoch das Fasten im Monat Ramadan nicht ersetzt. Zusätzlich fasten die Aleviten auch zu Ehren des Hizir, ihres wichtigsten Heiligen, was dem orthodox-sunnitischen Islam fremd ist.

Wallfahrt nach Mekka: Die Wallfahrt nach Mekka, um dessen kultisches Zentrum, die Kaaba, die Muslime kreisen, vollzieht der Alevit in seinem Herzen: Der Mensch ist die Kaaba! In einem Vers, den die Aleviten dem als heilig verehrten Ordenspatron Haci Bektaş Veli zuschreiben, heisst es: Was immer du suchst, such in dir selbst: Nicht in Jerusalem, nicht in Mekka oder auf der Pilgerfahrt.

Heilige Schriften – Koran und Buyruk: Der Koran gilt den Aleviten als nur eine ihrer heiligen Schriften. Im orthodoxen sunnitischen Islam hingegen ist der Koran Gottes authentisches, unverfälschtes und letztgültiges Wort. Wer ihn als Menschenwerk betrachtet, gilt als Häretiker. Die meisten Aleviten vertreten die Auffassung, dass bei der Redaktion des Korans unter dem dritten Kalifen Osman über 400 Koranstellen unterschlagen oder chronologisch durcheinander gebracht wurden. Und sie gehen zumeist davon aus, dass der Koran nachträglich geändert worden ist, z. B. dahingehend, dass Ali bereits erwähnt und mit der Nachfolge Muhammads betraut worden sei. Der Koran liegt ihrer Meinung nach heute nur in dieser verderbten Version vor. Allein schon wegen dieser unterschiedlichen Wertung des Korans kann es keine religiöse «Gemeinschaft» von Aleviten mit Sunniten und Schiiten geben. Ausserdem lehnen die Aleviten die einst «mündliche Tradition»

(*Sunna*) der Sunniten und der Schiiten, die Hadithe, und somit die Scharia, das islamischen Recht, vollständig ab.

Die Aleviten haben kein kanonisches Buch ihrer Glaubenslehre, keine schriftlich fixierte Dogmatik. Es herrschte stets die mündliche Tradition. Das Wissen um die «geheime» Glaubenslehre wurde über Jahrhunderte durch die heiligen Familien mündlich überliefert. Daher unterscheiden sich religiöse Praktiken sowohl regional als auch ethnisch.

Die wenigen heiligen Schriften und Legenden der Aleviten wurden in den *Buyruk* (Gebot) gesammelt. Sie werden meist dem 6. Imam Dscha'far as-Sadîq (gest. 765) zugeordnet. In *Buyruk* sind auch die Ordensregeln des Haci Bektaş Veli, die *Makalat,* integriert. Die *Nefes*, die Hymnen der türkischsprachigen, meist bektaschitischen Dichter und Sänger, sind fester Bestandteil alevitischen religiösen und kulturellen Guts. Dieser Schriftenkorpus ist Sunniten wie Schiiten völlig fremd.

Zu den spezifischen Besonderheiten des Alevitentums zählen insbesondere die Heiligenverehrung, die Cem-Zeremonien und die Musahiplik. Bei der Heiligenverehrung nimmt Haci Bektaş als *Veli*, (Heiliger, Freund Gottes) eine besondere Stellung ein. Seine Herkunft wird bis zum Propheten Muhammad zurückgeführt. Der Prophet Muhammad tritt in vielen Heiligenlegenden auf. Ausserdem wird er in engster Verbindung mit Ali als Muhammad-Ali oder Ali-Muhammad gesehen. Die Heilsgestalt Ali, der «Schah der Gläubigen», steht aber im Zentrum der alevitischen Lehre. Die Verehrung Alis kann göttliche Züge annehmen, sie geht sogar so weit, dass eine Art Gleichsetzung von Gott und Ali erfolgt. Das ist einer der grössten Vorwurfe der islamischen Orthodoxie gegenüber den Aleviten, Gott eine weitere Gestalt beizugesellen. Die Trinität Gott, Muhammad und Ali wird bei den Aleviten so verstanden, dass Gott oder die göttliche Lichtsubstanz sowohl Muhammad als Manifestation der äusseren und Ali als Manifestation der inneren Wahrheit aus sich herausgesetzt hat und zwar beide als präexistente Lichtsubstanzen. Religionsgeschichtliche Einflüsse der Gnosis sind hier unverkennbar. Es gibt aber auch Aleviten, die Ali nur als Vorbild einer «vernünftigen und reifen Person» sehen.

Die Aleviten haben keine Moscheen, sie haben eigene Kulthäuser, in denen sie die Gottesdienst ähnlichen Cem-Zeremonien abhalten. Die Innenausstattung der Cem-Häuser entspricht auch nicht der von Moscheen. Es gibt z. B. keine Gebetsnische, die in Richtung Mekka weist. Die Kult-Sprache der Aleviten ist nicht das Arabische, das im orthodoxen Islam unverzichtbar ist, sondern das Türkische. Die Riten der Aleviten sind in keinerlei Hinsicht dem Freitagsgebet des sunnitischen oder schiitischen Islam mit Predigt und Koran-Rezitationen vergleichbar. Zum Ritual der zwölfteiligen Cem-Zeremonie (türk.: *ayinicem* oder *ayin-i cem*) kommen Männer und Frauen ohne Geschlechtertrennung zusammen. Zu den festen Bestandteilen gehören Opfermahl (*lokma*), ritueller Umtrunk (*dem*), Musik (*saz*), religiöse Hymnen (*nefes*) und auch kultische Tänze (*semah*). Da die Cem-Zeremonie nachts und unter Geheimhaltung stattfand, bot sie den Aussenstehenden genügend Stoff zu Spekulationen und Verleumdungen. Die Sunniten dachten an wahre Orgien, Trunksucht und wahllose geschlechtliche Vereinigung. Eines der gängigsten Vorurteile gegenüber Aleviten ist die Behauptung, sie kannten weder Schwester noch Mutter (*ana bacı tanımıyorlar*), man unterstellte ihnen also inzestuöse Verbindungen. Im Übrigen gibt es verschiedene Cem-Zeremonien, die aus unterschiedlichen Anlässen vollzogen werden, aber hier nicht im Einzelnen aufgeführt werden sollen. Ein wichtiger Teil der Kulthandlungen besteht darin, Konflikte innerhalb der Gemeinde durch den Dede auszuräumen, dem religiösen Führer einer alevitischen Gemeinde. Gemeinschaften, die lange isoliert leben, sind in besonderer Weise auf den Zusammenhalt ihrer Mitglieder angewiesen. Das Schuldbekenntnis und die Busse spielen deshalb eine sehr grosse Rolle und bereinigen das Verhältnis der Mitglieder der Glaubensgemeinschaft.

Eine Besonderheit der Aleviten ist die sogenannte *Musahiplik*, die «Wegbruderschaft», «Wahlverwandtschaft» oder «Weg-Geschwisterschaft». Dieser religiöse Bund zwischen jeweils zwei

nicht miteinander blutsverwandten Ehepaaren wird in einer besonderen Cem-Zeremonie vom Dede gestiftet. Dieser Bund ist eine
rituelle Wahlverwandtschaft, die über die Blutsbande hinaus geht
und ein Leben lang hält. Dabei hat einer für den anderen in guten
wie in schlechten Zeiten einzustehen. Schulden werden gemeinsam
getragen, und auch das Sündenkonto bei Gott sowie die positive
Bilanz guter Taten werden miteinander verrechnet. Dieser *Musahiplik* Vergleichbares gibt es ansonsten im gesamten Islam nicht.[11]

Abschliessend sei kurz ausgeführt, dass sich die Ähnlichkeiten
alevitischer Glaubensorientierungen mit einigen Sonderheiten des
orthodoxen schiitischen Islam in engen Grenzen halten. Ausser
der Verehrung der blutsverwandten Nachfahren Muhammads, den
Ahl al-Bait, (Ali, seine Söhne Hussein und Hasan und Propheten-
tochter Fatima) und auch den weiteren Imamen der Zwölferschia
und den Trauerriten mitsamt dem zehntägigen *Aschura*-Fasten im
Gedenken an Kerbela gibt es bei den Aleviten keine wesentlichen
Gemeinsamkeiten mit schiitischen Glaubensvorstellungen.

3 Entstehung und Geschichte des türkischen Alevitentums

Die Entstehung und Herausbildung des anatolischen Alevitentums ist mit der Entwicklung des mystischen Ordens der Safaviden verbunden, dessen Stiftung auf die erste Hälfte des 14. Jh.
in Ardabil (Nordwest-Iran) zurückreicht.[12] Der Ordensgründer Safi
ad-Din führte seine Abstammung über den siebten Imam Musa
Kazim auf den Schwiegersohn des Propheten Muhammed, Ali,
zurück. Einer der Nachfolger Safi ad-Dins, Ismail, gelangte mit der
grossen militärischen Schlagkraft der safavidischen Anhängerschaft,
die sich zumeist aus turkmenischen Stämmen rekrutierte, an die
Macht. Ismail proklamierte in 1501 als Schah von Persien das

---

11 Zu dieser elementaren Säule des Alevitentums siehe *Kaya*, Musâhiblik.
12 Für Details der Entstehungsgeschichte siehe u. a. *Kehl-Bodrogi*, Kızılbaş-Aleviten
    8–41.

zwölferschiitische Glaubensbekenntnis als Staatsreligion auf dem Gebiet des heutigen Iran.

Die Glaubensgemeinschaft der Aleviten ging später aus der Anhängerschaft der safavidischen Ordensscheiche hervor, die sich zwar nominell zu dieser zwölferschiitischen Richtung des Islam bekannte, jedoch die Hinwendung zum theologisierenden Hoch-Schiitentum nicht vollzog, sondern weiterhin ihrer volkstümlich-islamisch geprägten Religiosität in Glaube und Ritual verhaftet blieb. Nach dem Sieg der osmanischen Armee über die Truppen Ismails im Jahre 1514 und der Schliessung der Grenzen durch die osmanischen Herrscher verloren die Safavidenanhänger den Kontakt mit dem politischen Machtzentrum der Safaviden in Persien.

Die weitere Entwicklung im Osmanischen Reich ist geprägt von einer Reihe grosser Volksaufstände, der sog. Kızılbaş-Aufstände, in der ersten Hälfte des 16. Jh., die mehr politisch denn religiös motiviert waren. Als Reaktion darauf wurden Anhänger der Safaviden auf osmanischem Boden massiv verfolgt.[13] Aufgrund dieser Verfolgungen zogen sich die Kızılbaş im Laufe des 17. Jh. immer stärker in entlegene Regionen zurück. In dieser Phase der geographischen Marginalität und gesellschaftlichen Isolation scheint sich ihre sozial-religiöse Struktur, gekennzeichnet durch eine strenge Gruppenendogamie sowie die Institution der *Musahiplik* herausgebildet zu haben. Hier kamen wohl auch schiitische, heterodoxe und vor- und ausserislamische, schamanistische Elemente hinzu, die später zu einer synkretistischen Glaubenslehre verschmolzen.

Im Zuge der Etablierung des sunnitischen Islam als offizielle Religion im Osmanischen Reich wurden die Kızılbaş nunmehr auch religiös in die Marginalität und Isolation gedrängt. Auf Grund der Trennung vom Ordenszentrum in Persien durch die Schliessung der Grenze manifestierte sich der Wunsch nach einer gesellschaftlichen und religiösen Instanz bei den Kızılbaş in der Folgezeit in der Hinwendung zu dem mystischen Derwischorden der Bektaşis.

---

13 Zu den Kızılbaş-Aufständen und der Entstehung des Begriffs Kızılbaş vgl. *Zelyut*, Kaynaklarına 270–278 sowie *Kehl-Bodrogi*, Kızılbaş-Aleviten 27–32.

Das Bektaşitum geht auf den Ordenspatron (*pir*) Hacı Bektaş Veli in vorosmanischer Zeit zurück.[14] Der aus Chorasan stammende Hacı Bektaş Veli errichtete im zentralanatolischen Dorf Sulucakarahöyük (das heutige Hacibektaş) ein Derwischkloster, wo er auch 1270 verstorben sein soll. Über diverse Überlieferungen aus dem Leben dieses «halblegendären Heiligen»[15] hinaus ist wenig Verlässliches über seine Person bekannt.[16]

Das Bektaşitum vermochte diverse christliche, gnostische, islamische und hermetische Elemente in sich zu vereinigen und gewann grosse Bevölkerungsteile besonders im Süden Anatoliens für sich. Neben den generellen Zügen der Mystik prägte auch eine weitgehende Geringschätzung der islamischen kultischen Pflichten das Verhältnis des Ordens zum orthodoxen Islam. Diese Geringschätzung und die liberale Einstellung in Fragen des Alkohols, der rituellen Speisereinheit und der Stellung der Frau erregten den Vorwurf des Ketzerischen bei den orthodoxen Sunniten.

Balim Sultan (1462–1516) übernahm die Leitung des Ordens 1500 und leitete neue Entwicklungen ein, die ihm sein bis heute anhaltendes charakteristisches Gepräge gaben. Zu den neuen Elementen gehörte unter anderem auch die Einführung der Ehelosigkeit. Nunmehr gab es zwei Gruppen innerhalb des Bektaşitums: zum einen die zölibatären *baba*, die sich *yol evlatları* (Kinder des Weges) nannten und der Gruppe der Derwische vorstanden, die das Gelübde der Ehelosigkeit abgelegt hatten; zum anderen die *çelebi*, die sich als direkte Abkömmlinge von Hacı Bektaş Veli betrachteten und sich *bel evlatları* (Kinder der Lende) bezeichneten. Die Mehrheit der alevitischen Gruppen erkennt lediglich die *çelebi* als oberste religiöse Autorität an,

14 Eine sehr gute Darstellung des Bektaşitums bietet *Birge*, Bektaşi.
15 *Kissling*, Bektaschije 54.
16 Für eine kurze Information siehe *Çubukçu*, Türk-Islâm 63–71, sowie *Birge*, Bektaşi 40–51. Die Person Hacı Bektaş Velis spielt auch in der aktuellen Diskussion eine Rolle, nämlich hinsichtlich der Frage, ob er Sunnit oder Alevit gewesen sei.

Die mit dem Bektaşitum nicht in Verbindung stehenden Gruppen der Aleviten hingegen haben ihre eigenen *ocaks* (heilige Familie, Lineage), die ihre Legitimation als religiöse Autorität durch ihre direkte Abstammung von einem der zwölf Imame, zumeist von Musa Kazim, dem siebten Imam, ableiten. Beide Gruppen, die mit dem Bektaşitum verbundenen *çelebi* und die des unabhängigen *ocak*-Zweiges, stimmen in Fragen der religiösen Inhalte, Rituale und der Zeremonien weitgehend überein.[17] In der Literatur wird zumeist zwischen Aleviten und Bektaşiten nicht unterschieden. Manche Autoren erklären zur Unterscheidung, erstere seien Landbewohner, die anderen Städter. In türkischen Religionsschulbüchern wird der Terminus «Alevi» ausschliesslich für die Schiiten benutzt.

Wichtig ist festzuhalten, dass der Orden eine Beitrittsgemeinschaft mit individueller Initiation darstellt, während die anderen Aleviten und ihre geistigen Autoritäten eine strikte Endogamie betreiben und somit eine Abstammungsgemeinschaft darstellen. Die Leitung der einzelnen alevitischen Gemeinden obliegt dem Dede, der aus einem *ocak* stammt. Die Dedes sind die religiösen Führer der Aleviten, sie führen die religiösen Feierlichkeiten durch, vollziehen die Rechtsprechung der Aleviten und stiften die Wegbruderschaft.

4 Die Situation der Aleviten von 1923 bis 1980

Mit der Gründung der Republik im Jahre 1923, der Abschaffung des Kalifats und der Durchführung weiterer Reformen durch Mustafa Kemal Atatürk wurde eine Herauslösung der Aleviten aus ihrer gesellschaftlichen und geographischen Marginalität und Isolation herbeigeführt. Durch die massive Säkularisierungspolitik Atatürks entfiel ein Grossteil der Bedrohung für die Aleviten, aber in den Städten ergaben sich neue Konfrontationspunkte zwischen ihnen und der überwiegend sunnitischen Bevölkerung.

---

17 Vgl. hierzu *Birge*, Bektaşi 57–64.

Die tief verwurzelten Vorurteile und Ressentiments gegen die Aleviten waren keineswegs vergessen. Mit dem Staat hingegen kam es erstmals zu einer Aussöhnung, zumal in der Anfangszeit der Republik die alevitische Kultur und Tradition als eine Quelle der nationalen Kultur betrachtet wurde. Auf der Suche nach einer neuen türkisch-nationalen Identität, die von einer neu einsetzenden nationalen Geschichtsschreibung gelenkt wurde, galten sie «nunmehr als Bewahrer der ursprünglichen türkischen Sprache und Kultur»[18], und die Elemente der alevitischen Häresie unterlagen der einseitigen Interpretation als ein Erbe der vorislamischen Kultur der Türken.

Als mit Beginn der 50er Jahre die rechtskonservative Regierung versuchte, die Religion für ihre politischen Ziele zu instrumentalisieren, trat wieder eine Distanz der Aleviten zum Staat ein. Durch die im Zuge der kemalistischen Neugestaltung des Landes herbeigeführten positiven Faktoren und bedingt durch die ökonomische Notwendigkeit verliessen viele Aleviten auf der Suche nach besseren Arbeitsmöglichkeiten ihre Dörfer und siedelten sich in kleineren und mittleren Städten an. Das Eindringen alevitischer Kaufleute und Händler in kleine und mittlere Handelsmärkte und ihr solidarischer Zusammenhalt führten zu einer ernsthaften Konkurrenz für die sunnitischen Geschäftsleute und schufen Konfliktpotential.

Genauso wie die Mehrheit der Aleviten die Ziele des Nationalen Befreiungskrieges unter Atatürk unterstützte, setzten sie sich auch nach der Einführung des Mehrparteiensystems 1946 für eine Stärkung der kemalistischen Republikanischen Volkspartei (Cumhuriyet Halk Partisi, CHP) ein, in der sie «den Garanten für ihre neugewonnene Gesellschaftsfähigkeit sahen»[19]. Die im Oktober 1966 von alevitischen Politikern gegründete Einheitspartei der Türkei (Türkiye Birlik Partisi, TBP) erlangte zwar bei den Parlamentswahlen 1969 acht Abgeordnete, konnte jedoch die

---

18 *Kehl-Bodrogi*, Kızılbaş-Aleviten 64.
19 Ebd. 65.

politische Fixierung des alevitischen Wählerpotentials auf die Republikanischen Volkspartei nicht wesentlich beeinflussen.[20]

Die 70er Jahre waren ein Jahrzehnt, in dem die Türkei eine ihrer grössten wirtschaftlichen und gesellschaftlich-politischen Krisen durchlief. Diese Zeit war geprägt von Konflikten zwischen Aleviten und Sunniten. In der politischen Polarisierung dieser Jahre unterstützte die ältere Generation der Aleviten die Republikanische Volkspartei, wohingegen sich ein Teil der alevitischen Jugendlichen marxistischen Splitterparteien zuwandte. (So kam zu den vielen Vorurteilen ein neues hinzu: Alle Aleviten sind Kommunisten!) Aus alevitischer Perspektive hätte die Regierungsfähigkeit einer rechten Partei, die mit religiösen Programmen eine Neuorganisation des Staates auf sunnitisch-islamischer Grundlage vorsieht, erneut die Gefahr der Isolation und Diskriminierung für sie bedeutet. Diese Befürchtung erklärt die starke Hinwendung zu sozialistischen und marxistischen Parteien. Und die Tatsache, dass die junge Generation durch den Wegzug in die Stadt und durch die Auflösung der alevitischen Gemeinschaft den eigenen Glauben und die Traditionen nicht mehr kannte und ein Prozess des zunehmenden Identitätsverlustes eintrat.

Dieses Wahlverhalten in den 70er Jahren, als ein Block für die Republikanischen Volkspartei zu stimmen, änderte sich im Verlauf der 80er Jahre, in denen sich eine Umverteilung der alevitischen Wählerstimmen vollzog. Zwar gingen nach wie vor grosse Stimmenanteile der alevitischen Bevölkerung an die Sozialdemokratische Volkspartei (Sosyaldemokrat Halkçi Partisi, SHP) doch auch rechtskonservative Parteien und später die regierende Mutterlandspartei (Anavatan Partisi, ANAP) konnten alevitische Wähler für sich gewinnen. Diese Hinwendung wird als eine Enttäuschung über die Entwicklungen von der Mitte der 70er Jahre bis zum Militärputsch 1980 angesehen.[21]

---

20 Siehe hierzu *Keskin*, Türkei 220f.
21 Vgl. *Görmüş*, Alevilik.

Die Konflikte zwischen Aleviten und Sunniten fanden ihren Höhepunkt im Jahre 1978. In vielen Städten mit hohen alevitischen Bevölkerungsanteilen, wie in Erzincan, Malatya, Çorum, Maraş und Sivas, kam es zu massiven Ausschreitungen der Sunniten gegen die alevitische Bevölkerung.[22] Die gewalttätigen Konfrontationen eskalierten am 19.12.1978, als in Maraş ein Bombenanschlag, angeblich von Aleviten, auf ein vollbesetztes Kino verübt wurde. Während der bis zum 24.12.1978 anhaltenden Kämpfe in Maraş wurden mehr als hundert Aleviten von aufgebrachten Sunniten getötet und alevitische Siedlungen in Brand gesteckt.[23]

Manche Beobachter führten diese Entwicklung hauptsächlich auf die Aktivitäten einer faschistischen Bewegung zurück. Es sei nicht die alevitisch-sunnitische Differenz gewesen, die parallel zu den politischen und wirtschaftlichen Entwicklungen in den 60er und 70er Jahren die Spannungen im Lande verschärfte.[24] Innerhalb bestimmter sunnitischer Gruppen, insbesondere in der Nationalen Heilspartei (Millî Selamet Partisi, MSP) und in der Partei der Nationalen Befreiung (Millî Hareket Partisi, MHP), einer Partei faschistischen Zuschnitts, fiel die Reaktion gegen die kemalistischen Verwestlichungsmassnahmen und Reformen mit der Reaktion gegen den Kommunismus zusammen. Die Tatsache, dass von den Aleviten linke Gruppierungen unterstützt wurden, erleichterte es der faschistischen Bewegung, das Alevitentum mit dem Kommunismus gleichzusetzen. Hinzu kommt, dass durch die Zuwanderung von Aleviten in die Städte ab 1950 eine Veränderung des zwischen den Sunniten und Aleviten herrschenden Gleichgewichts, aber auch ökonomische wie soziale Unterschiede zwischen diesen beiden Glaubensgemeinschaften evident wurden. Somit stiess die anti-alevitische Propaganda der faschistischen Kreise bei den sunnitischen Bevölkerungsteilen, deren wirtschaftliche und soziale

---

22 Siehe hierzu *Laçiner*, Konflikt.
23 Siehe *Yalçıner*, Maraş'ın 4 Günü.
24 *Laçiner*, Konflikt 240.

Lage sich verschlechtert hatte, in den 70er Jahren auf fruchtbaren Boden.

Als die türkische Arbeitsmigration nach Europa, v. a. nach Deutschland im Jahre 1961 begann, befanden sich unverhältnismässig viele Aleviten unter den Migranten. Gegen Ende der 80er Jahre wurde ihr Anteil an der türkischen Gesamtbevölkerung in der Bundesrepublik Deutschland in dem Manifest «Alevilik Bildirgesi» mit ca. 400'000 beziffert.[25] Heute wird dieser Anteil von der Alevitischen Gemeinde Deutschland e. V. (AABF) mit 700'000 angegeben.[26]

5 Auftakt des alevitischen Wiedererwachens Ende der 80er Jahre

Im September 1987 schrieb die Istanbuler Zeitschrift Nokta: «Das Alevitentum gehört der Geschichte an!»[27] In der Tat steckte das Alevitentum in einer tiefen Krise. Es schien tatsächlich so, als ob das Alevitentum im Begriff war, seine charakteristischen Merkmale endgültig einzubüssen und in der sunnitisch-türkischen Gesamtgesellschaft aufzugehen. Die Abwanderung von Teilen der alevitischen Bevölkerung in die Städte oder ins Ausland hatte für die Gemeinschaft fatale Folgen. Die Cem-Zeremonien fanden kaum noch statt, die Dedes hatten ihre Autorität an die staatlichen Schulen verloren, die Jugend hatte sich aus Enttäuschung auf den politischen Weg begeben, die Gemeinden verwaisten, wenn der Dede selbst wegzog, und das Wissen um den eigenen Glauben wurde immer geringer, der Kontakt zu anderen Gemeinden brach ab. Das war eine Entwicklung, die zu einer existenziellen Bedrohung der Glaubengemeinschaft wurde.

---

25 Vgl. hierzu *Zelyut*, Kaynaklarına 300.

26 http://alevi.com/129.html (12.01.2008) Diese Angabe scheint zu hoch und findet sich in keiner der benutzten Quellen. Als realistisch erscheint die Grössenordnung von 500'000 bis 600'000.

27 Nokta, Nr. 28, September 1987, 12.

Aber es kam anders: Insbesondere nach 1988 setzte eine umfangreiche öffentliche Diskussion über das Alevitentum in der Türkei ein. Nach prominenten Wortführern dieser Bewegung wie Cemal Şener, einem Istanbuler Autor und Verleger, seien hierfür sowohl äussere als auch innere Ursachen entscheidend gewesen.[28] Die äusseren Ursachen bestünden im Allgemeinen in den global-politischen Veränderungen auf der Welt und im Besonderen in der Auflösung der Sowjetunion. Die daraufhin einsetzenden Fragen und Probleme der Minderheiten und der Minderheitenreligionen haben auch einen Einfluss auf die Minderheiten in der Türkei, wie Aleviten und Kurden, ausgeübt. Dies habe dazu geführt, dass sich bei den Aleviten die Suche nach einer neuen Identi-tät und einem neuen Selbstverständnis verstärkt habe und, damit einhergehend, dass sie ihren Protest gegen ihre Diskriminierung im gesellschaftlichen Leben artikulierten. Hinzu käme auch der Einfluss der in Europa lebenden Aleviten. Diese würden in Län-dern wie Deutschland leben, in denen mehrere Konfessionen und Glaubensrichtungen gleichwertig nebeneinander existierten und in der, anders als in der Türkei, auch die religiösen Minderheiten die gleichen Menschenrechte und Freiheiten hätten. Dies habe zu einem organisatorischen Engagement in Deutschland und einer beachtlichen Rückwirkung auf die Aleviten in der Türkei geführt. Zu den inneren Faktoren und Gründen zählte nach Cemal Şener die veränderte gesellschaftliche Situation vieler Aleviten in der Türkei. Während sie einige Jahrzehnte früher noch in der gesell-schaftlichen und wirtschaftlichen Isolation und Marginalität lebten, rekrutierten sich zu Beginn der 80er Jahre Geschäftsleute, Firmen-inhaber, Bürgermeister und auch Abgeordnete aus den Reihen der Aleviten. Auch im Bereich der Publizistik und Journalistik wurden alevitische Autoren aktiv und begannen Bücher über das Aleviten-tum zu publizieren.

Den Auftakt zu dieser Entwicklung bildete das 1988 erschie-nene Buch «Alevilik Olayı» von Cemal Şener, das auf eine

---

28 Vgl. hierzu *Vorhoff*, Glaube.

unvorhergesehene positive Resonanz stiess und innerhalb weniger Wochen mehrere Auflagen erfuhr. Es kamen daraufhin neue Publikationen von alevitischen Autoren auf den Markt. Auch die periodischen Printmedien entdeckten das Alevitentum. Zeitschriften wie Nokta, Yeni Gündem, Tempo und Ikibin'e Dogru griffen dieses Thema auf, zumal ein entfachtes Leserinteresse hohe Verkaufszahlen sicherte.[29] Diverse Tageszeitungen wie Sabah, Cumhuriyet, Bügün, und Milliyet veröffentlichten Artikelserien über die Geschichte, Entwicklung und die religiösen Inhalte des anatolischen Alevitentums.

Die Organisationsbestrebungen der Aleviten nahmen ab Anfang 1989 konkrete Formen an. In Grossstädten wie Istanbul, Ankara und Izmir kam es zu den ersten Gründungen von alevitischen Organisationen, zumeist Vereinen, denen viele weitere in kleineren Städten folgten. Im August 1991 schliesslich wurde die erste alevitische Stiftung, das *Semah Kültür Vakfi* in Istanbul gegründet. Ein Meilenstein fand im Dezember 1991 statt: Der alevitische Dede Izzettin Dogan, Professor für internationales Recht in Ankara, trat am 01.12.1991 als Gast in der Sendung Kırmızı Koltuk des privaten Fernsehsenders Star 1 auf und gab in einem ausführlichen Interview Auskunft über das Alevitentum in Geschichte und Gegenwart.[30] Die Reaktionen in der Öffentlichkeit und in der Presse auf diesen Auftritt waren sehr gross, denn zum ersten Mal in der Geschichte des türkischen Alevitentums wurde in einem Fernsehprogramm das Thema Alevitentum offen artikuliert und einem Aleviten die Gelegenheit eines öffentlichen Auftritts gegeben. Hier sei angemerkt, dass populäre alevitische Musiker wie z. B. Selda Bagcan, Arif Sag, Ali Ekber Çiçek oder

---

29 Nach Angaben der Chefredaktion der Zeitschrift Nokta sei die bisher bestverkaufte Ausgabe die mit der Titelgeschichte über das Alevitentum, erschienen am 15.07.1990.

30 Auf den Inhalt des Interviews soll an dieser Stelle nicht eingegangen werden, die Tragweite dieses Auftritts in der Diskussion um das Alevitentum ist von primärem Interesse.

Yavuz Top ein unausgesprochenes Auftrittsverbot im staatlichen Fernsehen TRT haben.

6 Verhältnis zwischen Staat und Religion

6.1 Die Reformen Atatürks

Da in der gesamten Debatte um das Alevitentum die Diskussion um den Laizismus in der Türkei eine tragende Rolle spielt, erscheint es angebracht, kurz auf die Entwicklung des Islam nach der Gründung der Republik, unter besonderer Berücksichtigung der Säkularisierungsmassnahmen und des Laizismus-Begriffs einzugehen.

Eines der Hauptziele der Reformen Atatürks bestand in der Errichtung eines säkularen Staates. In Bezug auf die Religion bedeutete dies auch, dass die institutionelle Stärke des Islams gebrochen werden musste.[31] Eine Reihe von einschneidenden Reformen und Säkularisierungsmassnahmen trug in erheblichem Masse zur Veränderung der türkischen Gesellschaft bei und schuf ein neues Verhältnis zum Islam. Nach der Abschaffung des Sultanats (01.11.1922) erfolgte im Jahr darauf die Ausrufung der Republik (29.10.1923).[32] Als nächstes wurde am 03.03.1924 das Kalifat abgeschafft. Diese Institution stellte weltweit einen symbolischen Wert für die Muslime dar und galt als höchste Verkörperung muslimischer Einheit. Jedoch sah Atatürk im Islam eine der Hauptursachen für die Rückständigkeit und für den Machtverlust des Osmanischen Reiches, symbolisiert durch die Person des Kalifen.[33] Gleichzeitig wurde das Ministerium für religiöse Angelegenheiten und Stiftungen aufgelöst, an dessen Stelle das Präsidium für Religionsangelegenheiten und ein Generaldirektorium für die Stiftungen traten.[34] Dieses Generaldirektorium erhielt die Zuständigkeit für die Verwaltung und Instandhaltung der Moscheen und Stiftungen.

---

31 Vgl. die Auflistung bei *Oering*, Türkei 60–65.
32 Siehe für diese und folgende Ausführungen *Jäschke*, Islam 27–55.
33 Vgl. hierzu *Toprak*, Institutionalisierung 96.
34 Vgl. hierzu *Aslanpay*, Diyanet 5f.

Die Scheriat-Gerichte, welche nach islamischen Gesetzen Recht sprachen, wurden am 18.04.1924 verboten und das Rechtssystem unter der Zuständigkeit des Justizministeriums vereinheitlicht. Besondere Bedeutung erhielt bei der Säkularisierung des Rechts die Übernahme des Schweizerischen Zivilcodes am 04.10.1926, später gefolgt von Gesetzesübernahmen aus anderen Ländern (z. B. italienisches Strafrecht).

Wie alle anderen Religionsschulen wurden auch die Medresen 1924 geschlossen; in demselben Jahr wurde ein neues Gesetz zur Ordnung des Bildungswesens erlassen, das ein einheitliches, säkulares Erziehungssystem unter der Zuständigkeit des Bildungsministeriums vorsah. Auch der Religionsunterricht wurde abgeschafft.[35] Nachdem bereits die institutionelle Stärke des orthodoxen Islam zerschlagen war, wand man sich den Derwischorden (*tarikat*) zu. Am 20.11.1925 wurde das Verbot aller Derwischorden sowie die Schliessung der Derwischkonvente veranlasst.

Eine Reihe von weiteren Reformen sollte die kulturellen Symbole der osmanisch-islamischen Zivilisation ablösen. Zu ihnen zählen vor allem die Schriftreform mit der Einführung des lateinischen Alphabets anstelle des arabischen (01.11.1928), die neuen Bekleidungsvorschriften (25.11.1925), die ein Schleier- und Fezverbot beinhalteten, und auch die Änderung des wöchentlichen Feiertags von Freitag auf Sonntag als Ruhetag, nachdem der Gregorianische Kalender anstelle des bis dahin geltenden Mondkalenders übernommen wurde (01.01.1926). Somit verschwanden die äusseren Anzeichen eines islamischen Staatswesens.

Im Jahre 1931 wurde das Prinzip des Laizismus unter die sechs fundamentalen Prinzipien der Republikanischen Volkspartei Atatürks eingereiht[36] und fand 1937 Aufnahme in die türkische Verfassung. Der Terminus Laizismus avancierte in den Perioden nach dem Tode Atatürks (10.11.1938), insbesondere in

---

35 Vgl. hierzu *Mardin*, Religion 142.
36 Die anderen fünf sind: Nationalismus, Populismus, Republikanismus, Etatismus und Reformismus.

der Ära des Ministerpräsidenten Adnan Menderes (1950–1960), während der die Bestrebungen zur Wiederkehr eines theokratischen Regimes stärker wurden, zu einem «verfassungsrechtlichen Schlüsselbegriff»[37], welcher auch heute noch angesichts der aktuellen restaurativen Tendenzen der Regierungspartei AKP unter der Führung von Ministerpräsident Recep Erdogan für Diskussionen und Auseinandersetzungen sorgt.

6.2 Zum türkischen Verständnis des Begriffs Laizismus

Das Prinzip des Laizismus und die Autonomie des Staates gegenüber der Religion werden in Art. 2 der Verfassung von 1982 grundsätzlich festgehalten mit der Definition des Staates als laizistisch. Doch es erscheint nach westeuropäischem Verständnis fraglich, ob es sich bei dieser Autonomie und der Trennung von Staat und Religion überhaupt um eine wirklich vollzogene Trennung handelt, da das Präsidium für Religionsangelegenheiten, also diejenige Behörde, die für die Religionsausübung und die Belange der Religion im allgemeinen zuständig ist, von einem Minister ohne Ressort betreut wird und dem Ministerpräsidenten untersteht.

Die türkische Auffassung von Laizismus schliesst demzufolge zwar eine Trennung von Staat und Religion ein, jedoch versteht sie darunter nicht ein gleichwertiges Gegenüber oder Nebeneinander von Staat und Religion. Vielmehr sieht sie eine Unterordnung der Religion, d.h. des Islams, unter den Staat und seine zugehörigen Organe und darüber hinaus eine permanente Kontrolle aller religiösen Bereiche seitens staatlicher Stellen vor.[38] Autonomie der Religion gibt es unter dieser Voraussetzung ausschliesslich individuell, also als persönliche Glaubensüberzeugung des einzelnen, sofern dieser davon keinen öffentlichen Gebrauch macht und sich den Anforderungen des Staates stellt.

37 *Hirsch*, Laizismus 107.
38 Vgl. ebd. 109–112.

Eine neue Dimension erhielt das Verhältnis zwischen Islam und Staat, als mit dem Artikel 154 der Verfassung von 1961 das Präsidium für Religionsangelegenheiten in die allgemeine Staatsverwaltung übernommen wurde und in 1971 die Mitarbeiter dieser Behörde per Gesetz zu Staatsbeamten erklärt wurden.

Die daraufhin von der alevitisch geprägten Einheitspartei der Türkei gegen dieses Gesetz angestrengte abstrakte Normenkontrollklage hatte das Ziel es insoweit für nichtig zu erklären, als dadurch eine neue Beamtenkategorie von Religionsbediensteten entstanden sei[39] und das Gesetz somit auch mit dem in die Reformverfassung von 1961 aufgenommenen Prinzip des Laizismus unvereinbar sei, wurde vom Verfassungsgericht am 21.10.1971 abgewiesen. Diesem Urteil des Verfassungsgerichts kommt insofern eine besondere Bedeutung zu, als es in seiner Begründung die erste offizielle Klarstellung des türkischen Verfassungsbegriffs «Laizismus» liefert.

Kurz zusammengefasst beinhalte das Prinzip des Laizismus gemäss dem Urteil des Verfassungsgerichts insbesondere die folgenden vier Eigenschaften: Die Aneignung des Grundsatzes, dass die Religion keinerlei Einfluss auf staatliche Angelegenheiten habe; die Anerkennung der absoluten Religionsfreiheit im Bereich der religiösen Überzeugung in Bezug auf das geistige Leben des Individuums; die Möglichkeit von Beschränkungen und einem Verbot des Missbrauchs und Ausbeutung der Religion in den Bereichen der Religion, die das Verhalten im gesellschaftlichen Leben beeinträchtigen, mit der Absicht, die öffentliche Ordnung und Sicherheit zu bewahren und schliesslich die Zuerkennung der Befugnis des Staates, in seiner Eigenschaft als Hüter der öffentlichen Ordnung und der öffentlichen Rechte, Aufsicht und Kontrolle hinsichtlich der religiösen Rechte und Freiheiten auszuüben.[40]

---

39 Die Verbeamtung bezieht sich nicht auf die Religionsdiener anderer Bekenntnisse.

40 Vgl. hierzu auch *Oering*, Verfassungsgericht 11–16 .

6.3 Die Verwaltung des Islams: Das Präsidium für Religionsangelegenheiten

Das Präsidium für Religionsangelegenheiten (*Diyanet İşleri Başkanlığı*, im Folgenden *Diyanet* genannt) ist eine eigenständige Verwaltungsbehörde und dem Ministerpräsidenten unterstellt. Es wird von einem Minister ohne Ressort betreut und hat seine Zentrale in Ankara.

Zugleich mit der Abschaffung des Kalifats wurde von Atatürk und seinen Weggenossen auch die Religionsverwaltung gänzlich umgestaltet, wie bereits ausgeführt wurde. In den Zuständigkeitsbereich des Diyanet fiel die Verwaltung sämtlicher grosser und kleiner Moscheen und Derwischklöster sowie die Ernennung und Absetzung der Religionsbediensteten wie Imam, Gebetsrufer etc. Gleichzeitig war der Präsident des Diyanet in seiner Person die vorgesetzte Dienststelle für die Muftis.

Die Aufgaben des Diyanet sind durch ein eigenes Gesetz aus dem Jahre 1965 geregelt und beschränken sich nur auf den Islam. Diese sind, kurz zusammen gefasst, die Erledigung aller Angelegenheiten, welche sich auf die Glaubenssätze, den Gottesdienst und die sittlichen Grundlagen der islamischen Religion beziehen, die Aufklärung der Bevölkerung über religiöse Fragen sowie die Verwaltung der Moscheen.

Das Diyanet wird geleitet von einem Präsidenten, der die höchste islamische Autorität in der Türkei darstellt. Ihm stehen drei Vizepräsidenten zur Seite. Das Diyanet ist ein grosser Verwaltungsapparat mit mittlerweile rund 90'000 Beschäftigten. Es besteht aus mehreren Abteilungen, zu deren Aufgabenbereichen u. a. die Erstellung beispielhafter Predigttexte, die Beobachtung und Kontrolle der religiösen Publikationen im In- und Ausland, die Beantwortung von Anfragen, die mit der Religion zusammenhängen, die Auswahl der Imame für türkische Glaubensgemeinschaften im Ausland, die Koordination, Organisation und finanzielle Abwicklung der Wallfahrten nach Mekka und auch die Einrichtung, Durchführung und Kontrolle von Korankursen gehören.

6.4 Die Haltung des Staates und des Diyanet gegenüber den Aleviten

Bereits zum Auftakt des alevitischen Wiedererwachens bemühte sich das Diyanet darum, die Diskussion um das Alevitentum einzudämmen. Offizielle Verlautbarungen kamen in die Presse, hochrangige Vertreter des Diyanet nahmen an Veranstaltungen über das Alevitentum teil und auch Publikationen von Vertretern des Diyanet über das Alevitentum wurden gefördert.[41]

Im Januar 1992 stellte der damalige Präsident des Diyanet, Mustafa Said Yazicioglu, fest:

> Das Diyanet ist eine Institution, die verpflichtet ist, allen Muslimen, egal welcher Glaubensrichtung und welcher Rechtsschule sie angehören, Religionsdienste zu geben. Es ist notwendig, mit aller Deutlichkeit zum Ausdruck zu bringen, dass in unserem Land kein Glaubensrichtungsproblem, welches religiösen Ursprungs ist, existiert […] Unser Land ist geographisch so sensibel wie strategisch gelegen. Wir sind wie von einem Feuer-Reifen umgeben. Es ist offensichtlich, dass es nicht zum Wohle unseres Landes ist, in dieser sensiblen Umgebung neue Sensibilitäten zu den bereits vorhandenen hinzuzufügen.[42]

Mit diversen Beiträgen in seiner monatlich erscheinenden Zeitschrift Diyanet Aylik Dergi, mit eigens organisierten Diskussionsveranstaltungen und bei allen anderen Gelegenheiten präsentierte das Diyanet ein Alevitentum, welches letztlich keinerlei Unterschiede zum sunnitischen Islam vorweist und seine gesamten charakteristischen Merkmale vollkommen verloren hat.

Dem türkischen Alevitentum werden jegliche Eigenart und damit auch die eigenständige Existenz als Sondergruppe abgesprochen. Dazu ein Statement des Diyanet:

> Es ist falsch, die Aleviten-Sunniten Realität an die Tagesordnung zu bringen. Es ist falsch, sie an der Tagesordnung zu halten.

---

41 So etwa *Sezgin*, Haci Bektas.
42 Zitiert nach *Yazıcıoglu*, Ikinci Yılına.

Es ist falsch, darüber zu diskutieren. Es gibt auch andere Fehler. Es wird verlangt, dass das Alevitentum im Diyanet vertreten werden sollte. Wie falsch das ist! Ist das Alevitentum eine Religion? Nein […] Ist es eine Glaubensrichtung? Nein […] Eine Bruderschaft? Nein […] Na also, was wollt ihr dann wo, warum und wie vertreten?[43]

Eine weitere Anschuldigung zielt auf die politische Ausrichtung der Aleviten. Dazu der Vize-Präsident Hamdi Mert:

Es gibt weder Türke noch Kurde, es gibt nur die Türkei; es gibt weder Alevit noch Sunnit, es gibt nur Muslim […] In- und ausländische Zentren wollen künstliche Probleme wie die Diskriminierung Türke-Kurde und Alevit-Sunnit schaffen […] In- und ausländische Kräfte schmieden heute alle erdenklichen Komplotte, um die Ordnung der Türkei unmöglich zu machen. Sie diskriminieren zwischen Türken und Kurden. Indem sie zwischen Alevit und Sunnit diskriminieren, versuchen sie, uns gegeneinander aufzuwiegeln. Die das machen, sind im Grunde genommen eine Gruppe von Atheisten und Marxisten, deren Zahl zwei-, dreihundert nicht übersteigt.[44]

Auch die Bedrohung aus dem Ausland und darüber hinaus eine Unterstellung, die Aleviten seien marxistisch und atheistisch geprägt, greift der Generalinspekteur des Diyanet, Abdülkadir Sezgin, im Rahmen einer Diskussionsveranstaltung auf:

Aber der Westen bemüht sich mehr als wir und unternimmt Anstrengungen, unsere Menschen zu Atheisten zu machen und uns zu spalten. Es ist notwendig, dass wir stärker für unsere eigenen Menschen eintreten, als unsere westlichen Freunde es tun. Diejenigen, die auf der Bühne im Namen des Alevitentums sprechen, schreiben oder in den Medien zu sehen sind, sind im allgemeinen keine Aleviten. Entweder sind sie alte Marxisten, oder es sind Menschen, die von sich

---

43 Zitiert nach *Çelikcan*, Açık Oturum.
44 *Mert*, Türk-Kürt 55f.

behaupten, Atheist zu sein. Sie bekunden auch nicht offen, dass sie Muslime sind [...] Die Personen, die in Zusammenhang mit den Aleviten auf der Bühne zu sehen sind, haben keinerlei Untersuchungen gemacht. Ihre Irrtümer halten sie für eine Religion oder eine Glaubensrichtung, so einfach ist die Sache.[45]

6.5 Die Kritik der Aleviten am Diyanet

Die Kritik der Aleviten an dieser Haltung des Diyanet ist entsprechend vehement. In dieser Kritik wird in erster Linie dem Diyanet die Strategie einer bewusst falschen Darstellung des Alevitentums angelastet. Darüber hinaus masse sich das Präsidium an, durch unhaltbare politische Beschuldigungen die Aleviten in der Türkei und im Ausland anzugreifen. Insbesondere der Anspruch des Diyanet, die Gesamtheit der Muslime in der Türkei zu vertreten und für alle Muslime in der Türkei Religionsdienste zu erbringen, wird scharf zurückgewiesen. Es wird von den Wortführern dieser Kritik darauf bestanden, dass die Existenz der Aleviten als eine eigenständige Glaubensrichtung in der Türkei anerkannt werden müsse.

Ein weiterer Aspekt, der auch in der Kritik und in den Forderungen der Aleviten auftaucht, ist der Religionsunterricht an Schulen. Im Religionsunterricht, der an allen Grund- und Mittelschulen Pflichtunterricht ist, wird lediglich der sunnitisch-hanefitische Islam behandelt. Es bleibt kein Raum für die religiösen Sondergruppen in der Türkei und somit auch nicht für die Aleviten.[46] Am Religionsunterricht müssen auch die alevitischen Schüler teilnehmen. Die Glaubenslehre des Alevitentums wird nicht selten von den Religionslehrern verunglimpft. Noch heute werden in der Presse Fälle von alevitischen Schülern publik gemacht, die von den Lehrern wegen ihrer Religionszugehörigkeit schikaniert wer-

45 Zitiert nach *Sezgin*, Açık Oturum.
46 Vgl. hierzu *Spuler-Stegemann*, Islam 597.

den oder wegen einer schlechten Schulnote im Religionsunterricht nicht versetzt werden.[47]

Das Diyanet nimmt für sich in Anspruch, die gesamte muslimische Bevölkerung in der Türkei zu vertreten und diese mit Religionsdiensten zu betreuen. De facto jedoch wird nur der sunnitisch-hanefitische Islam, welcher die Majorität in der Türkei darstellt, vertreten. Das Alevitentum wird als eine eigenständige Glaubensrichtung nicht anerkannt, sondern dem sunnitischen Islam assimiliert. Die Haltung und die Vorgehensweise des Diyanet wird von den Aleviten als eine *Assimilationspolitik* oder *Assimilationsbestrebung* und als eine *Umarmungsstrategie* und *Sunnitisierungskampagne* betrachtet. Die Vorgehensweise des Diyanet, das Alevitentum dem sunnitischen Islam anzugleichen und somit verbindende Gemeinsamkeiten zu schaffen, um dadurch die Legitimation zu erhalten, auch die Aleviten zu vertreten, stösst bei den Aleviten auf Gegenwehr.

Die Haltung der Aleviten gegenüber dem Diyanet als Institution ist keineswegs uniform. Hierbei kristallisieren sich drei Standpunkte heraus. Zum einen die Haltung der Defensive, die eine Verteidigung und Richtigstellung des Alevitentums beabsichtigt, die sich gegen die «Sunnitisierung» des Alevitentums wehrt und eine Akzeptanz der Aleviten im gesellschaftlich-politischen Leben der Türkei fordert.[48] Zum anderen finden wir die Haltung der Partizipationsbestrebung vor, die eine Vertretung der Aleviten in einflussreichen Positionen im Diyanet vorsieht und die Erfüllung ihrer religiösen Belange durch das Diyanet fordert.[49] Die dritte Position schliesslich, die von den Wortführern der aktiven Aleviten vertreten wird, ist radikal: Die Forderung nach der Abschaffung des Diyanets, da solch eine staatliche Institution dem Prinzip des Laizismus widerspreche.[50]

---

47 Vgl. *Yurtseven*, Soruşturma.
48 Vgl. z. B. *Belge*, Devletleştirmek.
49 Vgl. *Özbey*, Temsil.
50 Zu dieser Haltung vgl. z. B. *Birdogan*, Kaldırılsın.

7   Die Forderungen der Aleviten

1990 wurden erstmals in breiter Öffentlichkeit alevitische Forderungen artikuliert – und zwar mit dem von zahlreichen Intellektuellen verfassten Manifest «Alevilik Bildirgesi» dar.[51] Der Text
ist das Ergebnis von langen Auseinandersetzungen und Diskussionen. Dieses «historische Dokument»[52] vereinigt in Kurzform
alle wesentlichen Wünsche und Forderungen der Aleviten, die bis
auf den heutigen in verschiedenen Zusammenhängen immer wieder artikuliert werden. In dieser geballten Form der Artikulation
ist dieses Dokument bisher einmalig geblieben. Zunächst werden
folgende Feststellungen getroffen:

– Der Bevölkerungsanteil der Aleviten in der Türkei betrage fast
  20 Millionen. Genauso wie das Sunnitentum sei das Alevitent-
  tum ein Zweig des Islam, unterscheide sich jedoch in Lehre und
  Praxis von diesem.
– Die Kenntnisse der sunnitischen Bevölkerung in Bezug auf
  das Alevitentum seien unzureichend. Ihre Ansichten über das
  Alevitentum bestünden hauptsächlich aus Gerüchten und
  Vorurteilen.
– Lediglich der sunnitische Islam werde offiziell durch das Diyanet
  vertreten und mittels des Religionsunterrichts und mittels der
  sunnitischen Imame in den Moscheen am Leben erhalten.
– Die Existenz der 20 Millionen Aleviten hingegen werde offiziell
  nicht registriert, stattdessen bemühten sich Staatsbeamte, die
  gesamte Bevölkerung der Türkei als sunnitisch darzustellen.
– In der türkischen Verfassung von 1982 werde jeder Person
  Gewissens-, Religions- und Meinungsfreiheit garantiert, doch
  diese Freiheiten würden die Aleviten nicht geniessen. Auch
  wenn mit der Gründung der türkischen Republik die staatliche
  Unterdrückung der Aleviten beendet sei, die althergebrachten
  sozialen und politischen Repressionen dauerten weiterhin an.

---

51 Der Wortlaut findet sich in *Zelyut*, Kaynaklarına 294.
52 Ebd.

Aus diesen Tatsachen heraus formulieren die Verfasser die Forderungen der Aleviten:

– Es solle offiziell anerkannt werden, dass sozialer, kultureller und psychischer Druck auf die Aleviten ausgeübt werde.

– Sogar heute noch verschwiegen Aleviten ihre alevitische Identität, aus Furcht vor politischen und materiellen Repressionen. Die Aleviten müssten in der Lage sein, sich ohne Furcht vor Repressalien zum Alevitentum zu bekennen.

– Die sunnitische Bevölkerung müsse ihre Betrachtung und Haltung gegenüber den Aleviten ändern und ihre Vorurteile gegenüber diesen abbauen. Wie bei den Katholiken und Protestanten in Europa sei auch eine friedliche Koexistenz der Sunniten und Aleviten in der Türkei möglich.

– Die türkische Presse müsse in ihrer Berichterstattung auch auf die alevitische Kultur eingehen und in angemessener Form über das Alevitentum berichten. Durch eine unvoreingenommene Berichterstattung könne Aufklärungsarbeit über Aleviten geleistet werden.

– Die türkischen Fernseh- und Rundfunkanstalten müssten der Existenz der Aleviten Rechnung tragen. Im Fernsehen und im Radio müssten Berichte über die alevitische Kultur, alevitische Persönlichkeiten, Literatur, Musik und Folklore gesendet werden.

– Das Diyanet solle den Bau von Moscheen in alevitischen Dörfern und die Entsendung der Imame unterbinden. Die Aleviten wollen keine Moscheen, sondern Schulen und Cem-Kulturhäuser.

– An den Schulen sollten auch Kenntnisse über das Alevitentum vermittelt werden. Da das Fach Religions- und Sittenerziehung verpflichtend sei, müssten die alevitischen Kinder bisher sunnitische Lehren lernen. Dies widerspreche den Prinzipien der Religionsfreiheit. Daher müsse das Erziehungsministerium die Möglichkeit eines alevitischen Religionsunterrichts schaffen.

– Die Aleviten seien eine fortschrittliche Gesellschaft, die gegen fanatische Ideologien und gegen einen Staat auf islamischer Grundlage sei. Ihre Existenz stelle einen Garanten für die

Fortdauer des laizistischen Staates dar und müsse von demokratischen Kräften unterstützt werden.

– Die Tradition der Dedes müsse im zeitgenössischen Verständnis mit staatlicher Unterstützung fortgeführt werden. Sie hätten die alevitische Kultur über Generationen tradiert. Während die staatlichen Religionsbediensteten über das ganze Land verbreitet ihren besoldeten Dienst ausübten, sei die Dede-Tradition durch den Druck auf die Aleviten stark rückläufig.

– Für die im Ausland lebenden Aleviten seien dringende Massnahmen notwendig. Es sei nicht mehr möglich, dass ihnen die vom Diyanet entsandten sunnitischen Imame Religionsdienste anböten, vielmehr sollten in der alevitischen Kultur bewanderte Dedes hierzu eingesetzt werden.

– Das Alevitentum habe mit dem iranischen Schiitentum weder in der religiösen Lehre noch in der Praxis keinerlei Verbindung. Die negative Haltung gegenüber dem Alevitentum, das mit den Lehren der iranischen Mullahs gleichgesetzt werde, sei falsch und müsse abgelegt werden.[53]

Ein abschliessendes Zitat von Cemal Şener fasst die Erfahrung der Aleviten zusammen. Das Zitat verdeutlicht auch das neue Selbstverständnis vieler Aleviten, die sich nun in der Lage fühlen, ihre Forderungen zu artikulieren:

Was fordern die Aleviten also? Die seit Jahrhunderten durch die diskriminierende Politik der sunnitischen Diktatur unterdrückten Aleviten fordern eine freie und demokratische Türkei, in der der Laizismus in seiner vollen Bedeutung Gültigkeit hat, in der die Glaubensfreiheit als ein Teil des Laizismus realisiert wird, in der die Begünstigung der hanefitisch-sunnitischen Glaubensrichtung in allen staatlichen Stellen bereinigt wird und in der alle Arten der Diskriminierung abgeschafft werden sollen [...] Die Aleviten fordern ihre Grundrechte und -freiheiten. Sie wollen in diesem Land leben, ohne schlecht behandelt zu werden, ohne herabgewürdigt und verachtet zu

---

53 Zu den vorangenannten Ausführungen siehe *Zelyut*, Kaynaklarına 294–300.

werden. Sie wollen nicht mehr ihre Identität verheimlichen, nicht mehr im Fernsehen, im Rundfunk, in den mit staatlichen Mitteln publizierten Zeitschriften und Büchern, in Moscheen und Schulen und in allen Institutionen beleidigt und beschimpft werden. Sie fordern Gedanken- und Glaubensfreiheit.[54]

8   Suche nach neuer Identität

Die Aleviten versuchen nach über dreissig Jahren Traditionsunterbrechung ihre Identität zu finden. Sie versuchen in einem innergemeinschaftlichen Prozess sich als Glaubensgemeinschaft neu zu formieren, indem sie die verlorenen religiösen und sozialen Strukturen neu rekonstruieren bzw. transformieren.

Im Zuge dieser Entwicklung greifen sie auf überlieferte religiöse Identifikationsmuster zurück, transformieren sozialreligiöse Strukturen und formulieren eine historische Tradition. In den letzten zwanzig Jahren erschien eine umfangreiche alevitische Literatur, die diese Bestrebungen belegt. Wer diese einschlägige Literatur studiert, wird feststellen, wie schwierig es ist, überhaupt zu definieren, was ein Alevit ist. Denn auf die Frage, wer und was ein Alevit ist, gibt es die unterschiedlichsten Antworten. Ein Satz aus der Tageszeitung Cumhuriyet vom 24.07.1998 bringt es auf den Punkt: «Jeder bastelt sich seinen eigenen Aleviten.» («*herkes kendi Alevisini yaratmak istiyor*»). Es liessen sich leicht über zwei Dutzend verschiedene Definitionen dessen, was ein Alevit ist, anführen. Hier kann nur ein ganz grober Überblick über die geläufigsten Darstellungsmuster und Deutungen in der alevitischen Literatur gegeben werden:[55]

1. Die Aleviten definieren sich als muslimische Gemeinschaft und betrachten das Alevitentum als eine Art «eigentlicher» oder «ursprünglicher Islam» (*asil, öz Islam*).

---

54 Zitiert nach *Şener*, Seçim 34.
55 Vgl. hierzu auch *Vorhoff*, Identität.

2. Das Alevitentum ist eine islamische Rechtsschule (*mezhep*) (Somit liessen sich Forderungen nach einer Vertretung und einer Partizipation gegenüber dem Diyanet artikulieren).

3. Die Bezeichnung als *tarikat* (Bruderschaft) war am Anfang der alevitischen Renaissance populär. Aber diese Deutung birgt eine Gefahr in sich, weil, wie weiter oben ausgeführt, seit 1925 die Bruderschaften und Derwischorden verboten sind. Viele Autoren differenzieren nicht zwischen Alevitentum und Bektaşi-Orden. Sie unterscheiden meist einfach zwischen «dörflichem Alevitentum» und dem Orden als «städtischem Alevitentum».

4. Das Alevitentum ist eine Variante des Islam, die per se säkular bzw. laizistisch ist. Damit wird die Kompabilität des Alevitentums mit der Staats- und Gesellschaftsordnung, wie sie Atatürk vorgeschwebt hatte und wie sie von den Kemalisten in der Neuzeit vorgesehen ist, belegt. Zugleich erfolgt die Polarisierung zum konservativen, orthodoxen Islam.

5. Das Alevitentum ist ein aufgeklärter bzw. türkischer Islam. Diese Deutung passt zur Ideologie der Türkisch-Islamischen Synthese, die Mitte der 80er Jahre von Seiten türkischer Regierungskreise eingeführt wurde, um die in den Jahren zuvor erlebten Zersplitterungen der Gesellschaft aufzufangen.

6. Das Alevitentum ist ein Synkretismus, ist ein «anatolischer Islam», das vorislamische religiöse Vorstellungen von Türken und Kurden enthalte.

7. Das Alevitentum ist eine «revolutionäre» Lebensform, die sich stets gegen Unterdrückung und für Freiheit, Gleichheit und Brüderlichkeit aller Menschen eingesetzt hat.

Ganz gleich, wie weit das Spektrum der Facetten in der Identitätsbestimmung ist, eines bleibt festzuhalten: Für die Mehrheit der Aleviten steht es ausser Frage, dass das Alevitentum dem Islam zugehöre. Und zwar vertrete es eine Deutung des Islam, die nicht dem islamischen Gesetz, der Scharia, entspricht, sondern eine Botschaft darstellt, die offen ist für Veränderung.

Das Alevitentum rekapituliert seine Identität neu, ist im Prozess der Identitätsfindung. Dabei stehen sich konservative Aleviten, die die Gründe für die entstandene Misere in der Aufhebung der selbst auferlegten Marginalisierung und Isolation und die Zukunft ihrer Glaubensgemeinschaft in einer Rückkehr zur alten Isolation sehen, reformorientierten alevitischen Kreisen gegenüber. Diese Reformer drängen auf Veränderungen, auf eine Anpassung an die veränderten Umstände der Gegenwart, um so das Fortleben der Gemeinschaft zu gewährleisten und die mündlich tradierten Glaubensinhalte der jungen Generation zu vermitteln. Zu ihren Hauptforderungen gehören die Verschriftlichung und Fixierung der Lehre, die Errichtung einer religiösen Zentralinstanz als Lehrautorität, die Schaffung einer auf Eignung und nicht auf reiner Vererbung basierenden Geistlichkeit sowie die Aufhebung der erblichen Zugehörigkeit und einer Öffnung hin zu einer Bekennergemeinschaft. Ein dermassen «reformiertes» Alevitentum würde am Ende dieses Transformationsprozesses allerdings seine spezifischen Besonderheiten eingebüsst haben. Wie weit und wie einschneidend diese Transformation vollzogen wird, ist derzeit nicht abzusehen. Die Zukunft wird es zeigen.

Literatur

Andrews, Peter Alford (Hg.): Ethnic Groups in the Republic of Turkey. Beihefte zum Tübinger Atlas des Vorderen Orients. Reihe B. Nr. 60. Wiesbaden: Dr. Ludwig Reichert Verlag, 1989.

Aslanpay, Nail: Diyanet İşleri Başkanlığı. Ankara: Ayyıldız Matbaasi, 1973.

Barth, Fredrik: Ethnic Groups and Boundaries: The Social Organization of Culture Difference. Boston: Little, Brown and Company, [5]1969.

Belge, Murat: Aleviligi Devletleştirmek, in: Cumhuriyet, 18.12.1991.

Benekay, Yahya: Yaşayan Alevîlik: Kızılbaşlar Arasında. Istanbul: Varlık Yayınevi, 1967.

Birdogan, Nejat: Anadolu'nun Gizli Kültürü Alevilik. Hamburg: Hamburg Alevi Kültür Merkezi Yayınları, 1990.

Birdogan, Nejdet: Diyanet Kaldırılsın, in: Ikibin'e Dogru, 19.04.1992, S. 46–47.

Birge, John Kingsley: The Bektaşi Order of Dervishes. Reprint. London: Luzac, 1965.

Bumke, Peter: Kızılbaş-Kurden in Dersim: Marginalität und Häresie. (Tunceli/Türkei), in: Anthropos 74 (1979), S. 530–548.

Çamuroglu, Reha: Günümüz Aleviligin Sorunları. Istanbul: Ant Yayınları, 1992.

Çelikcan, Hüseyin: Açık Oturum. Gündem: Alevîlik, in: Diyanet Aylık Dergi. Januar 1992, S. 10.

Cem, Süleyman: Die Situation der Aleviten in der Türkei und in der BRD: Türken in Deutschland. Hg. Evangelischer Pressedienst. Nr. 27/28. Frankfurt a. M. (1980), S. 19–23.

Çubukçu, Ibrahim Agâh: Türk-Islâm Düşünürleri. Ankara: Türk Tarih Kurumu Basımevi, 1989.

Faroqhi, Suraiya: Der Bektaschi-Orden in Anatolien (vom späten fünfzehnten Jahrhundert bis 1826). Wien: Verlag des Instituts für Orientalistik der Universität Wien, 1981.

Gölpınarlı, Abdülbaki: Kızıl-Baş: Islâm Ansiklopedisi. Bd. 6. Istanbul: Milli Egitim Basımevi, 1977, S. 789–795.

Görmüş, Alper: Alevilik Tarihe Karışıyor: Cem Ayinleri Mahzun ... , in: Nokta. 27.09.1987, S. 26–33.

Hirsch, Ernst: Laizismus (Layiklik) als verfassungsrechtlicher Begriff in der Türkischen Republik, in: Orient 15 (1974), S. 106–112.

Halm, Heinz: Die Schia. Darmstadt: Wissenschaftliche Buchgesellschaft, 1988.

Jäschke, Gotthard: Der Islam in der neuen Türkei: Eine rechtsgeschichtliche Untersuchung. Leiden: Brill, 1951.

Ders.: Vom Islam in der heutigen Türkei. Die Welt des Islam NS 18 (1977), S. 1–18.

Kaya, Haydar: Musâhiblik. Istanbul: Engin Yayıncılık, 1989.

Kehl-Bodrogi, Krisztina.: Das Alevitum in der Türkei: Zur Genese und gegenwärtigen Lage einer Glaubensgemeinschaft, in: *Andrews,* Ethnic Groups, a. a. O., S. 503–510.

Dies.: Die Kızılbaş-Aleviten: Untersuchung über eine esoterische Glaubensgemeinschaft in Anatolien. Berlin: Klaus Schwarz Verlag, 1988.

Dies.: Die Tahtacı: Vorläufiger Bericht über eine ethnisch-religiöse Gruppe traditioneller Holzarbeiter in Anatolien. Berlin: Das Arabische Buch, 1988.

Keskin, Hakki: Die Türkei: Vom Osmanischen Reich zum Nationalstaat. Werdegang einer Unterentwicklung. Berlin: Olle und Wolter, 1981.

Kissling, Hans-Joachim: Bektaschije, in: *Kreiser/Wielandt,* a. a. O., S. 54.

Kreiser, Klaus; Rotraud Wielandt (Hg.): Lexikon der Islamischen Welt. Stuttgart: Kohlhammer, 1992.

Laçiner, Ömer: Der Konflikt zwischen Sunniten und Aleviten in der Türkei, in: *Blaschke, Jochen; van Bruinessen, Martin:* Islam und Politik in der Türkei. Berlin: Edition Parabolis, 1989, S. 33–255.

Mardin, Serif: Religion and Politics in Modern Turkey, in: Piscatory (1983), S. 138–159.

Massignon, Louis: Art. Nusairi, in: *Wensinck, A. J. (Hg.):* Enzyklopaedie des Islam. Bd. 3. Leiden: Brill, 1976, S. 1041–1044.

Mert, Hamdi: Türk-Kürt Yok, Türkiye Var; Alevî-Sünnî Yok, in: Diyanet Aylık Dergi, Januar 1992, S. 55–57.

Oehring, Otmar: Die Türkei im Spannungsfeld extremer Ideologien (1973–1980). Berlin: Klaus Schwarz Verlag, 1984.

Ders.: Verfassungsgericht der Türkei: Was ist Laizismus? Cibedo Dokumentation Nr. 28. Frankfurt a. M.: 1986.

Özbey, Cemal: Diyanet İşleri'nde Aleviler De Temsil Edilmeli, in: Ikibin'e Dogru, 19.02.1989, S. 8–9.

Rumpf, Christian: Das Präsidium für Religionsangelegenheiten, in: Zeitschrift für Türkeistudien 2 (1989), H 1, S. 21–33.

Savory, Roger: Art. Kızıl-bâsh, in: *Bosworth, C. E. (Hg.):* The Encyclopaedia of Islam. Vol. 5: Khe-Mahi. New Edition. Leiden: Brill, 1986. S. 243–245.

Sezgin, Abdülkadir: Açık Oturum. Gündem: Alevîlik, in: Diyanet Aylık Dergi, Januar 1992, S. 16–17.

Sezgin, Abdülkadir: Haci Bektas Veli Ve Bektasilik. Ankara: Kültür Bakanlığı Yayınları, 1991.

Spuler-Stegemann, Ursula: Der Islam, in: *Grothusen, Klaus-Detlev (Hg.):* Südosteuropa-Handbuch. Band 4: Türkei. Göttingen: Vandenhoeck & Ruprecht, 1985, S. 591–612.

Şener, Cemal: Alevilik Olayı: Toplumsal Bir Bakaldırımın Kısa Tarihçesi. Istanbul: Ant Yayınları, 121991.

Şener, Cemal: Seçim ve Aleviler, in: CEM, Oktober 1991, S. 34.

Toprak, Binnaz: Die Institutionalisierung des Laizismus in der Türkischen Republik, in: *Blaschke, Jochen; van Bruinessen, Martin:* Islam und Politik in der Türkei. Berlin: Express Edition, 1984, S. 94–108.

Tuncay, Mete: Der Laizismus in der Türkischen Republik, in: *Blaschke, Jochen; van Bruinessen, Martin:* Islam und Politik in der Türkei. Berlin: Express Edition, 1984, S. 54–93.

Väth, Gerhard: Zur Diskussion über das Alevitum, in: Zeitschrift für Türkeistudien 6 (1993), H 2, S. 210–222.

Vorhoff, Karin: Zwischen Glaube, Nation und neuer Gemeinschaft: Alevitische Identität in der Türkei der Gegenwart. Berlin: Schwarz, 1995.

Dies.: Alewitische Identität in der Türkei heute, in: *Engin, Ismail; Franz, Erhard (Hg.):* Aleviler / Aleviten. Bd. 1. Kimlik ve Tarih / Identität und Geschichte. Deutsches Orient-Institut Hamburg, 2000, S. 59–75.

Wedel, Heidi: Der türkische Weg zwischen Laizismus und Islam: Zur Entwicklung des Laizismusverständnisses in der türkischen Republik. Opladen: Leske und Budrich, 1991.

Yalçıner, Selim: Maraş'ın 4 Günü, in: Cumhuriyet, 28.12.–30.12.1978.

Yazıcıoglu, Mustafa Said: Ikinci Yılına Girerken, in: Diyanet Aylık Dergi, Januar 1992, S. 1.

Yurtseven, Ömer: Ögrencileri Kaçıran Din Dersine Soruşturma, in: Cumhuriyet, 02.06.1992.

Zelyut, Riza: Öz Kaynaklarına Göre Alevilik. Istanbul: Yön Yayıncılık, [6]1992.

Martin Jäggle

Der Bildungsverantwortung der Schule zum Thema Islam

«Wer verstehen will, beginnt zu lieben.» (Christine Busta)

1 Österreich

1.1 Islam staatlich anerkannt

Ich komme aus Österreich, einem Land, in dem höchstgerichtliche Urteile über Kleidungsvorschriften verfassungswidrig wären, in dem vierzehn Kirchen und Religionsgesellschaften staatlich anerkannt sind, darunter seit 1912 auch die islamische Glaubensgemeinschaft. Mit der staatlichen Anerkennung sind zahlreiche Rechte verbunden: das Recht auf Seelsorge in öffentlichen Einrichtungen wie Krankenhaus, Bundesheer, Gefängnissen, das Recht konfessionelle Privatschulen, deren Lehrpersonalkosten vom Staat bezahlt werden, zu errichten und auch das Recht, einen konfessionellen Religionsunterricht zu erteilen. Der konfessionelle Religionsunterricht ist an fast allen Schultypen ein ordentliches Pflichtfach mit Abmeldemöglichkeit. Alle Kosten, die im Zusammenhang des Religionsunterrichts entstehen, werden vom Staat getragen: die Besoldung der Lehrerinnen und Lehrer, ihre Aus-, Fort- und Weiterbildung, die Schulbücher, etc. Der Staat hat die Dienstaufsicht, die Kirchen und Religionsgesellschaften die Fachaufsicht. Die Lehrpläne werden von den Kirchen und Religionsgesellschaften in Eigenverantwortung erstellt und vom Staat veröffentlicht, dürfen von ihm aber nicht approbiert werden.

Bewältigt wird diese konfessionelle und religiöse Vielfalt bei kleineren Schülerzahlen durch Nachmittagsunterricht, schulstufenübergreifenden Unterricht und die Errichtung von Sammelklassen für mehrere Schulen. Dadurch kommt es einerseits zu einer Desintegration des Religionsunterrichts aus dem Schulalltag und andererseits zu hohen Abmelderaten, weil der Besuch des Religionsunterrichts schon aus organisatorischen Gründen für die betroffenen Kinder etwa im Grundschulalter schwer möglich ist.

Die österreichische Antwort auf die Situation der religiösen Pluralität hat eine positive Seite. Der Pluralität wird Rechnung getragen und alle gesetzlich anerkannten Kirchen und Religionsgesellschaften haben die gleichen Rechte. Andererseits sind auch die Grenzen dieser Antwort zu erkennen, nämlich die konfessionelle und religiöse Ausdifferenzierung organisatorisch zu bewältigen, ohne dass der Religionsunterricht – und mit ihm ein wichtiger Sachwalter für Religion im schulischen Raum – aus der Schule auswandert. Dort, wo Diversität, auch religiöse Diversität, als Ressource, als ein Vermögen verstanden wird, werden die organisatorischen Mühen eher akzeptiert.

Der Islam wird nicht nur in Österreich noch längere Zeit primär als Religion der Migrantinnen und Migranten wahrgenommen werden. Dies hat zur Folge, dass die soziale Stellung der Muslime und ihre gesellschaftliche Randposition, ja, teilweise soziale Deklassierung auf deren religiöse Traditionen und Institutionen übertragen werden kann und umgekehrt. Die rechtliche Anerkennung des Islam ist nicht gleichbedeutend mit seiner gesellschaftlichen Anerkennung, aber die gesetzliche Gleichstellung der anerkannten Kirchen und Religionsgesellschaften stellt eine unersetzbare Basis für deren gesellschaftliche Anerkennung sowie für ihre gegenseitige Anerkennung dar. Der Raum rechtlicher Sicherheit und Gleichheit verbessert die Möglichkeit eines gleichberechtigten, um gegenseitige Anerkennung bemühten Umgangs miteinander. Da Anerkennung auch mit Sichtbarkeit verbunden ist, ist die Existenz eines islamischen Religionsunterrichts ein wichtiger Schritt der Anerkennung.

1.2 Islamischer Religionsunterricht in Österreich[1]

Seit dem Schuljahr 1982/83 wird in Österreich islamischer Religionsunterricht angeboten. Der Unterricht wird in deutscher Sprache gehalten. Mittlerweile gibt es ca. 40'000 muslimische Schülerinnen und Schüler, die in Österreich den islamischen Religionsunterricht besuchen und dabei von rund 350 Lehrpersonen an ca. 2700 Schulstandorten betreut werden. 1998 wurde die Islamische Religionspädagogische Akademie gegründet, 2003 das Islamische Religionspädagogische Institut, 2006 der erste Professor für Islamische Religionspädagogik an der Universität Wien bestellt. Der Lehrplan wird von der Islamischen Glaubensgemeinschaft in Österreich autonom erstellt und vom Staat veröffentlicht. Eine staatliche Approbation ist gesetzlich nicht möglich, da der Lehrplan zu den inneren Angelegenheiten der jeweiligen Religionsgesellschaft zählt. Es gibt nur ein staatliches Einspruchsrecht, falls der Lehrplan den Zielen staatsbürgerlicher Erziehung widerspricht.

Die Islamische Glaubensgemeinschaft in Österreich nennt zehn Ziele, die für den islamischen Religionsunterricht an öffentlichen Schulen massgeblich sind:

– «Einheitliche und gesicherte Inhalte»

Je mehr öffentliche Aufmerksamkeit der Islam hat, umso wichtiger werde es für die muslimische Minderheit in Österreich, «der Jugend eine solide und ausgewogene Vermittlung religiöser Inhalte weitergeben zu können, die sowohl inhaltlich hochwertig ist, als pädagogischen Ansprüchen Folge leistet.»

– «Betonung des islamischen Weges der Mitte»

Damit sind gemeint eine «Haltung der Mäßigung, der Bewusstheit der eigenen gesellschaftlichen Verantwortung im Sinne des Gemeinwohls» und ein ethisches «Handeln, das auf gegenseitigen Respekt und Verständnis ausgerichtet ist». Dazu erziehe eine «solide Ausbildung über islamische Inhalte gepaart mit

---

1 Vgl. für diesen Punkt http://www.derislam.at/islam.php?name=Themen&pa=showpage&pid=154 (11.5.2009).

103

einer zu eigenem kritischen Denken anregende Unterrichtsführung». Der «moderne Begriff ‹Friedenserziehung›» beschreibt den Schwerpunkt der Arbeit der Lehrerinnen und Lehrer, wofür der Islam eine Fülle von Inhalten biete.

– «Förderung der eigenen Identität»
Da der Unterricht Kinder und Jugendliche zusammenführt, die bedingt durch ihre Herkunft einen unterschiedlichen Hintergrund haben, «wird eine lebendige Reflexion über die eigene Identität als Muslime gefördert». Das Verbindende stehe im Vordergrund und «jegliche chauvinistischen Nationalismen» werden «im Rahmen der antirassistischen Ausrichtung des Islam kritisch zurückgewiesen». Als besonders wichtig wird dieses Ziel «für junge Menschen der zweiten und dritten Generation», denen der Religionsunterricht «eine wichtige Orientierung und einen geschützten Raum» bietet, eingeschätzt.

– «Bewusstmachung der Kompatibilität einer islamischen Lebensweise mit dem Gefühl der Zugehörigkeit zu Österreich und Europa»
Die Frage nach der Integration des Islam in Europa kann im Unterricht aufgegriffen und im Gespräch mit den Schülerinnen und Schülern «die Vereinbarkeit ihrer Identität als Muslime und Menschen, die den Lebensmittelpunkt Österreich teilen, herausgearbeitet werden». So ist im neuen Lehrplan für die Volksschule «Österreich, unsere Heimat» als Pflichtthema verankert.

– «Umgang mit Vielfalt»
Der «Reichtum innerhalb des Islam» wird «für die SchülerInnen durch die Berücksichtigung der unterschiedlichen kulturellen Hintergründe und islamischen Rechtsschulen erfahrbar». Dadurch werden «auch Ansätze für eine positive Bewertung vielfältiger Zugänge geliefert, die zugleich vielfältige Lösungsmodelle anbieten können». Die «gemeinsame Basis der zentralen Kernaussagen des Islam» unterstützt den innermuslimischen Diskurs und gibt «ihm einen einigenden Rückhalt».

– «Förderung des konstruktiven innermuslimischen Dialogs»
Angesichts der Vielzahl von Herausforderungen schafft die

Schule «als ein Ort der Bildung [...] Voraussetzungen dafür, dass Muslime in Österreich ihr eigenes Profil gewinnen können und im späteren Leben fähig sind, kritisch und eigenständig an aktuelle Fragen zu gehen».

- «Eintreten für Chancengleichheit zwischen Männern und Frauen»

«Die kritische Auseinandersetzung mit Traditionen», wie weit sie dem Islam entsprechen, wird gerade bei der Behandlung der Stellung der Frau für wichtig erachtet, um zu «helfen, alte, dem Islam widersprechende Rollenmuster zu revidieren».

- «Kompetenz im Umgang mit Vielfalt in der eigenen Gruppe als Schlüssel zu einer generellen Bejahung von Vielfalt»

Als Begründung wird angeführt: «Wer sich mit Vielfalt innerhalb des eigenen Kontextes auseinander gesetzt hat, kann leichter die so gewonnen Erfahrungen gesamtgesellschaftlich übertragen.»

- «Wissen als Prämisse für einen breiten Dialog»

Ein «Dialog, an dem große Teile der Bevölkerung teilhaben, verlangt nach Dialogpartnern, die durch ihre Sachkenntnis die Qualität des Diskurses sichern.» Damit die junge muslimische Generation ihre «Brückenbauerfunktion» erfüllen kann, benötigt «sie auch eine Ausbildung über den eigenen religiösen Hintergrund».

- «Integration durch Partizipation»

Diesem Motto der Islamischen Glaubensgemeinschaft entsprechend ist es ein Ziel, junge muslimische Menschen zu unterstützen, «wertvolle Mitglieder in der Gesellschaft zu sein und sie zu ermutigen, durch Teilhabe an einem friedlichen und respektvollen Zusammenleben mitzuwirken».

2 Von der Selbstverständlichkeit, mit der die Anderen da, aber kein Thema sind

Ich erlaube mir, in meinen Überlegungen von zwei biographischen Notizen auszugehen: a) eine von meiner eigenen Erfahrung als junger Mensch; b) eine von meiner Erfahrung als Vater dreier Kinder. So werden Sie zugleich mit dem Thema vertrauter.

2.1 Kultur des Respekts – ohne Kenntnis und Verständnis

Was für mich als Kind und Jugendlicher – sehr zum Unterschied vieler – Normalität war, erweist sich im Rückblick als Privileg. Ich bin in Wien nach dem Zweiten Weltkrieg gross geworden, als noch keine christliche, schon gar nicht eine abrahamitische Ökumene in Sicht war. In unserer Küche lauschte Gobad, der Untermieter aus dem Iran, ab 10 Uhr abends den Sendungen von Radio Teheran, Abdullah, sein Nachfolger aus Syrien, den Sendungen von Radio Damaskus. Vom Küchentisch aus konnten wir an den Lichtern des «Stadttempels» die jüdischen Fest- und Gebetszeiten erkennen. Der tägliche Mittagstisch bei einer evangelischen Familie ermöglichte mir das Gymnasium zu besuchen, die griechisch-orthodoxe Kirche war Teil unseres Mikrokosmos, dessen kirchlicher Mittelpunkt der Stephansdom war, wo ich zehn Jahre Messdiener war. Religiöse Pluralität war für mich Normalität.

Das öffentliche Gymnasium, das ich acht Jahre besucht habe, war nach dem 2. Weltkrieg eine der ganz wenigen höheren Schulen, in die jüdische Familien ihre Kinder schicken konnten, ohne Sorge haben zu müssen, diese würden dort diskriminiert werden. Denn Wien war bis 1938 mit 200'000 Jüdinnen und Juden die grösste jüdische Stadt im deutschen Sprachraum und zugleich eine Stadt des Antisemitismus.

Jüdische Mitschüler sind bei uns am Schabbat in die Schule gekommen, haben aber nicht mitgearbeitet. Das war für uns normal und kein Diskussionsthema. Es gab daher bei uns am Samstag für alle keine Schularbeiten und keine wichtigen Prüfungen. Antisemitische Witze waren tabu – sowohl seitens der Lehrenden als auch seitens von uns jungen Menschen, wie auch eine aktuelle Forschungsarbeit dokumentiert. Diese Schule zeichnete sich also durch eine Kultur des bedingungslosen Respekts aus, was für damals – auch rückblickend – nicht der Regelfall war. Nur etwas gab es nicht: ein Gespräch über die offensichtliche (religiöse) Verschiedenheit. Nie wurde die Bedeutung des Schabbat befragt oder erläutert, geschweige denn Judesein oder das Judentum oder die fast vollständige Vertreibung und Vernichtung der Juden aus Wien, wo manche Stadtteile kaum zwei Jahrzehnte zuvor noch 50% jüdische Bevölkerung aufweisen konnten.

Wir haben damals gelernt, miteinander gut auszukommen, nebeneinander zu leben, einander zu respektieren – aber ohne Kenntnis und Verständnis. Eine «Kultur der gegenseitigen Anerkennung» (Charles Taylor) war nicht gegeben und auch nicht möglich, denn sie hätte ja ein Mindestmass an Kenntnis und Verständnis voraus gesetzt.

2.2 Monokonfessionelle Hermetik – in pluraler Umwelt

Unsere drei Kinder haben die örtlich zuständige öffentliche Grundschule besucht. 50% der Kinder in ihren Klassen kamen aus muslimischen Familien. Zwölf Jahre dauerte es, bis sich diese Schule im Rahmen des Religionsunterrichts erstmals imstande sah, den in unmittelbarer Nähe befindlichen islamischen Gebetsraum, an dem fast alle Kinder täglich vorbei gingen, aufzusuchen. In einer Atmosphäre der Assimilierung wurde Verschiedenheit von der Schule nicht wahrgenommen, ist Katholisch-Sein auch in seiner säkularisierten Mutation eine Normalität, in der die Anderen nicht thematisierbar oder thematisierenswert sind, jedenfalls nicht im Hinblick auf die Erreichung der Ziele des konfessionellen (katholischen) Religionsunterrichts. Wer diese biographischen Notizen für einen Indizienprozess gegen vergangene Zeiten instrumentalisieren wollte, wäre ein geschichtlicher Banause, denn jede Zeit hat ihre besonderen und stets begrenzten Möglichkeiten.

3 Religiöse Pluralität

Heute ist Wien eine Stadt, in der die PR-Aktion für den Religionsunterricht, die sogenannte «Woche des Religionsunterrichts» im April 2005, von vielen Kirchen und Religionsgesellschaften gemeinsam getragen wird.

Heute ist Wien eine Stadt, in der jährlich ein Schülerkalender in mehr als 100'000 Stück Auflage erscheint, gemeinsam herausgegeben von mehreren christlichen Kirchen, der Islamischen Glaubensgemeinschaft und der Israelitischen Kultusgemeinde.

Heute ist Wien eine Stadt, in der es z.B. einen Gesprächskreis christlicher und islamischer Religionslehrerinnen und Religionslehrer gibt, mit regelmässigen gemeinsamen Fortbildungsveranstaltungen.

Tomas Halik machte auf den Trend zum Fundamentalismus aufmerksam, wo die Sehnsucht nach Sicherheit nicht nur alle «Andersdenkenden» dämonisiert, sondern auch die «Häretiker» und «Liberalen» in den eigenen Reihen.[2] Wenn Menschen nach dem Verlust der Gewissheit (*certitudo*) auf Sicherheit (*securitas*) setzen, kann es zu dieser gefährlichen Entwicklung kommen.

Die ethnozentrische Antwort, in der die eigenkulturelle Gruppe (fast) alle positiven Eigenschaften auf sich vereint und die Fremdgruppen (fast) alle negativen, diese Antwort stärkt Bedrohungsszenarien und ist gleichzeitig für alle bedrohlich, besonders für den Zusammenhalt einer Gesellschaft.

Dabei ist die Idee, Kultur wäre eine Art (nationaler) Insel, ein fatales Konstrukt des 19. Jahrhunderts. Damit verbunden zeigt sich das Problem des kulturellen Exklusivismus, der kulturelle Pluralität negativ bewertet und ihm ein Ideal von Einheit, das selbst Projektion ist, gegenüberstellt. So wird dann auch die kulturelle Reinheit für die eigene Kultur gefordert und in Folge der Boden für geistige und körperliche Gewalt – nach innen und aussen – bereitet. Ebenso gilt dies für religiösen oder konfessionellen Exklusivismus.

Um nicht missverstanden zu werden: Jede Religion wird stets einen exklusiven Kern haben, der um des je eigenen Wahrheitsanspruchs willen nicht aufgehoben werden kann und aus Respekt vor dem/der Einzelnen und dessen/deren Authentizität auch nicht aufgehoben werden darf. Davon unterschieden ist ein religiöser

2 *Halik*, Europas 7.

Exklusivismus, der andere dämonisiert und ihnen jeglichen Zugang zur Wahrheit abspricht. Auf einer solchen Basis kann es keinen Dialog geben, ja es fragt sich, wie überhaupt ein Zusammenleben oder wenigstens ein Nebeneinanderleben möglich sein soll.

Pluralität und auch religiöse Pluralität bedeuten nicht Idylle, sondern sind möglicherweise nur dort keine Quelle von Konflikten, wo vielleicht Religionen gesellschaftlich gleichgültig und letztlich bedeutungslos geworden sind. Auch im Dialog wird nicht die Harmonie des Einander-Verstehens erreicht werden, sondern vielleicht eher das Einander-in-der-Fremdheit-Begleiten als fruchtbare Lösung anzusehen sein. Die Realität von Konflikten kann als positives Faktum angesehen werden, weil Konflikte auch Chancen in sich bergen. Es gibt gesellschaftliche Konflikte, die religiöse Implikationen haben oder religiös interpretiert werden, es gibt aber auch Konflikte, die religiös begründet sind. Beispiele für alle drei gibt es genügend. Gesellschaftlich gesehen ist nicht Konfliktvermeidung anzustreben, sondern ein angemessener Umgang mit Konflikten. Der europäische Schlüssel dafür ist die Trennung von Kirche und Staat, sodass keine Religion über die staatlichen Machtmittel zur Durchsetzung ihres Wahrheitsanspruchs verfügen kann. In der näheren Gestaltung des Verhältnisses von Kirchen, Religionen und Staat gibt es unterschiedliche Ansätze in Europa, die sich auch auf die Schule und die ihr zugeschriebenen Aufgaben auswirken.

Jedenfalls erhöht religiöse Vielfalt den gesellschaftlichen Verständigungsbedarf über Religion und Religionen, erhöht die Gefahr des Fundamentalismus, erhöht die Notwendigkeit von Orten der Vergewisserung, erhöht die Vielfalt an oft miteinander konkurrierenden Werten und erhöht somit die Nachfrage nach Orientierung, erhöht angesichts des Wahlzwangs die Suche nach Entscheidungshilfen.

Auch wenn ein Konsens darüber besteht, dass etwa der Islam Teil des christlichen Religionsunterrichts sein sollte, ist es gerade bei grosser Engagiertheit für eine Sache besonders wichtig, die eigene Motivation, die Begründung des eigenen Handelns kritisch zu befragen, weil dies gravierende Folgen für Ziele, Inhalte und Methoden hat. Die nachfolgenden Überlegungen sind daher eine Einladung zur Vergewisserung über die Motivation.

Es gibt zu viele fragwürdige Gründe, ein Beispiel aus der wechselhaften Geschichte:

Es ist das fragwürdige Argument der Gegenwartsrelevanz, die besonders den Islam, zum Thema machen soll: «Die Welt des Islam steht im gegenwärtigen Weltkriege auf unserer Seite. Es ist daher [sic!] eine Frage von weittragendster Bedeutung, ob und wie der christliche und evangelische Religionsunterricht in Deutschland Kenntnis verbreiten kann und soll.» So schreibt der evangelische Theologe Paul Fiebig im Jahre 1914. «Grün ist jetzt in besonderem Maße auch jedes Deutschen Lieblingsfarbe, die Farbe der Hoffnung, dass uns und unseren Verbündeten dereinst selam zuteil werde, ein ehren-, ein ruhmvoller und langandauernder Friede, so Gott will. Inschhallah».[3]

4   Normal ist, verschieden zu sein

Die Erfahrung von Differenz, der Entfremdung von Bekannten und Vertrauten, gilt als Ermöglichungsgrund von Denken. Denken erwächst aus Differenzerfahrungen. So wäre (die eigene) Fremdheit (und die der anderen) als Voraussetzung jeglicher Lernprozesse zu begreifen, und statt des erkenntnistheoretischen Grundsatzes «Gleiches wird nur von Gleichen erkannt» tritt «Anderes wird nur von Anderen erkannt». Der gesellschaftstheoretische Grundsatz «die Annahme der Anderen schafft Gemeinschaft in der Verschiedenheit» tritt dann an die Stelle von «Gleich und Gleich gesellt sich gern». Damit wäre auch die «Fähigkeit zum dialektischen und komplementären Denken» gefordert.[4]

«Ohne Angst verschieden sein zu können», war der Wunsch von Marcuse, der nur erfüllbar ist, wenn Diversität auch sichtbar,

3   Zit.nach *Tworuschka*, Islam 40.
4   Vgl. *Schlüter*, Konfessionalität 385f.

darstellbar, bearbeitet, Gegenstand nichtdiskriminierender Kommunikation werden kann. Anerkennung ist mit einer Sichtbarkeit verbunden, die nicht diskriminiert.

Die Schule als Teil der Gesellschaft neigt dazu, Differenz, besonders religiöse Differenz zu privatisieren, zu verdrängen oder auszublenden. Wäre sie nicht auch um der Identitätsfindung und der gegenseitigen Verständigung sowie um der religiösen Bildung willen jedoch verpflichtet, gerade religiöser Differenz Raum zu geben?

Wird die Auseinandersetzung mit dem Islam auf den Religionsunterricht begrenzt, hat diese Auseinandersetzung auch nur begrenzte Möglichkeiten. Denn jede religiöse Tradition hat einen kulturellen Kontext, von dem losgelöst sie schwer verstehbar ist. Und kulturelle Traditionen haben religiöse Implikationen, ohne die kein Zugang zu ihnen möglich ist. Wird der Religionsunterricht als Reservat für Religion, eine Art staatlich geschützter Raum für bedrohte Arten, verstanden, dann hat weder Religion als Thema noch das Fach Religionsunterricht an der Schule eine Zukunft. Seine Randständigkeit wird weiter zunehmen. Religion und eben auch der Islam sind ein Phänomen, das die Schule in ihrer Gesamtheit betrifft und wofür sie dementsprechend Verantwortung trägt. Ein konfessioneller RU leistet hier einen notwendigen, aber keinen hinreichenden Dienst.

Wie nimmt Schule religiöse Pluralität wahr, wie nimmt Schule Islam und muslimische junge Menschen wahr?

Qualität in multikulturellen Schulen (QUIMS[5]), Zürich, z. B. stützt sich ausschliesslich auf die religionsblinde interkulturelle Bildungskonzeption Auernheimers. Aber kann man interkulturelles Lernen wirklich erfolgreich betreiben, ohne seine Religionsblindheit zu überwinden?

«*Normal ist verschieden zu sein*» – dieses Motto der so genannten Integrationspädagogik beschreibt noch nicht das pädagogische Normal-Konzept der Schule. Es ist unverändert nicht selbstverständlich, dass die Schule Differenz, besonders religiöse Differenz

---

5   Informationen dazu unter www.quims.ch.

wahrnimmt und ihr Raum gibt, wobei sich die Gründe vielleicht verändert haben. Hier gewinnt die Forderung nach negativer Religionsfreiheit – als der Freiheit von Religion – zunehmend an Bedeutung.

Die Schule darf religiöse Differenz nicht privatisieren, verdrängen oder ausblenden, sondern muss ihr um der Identitätsfindung und der gegenseitigen Verständigung willen Raum geben. Aber die Vielfalt reduziert sich für die «Anderen» meist auf die Frage: «*Paria oder Parvenu?*», wie Hannah Arendt[6] das traditionelle Dilemma formuliert, anders oder gleich zu sein. Aussenseiterin oder Assimilantin?

Aus Sorge, junge Menschen könnten diskriminiert werden, vermeiden manche Lehrerpersonen die Thematisierung von (religiöser) Differenz, andere sehen in der Integration von (religiöser) Differenz in die Schule den Schulfrieden bedroht. In beiden Fällen wird eine Atmosphäre der Assimilierung im Sinne eines religiös wertfrei gedachten, religiöse Traditionen aber tatsächlich abwertenden Säkularismus verstärkt.

Angesichts des religiösen Pluralismus müssen Lehrerpersonen angeben, wie sie mit der Wahrheitsfrage umgehen wollen. «Weder die Ideologie der Superiorität noch die Ideologie der Gleichheit» ist nach Ziebertz geeignet, «den Herausforderungen zu begegnen, die sich hinsichtlich der Probleme der religiösen Bildung im öffentlichen Schulwesen stellen. Superiorität führt zur Leugnung anderer Wahrheitswege, Gleichheit zu ihrer Relativierung.»[7] Er verweist auf «das relationale Wahrheitsverständnis» als eine Perspektive, «die, im Blick auf die Möglichkeiten und Grenzen des menschlichen Verstehens und Begreifens, Wahrheit als etwas Werdendes vorstellt».[8]

---

6   Zit. nach *Prengel*, Pädagogik 14.
7   *Ziebertz*, Religionspädagogik 150.
8   Ebd.

5   Ausgewählte Probleme

5.1   Verletzung fremder religiöser Integrität durch Geringschätzung

Wenn Religion(en) in der Schule thematisiert wird (werden), in welchem Fach auch immer, werden Kinder der pluralen Gesellschaft mit Inhalten und Formen in der Schule konfrontiert, die ihre Eltern so nicht teilen oder sogar ablehnen und abwehren. In der Regel haben sie auch nicht gelernt, ein auf gegenseitiges Verstehen gerichtetes Gespräch über Religion zu führen. So können bei der Thematisierung von Religion heute ähnliche Reaktionen beobachtet werden wie früher beim Thema Sexualität. Die gesellschaftliche Tabuisierung eines Themas lässt manchen nur einen aggressiven oder obszönen Zugang offen. Religiöse Menschen können aber durch aggressive oder obszöne Äusserungen zu religiösen Fragen oder Praktiken zutiefst verletzt werden. Verbote werden hier nicht weiterhelfen, aber ein Unterricht, der Religion nicht isoliert betrachtet, «sondern als etwas, das konkrete Menschen bewegt, beseligt, tröstet, zur Verantwortung ruft»[9], wäre konstruktiv und ermöglicht jungen Menschen, (religiös) anderen Menschen denselben Respekt entgegenzubringen, den sie gegenüber sich selbst erwarten.

Das vermeidet auch die Gefahr, die mit der verbreiteten Position verbunden ist, über (dem Thema) Religion zu stehen und aus dieser Überlegenheit sowie der damit verbundenen Vogelperspektive Religion nicht verstehen zu können, weil die Augenhöhe und das Augenmass fehlen.

5.2   Das Problem des Vergleichens – ein Beitrag zur Gleich-Gültigkeit?

Die Gleichzeitigkeit von Advent und Ramadan im Dezember 2000 bemerkten einzelne unter jenen, die professionell erziehen, waren sie doch durch die ihnen anvertrauten Kinder von dieser Koinzidenz

---

9   *Balser*, Schritte 212.

besonderer Zeiten von Christentum und Islam betroffen. Und so kam in Gang, was meistens in solchen Situationen passiert, es kommt zum Vergleich, wo das Eine als Massstab für das Andere dient, eine Art Ausgleich stattfindet und alle Federn lassen müssen. Am Ende wurde aus dem Ramadan ein islamischer Advent und aus Weihnachten ein christliches Zuckerfest. Und niemand denkt sich Schlimmes dabei, ist es doch so gut gemeint, wenn das Andere so wie das Eine ist, nur ein bisschen anders. Es soll doch alles gleich-gültig sein in der modernen Welt.

Das Vergleichen der Verschiedenen mit Kategorien, die das Eigene zur allgemeinen Norm der Wahrnehmung macht, ist in der Auseinandersetzung auch mit dem Islam fest etabliert. Da wird nach heiligen Büchern gefragt, dabei haben doch Bibel und Koran jeweils eine ganz unterschiedliche Bedeutung, die Wahlfahrt nach Mekka und Rom oder Jerusalem werden auf eine Ebene gestellt, obwohl es sich hier um eine religiöse Pflicht handelt und dort um eine fromme Übung, abgesehen davon, dass noch kein Protestant nach Rom «wallfahrten» gegangen sein wird. Die Banalität des Vergleiches der «Gottesnamen», wo dann *allah* als islamischer «Gottesname» auftaucht, als ob arabische Christen ein anderes arabisches Wort für Gott zur Verfügung hätten, wird vielleicht durch die Unkenntnis der «99 schönsten Namen Gottes» nach islamischer Tradition erleichtert.

Eine Suche nach Entsprechungen wäre sinnvoll aufgrund genauer Wahrnehmung der eigenen und der anderen Tradition, ohne von zufälligen Äusserlichkeiten in die Irre geführt zu werden. Auf der Suche nach einer Entsprechung zum christlichen Weihnachtsfest wurde die Aufmerksamkeit dann vom Zuckerfest auf die Nacht der Bestimmung am 27. Tag des Ramadan fallen, in der nach islamischer Tradition Mohammed die erste Koranbotschaft erhalten hat. Es ist die geheiligte Nacht des Islam, eine Nacht voller Heil und Segen, in der die Engel vom Himmel herabsteigen.

Ein homologer Vergleich der sogenannten «Religionsstifter» Jesus von Nazaret und Mohammed führt nicht zum Verstehen von Christentum oder Islam, denn was «der Koran für den Islam ist, das ist Christi Person für das Christentum» (Söderblom).

Vergleichen setzt Verstehen voraus und kann dieses wiederum fördern. Durch unsachgemässe Vergleiche werden jedoch Vorurteile gefestigt. Die dabei erworbenen Kenntnisse verhindern jede weiterführende Erkenntnis. Vergleiche, die Munition für oder gegen eine Religion sammeln oder – vielleicht unbewusst – Fremdes erniedrigen wollen, disqualifizieren sich selbst. Falsche Vergleiche (etwa stets in der Kategorie des Komparativs besser/schlechter) können neurotisch machen. Sachgerecht kann die respektvolle Suche nach Entsprechungen sein, die Gemeinsames im Verschiedenen so anzielt, dass Verschiedenes nicht zur Variation des Einen abgestuft wird, die Verständnis und Respekt für fremde Lebensweisen fördert, diese als fremde anerkennt, manch Eigenes relativiert und mit Hilfe des Fremden auch Eigenes entdecken lässt.

Jede von Form von Typisierung wäre zu vermeiden. Bei einer Suche nach Entsprechungen ist stets die Unvergleichlichkeit (Einmaligkeit) der jeweiligen Tradition nicht aus den Augen zu verlieren. Es gilt nach der Mitte der jeweiligen Religion zu fragen, damit sie nicht von ihr fremden Sichtweisen her in ein vorgegebenes Muster gepresst wird. Jedenfalls sollte niemals das eigene Ideal mit der fremdreligiösen Praxis verglichen werden.

5.3   Das Problem des Verstehens

Unsere «*kulturell bedingte Weltsicht*» erschwert das Verständnis anderer Religionen beträchtlich. Dazu zählen die «*Alltagswelt als herausragende Sinnprovinz*» und ihre zahlreichen, verschiedenartigen Vermittler eines Bewusstseins anderer Religionen (Medien, Alltagsgespräche, ...), aber auch die «kulturelle[n] und gesellschaftliche[n] Vorprägungen», die Normalität der eigenen Weltsicht. Besonders tiefgreifend sind die Verstehensbarrieren des «*christlichabendländische[n] Erbes*».[10] Mit dem Vorurteil «es kommt nicht

---

10   Vgl. *Tworuschka*, Zugänge 83–89.

auf das Äussere an, sondern auf die innere Haltung» ist ein Zugang zum Sinn von Ritualen, kultischen Vorschriften oder der Bedeutung kultischer Reinheit kaum möglich.

5.4 Die Schule und ihre muslimischen Kinder

Die meisten Konflikte im Raum der Schule, an denen muslimische und nichtmuslimische Kinder beteiligt sind, können leicht als primär sozial und kulturell bedingt erkannt werden, vielleicht sind sie religiös gefärbt, aber eher selten haben sie ihre Ursache in der religiösen Tradition. Keine Religion legitimiert provokantes Auftreten oder herabsetzendes Verhalten. «Friede» ist nicht nur der Gruss der Muslime.

Welchen Platz haben kulturelle und religiöse Verschiedenheit? Die Antwort auf diese Frage ist lebensbedeutsam. Gilt «normal ist, verschieden zu sein», dann ist der Lebens- und Lernraum für alle grösser, gilt Anpassung und Assimilierung, dann ist er für alle sehr eng. «Selbstaufklärung mit Hilfe der Augen der anderen» (Hans Simpfendörfer) wird dann sicher verhindert.

Auch nach Hans Zirker kann es nicht die Aufgabe sein, *den* Islam zu verstehen, sondern sich ansprechen zu lassen von Menschen, die sich zum Islam bekennen oder wenigstens in ihrer Herkunft von ihm geprägt sind, und zu versuchen, sie in ihren jeweiligen Lebensorientierungen und Zielsetzungen, Gemeinschaftsformen und Abgrenzungen, Glaubensäusserungen und Zurückhaltungen, Empfindsamkeiten und Befürchtungen zu verstehen. Dabei wird und kann vieles fremd bleiben, aber die Existenzberechtigung von Anderem und Anderen kann nicht abhängig sein von der Möglichkeit des Verstehens, sonst wäre Toleranz ein schönfärbendes Wort für Gleichgültigkeit und Ignoranz. Als Ziele nennt Zirker:

1. «... *dem faktischen Verhältnis von Nähe und Distanz immer wieder nachzuspüren, seine Bedingungen zu erkennen und die Grenzen mit Gelassenheit auszuhalten - denn es sind nicht nur die Grenzen der anderen, sondern auch die eigenen.*»

116

2. «... bei pragmatisch begrenzten Gelegenheiten gut miteinander zurecht zu kommen»

3. «... die Konsequenzen daraus zu bedenken, daß sich die gegensätzlichen dogmatischen Positionen der beiden Religionen nicht argumentativ überwinden lassen.»[11]

Karl Ernst Nipkow betont den gegenseitigen Respekt, der nicht vorausgesetzt werden kann, sondern ständig neu geübt werden muss. Die Kinder sollten angeleitet werden, «über eine fremde Religion oder Konfession so miteinander zu kommunizieren, dass das, was religiös anders ist, anders bleiben darf», und «eine abwertende Ausgrenzung» sowie «eine freundliche Invasion» und Vereinnahmung vermieden» werden.[12] Weiters gilt es «für die Kommunikation über religiöse Unterschiede unter besonders sorgfältiger Rücksichtnahme auf religiöse Minderheiten eine Atmosphäre des Vertrauens [...] einer religionsfreundlichen Grundhaltung» zu schaffen.[13]

Einige Hinweis für einen respektvollen Umgang mit muslimischen Kindern:

– Beachten Sie islamische Speisevorschriften und -gewohnheiten, sie werden bevorzugt im Raum der Schule beim Mittagessen («sie essen halt nur die Beilage») und in Lehrplänen für Hauswirtschaft ignoriert.

– Beachten Sie islamische Feste und ihre Auswirkungen auf die Kinder. Auch wenn z. B. Kinder nicht zum Fasten verpflichtet sind, hat der Ramadan einen grossen Einfluss auf ihr Alltagsleben. In dieser Zeit sollte von entscheidenden Prüfungen oder besonders belastenden Aufgaben Abstand genommen werden.

– Es gibt Aufgabenstellungen, die ein Affront sei können. So kann die unterrichtliche Produktion eines Weihnachtsengels dem traditionellen islamischen Bilderverbot widersprechen, die Gestaltung eines Weihnachtssternes jedoch nicht.

---

11 *Zirker*, Interkulturelles 37.
12 Vgl. *Nipkow*, Bildung 115.
13 Vgl. ebd. 120.

Für Hans Zirker «drängt sich bei der Wahrnehmung der anderen Religionen wenigstens in einer Hinsicht ein Lernen auf, das auch den eigenen Glauben einsichtsvoller werden lässt, im Bedenken nämlich seiner vielfachen Begrenztheit» in seinen Perspektiven, in seiner Mitteilungs- und Überzeugungsfähigkeit, in seiner Kraft sozialer Bindungen, moralischer Orientierungen und kultureller Verankerungen, in seinen spirituellen Erfahrungen.[14]

Der Hinweis auf diese Verstehensbarrieren dient hier nicht dazu, kulturell bedingte «Vorurteile», die der Einzelne weder verursacht hat noch aus denen er «aussteigen» kann, zu disqualifizieren. Ausserdem ist der Selbstanspruch, keine Vorurteile haben zu dürfen, eine Überforderung, die Schuldgefühle erzeugen oder unterdrücken, die Angst fördern oder überspielen kann. Vielmehr geht es um eine differenzierte Selbstwahrnehmung, um Relativierung der *Normalität*, um Einsicht in die Möglichkeiten, Schwierigkeiten und Grenzen des Verstehens. Der im Kontext des Interkulturellen Lernens von Renate Nestvogel (1988) aufgegriffene Gedanke der «kulturellen Selbstreflexion» (E. Jouhny) wäre speziell als *religiöse Selbstreflexion* zu realisieren. Und was Simpfendörfer grundsätzlich zur Begegnung mit Fremden anmerkt, die uns zum Bewusstsein unserer kulturellen Ambivalenz verhelfen können, zur «Selbstidentifizierung mit Hilfe der Augen der anderen», die dazu beitragen, «dass ich über mich selbst aufgeklärt werde», hätte auch hier seine Bedeutung.[15]

Descartes' Versuch, «meine eigenen Gedanken zu reformieren und auf einem Boden zu bauen, der ganz mir gehört», ist im Prinzip die Methode der modernen empirischen Wissenschaften. Das entscheidende Problem ist dann jedoch, «ob ich bei diesem Rückgang auf mein Konstruktionsvermögen auch die anderen mit meinen Mitteln glaube konstruieren zu können, oder ob ich den anderen als gleichermaßen frei und kreativ Konstruierenden anerkenne, der mir widersprechen kann, ob ich mich von ihm

---

14 *Zirker*, Interreligiöses 62.
15 *Simpfendörfer*, «Sich einleben» 92.

befragen lasse und in Frage stellen lasse und in einen Dialog eintrete».[16]

Es müssten Formen des Umgangs mit dem Fremden gesucht werden, die «dem Fremden die Fremdheit belassen, [...] aus ethischem Respekt vor dem Anderssein des Anderen, an dem erst das eigene So-Sein erkannt zu werden vermag», aber auch aus dem «Grund heraus, dass Identität überhaupt erst im Bewusstsein der Differenz entstehen kann». Es geht um eine «Anverwandlung, die das Fremde nicht schlecht wegarbeitet – sei es durch Depossidierung, Abgrenzung oder auch emphatische Umarmung – sondern als Stachel beibehält und damit das Eigene in dem Maße nicht bei sich selbst beläßt, wie sich der eigene Aufmerksamkeitshorizont dem Fremden gegenüber öffnet».[17] So wie «die Hermeneutik einer interkulturellen Begegnung nicht auf Harmonie aus ist», gilt dies auch für eine interreligiöse Begegnung, denn auch «sie ist Begegnung mit dem Fremden. Das muss in dieser Härte auch durchgehalten werden».[18] Leicht und schnell erfolgt durch Aneignung eine Ent-Fremdung des Fremden, der mich heimsucht. «Die Spur des Anderen» (E. Levinas) bewirkt die Erfahrung der eigenen Grenzen. «Lernen aber kann ich nur so, indem ich das Anderssein des anderen und nicht nur das Bild, das ich mir von ihm gemacht habe, und die Erwartung, mit der ich ihm begegne, anerkenne.»[19]

5.5 Die Frage der Perspektive

Die Frage der Perspektive ist eine Schlüsselfrage der Bildung, ob es gelingt, die «eigene Perspektive als begrenzte zu erkennen und an den Perspektiven anderer teilzunehmen», ob es gelingt «mit den Augen der anderen Konfessionen zu sehen», einen «Perspektivenwechsel» vornehmen zu können, eine wechselseitige «Perspektivenübernahme», «neue Perspektiven dazu zu gewinnen». Wenn

16 *Peukert*, Bildung 272.
17 Vgl. *Drehsen*, Anverwandlung 63.
18 Vgl. *Sundermeier*, Erwägungen 27.
19 Ebd. 28.

der Unterricht als ein Gefüge von Perspektiven betrachtet wird, «die die Beteiligten einander eröffnen und dabei einander auch die Begrenztheit dieser Perspektiven aufweisen», dann vollzieht sich darin «ein weiterführender, spontaner Lernprozess, der die eigenen Standorte nicht relativiert, sondern besser verstehen lässt und begründet». Ja, im Religionsunterricht ist es wie in keinem anderen Fach möglich, «Perspektivenübernahmen einzuüben». Ohne unmittelbaren Handlungszwang können sich Schülerinnen und Schüler «neugierig entdeckend in die Sichtweise anderer einfühlen»[20]. Mit Simpfendörfer könnte man auch von «Selbstidentifizierung mit Hilfe der Augen der anderen» sprechen.

Kultureller und religiöser Pluralismus sind ein nicht änderbares Faktum und «Kommunikation [ist] als Weg der Einheitsstiftung und Wahrheitsfindung theologisch zu entfalten».[21] Die Thematisierung der anderen bedroht demnach nicht den Aufbau eigener religiöser (christlicher) Identität, sondern trägt zu ihrem Aufbau bei. Erfahrung und Interaktion mit der Vielfalt lassen das «Identitätsgewebe» entstehen. Daher muss religiöses Lernen den Plural zum Thema machen, ein Plural, der nicht in sich gut ist, sondern dessen differente Positionen wünschenswert und ablehnungswürdig sein können. Somit ist die Vermittlung religiöser Traditionen abhängig von Prozessen des Befragens und Aushandelns.[22] Dadurch entsteht Bedarf an einem vom Ansatz her dialogischen Konzept religiöser Erziehung. «Auf die Religionen bezogen heißt dies, sie nicht in singulären Einheiten der Weltreligionen-Didaktik zur Sprache zu bringen, sondern in zunehmenden Maße nach Möglichkeiten zu suchen, sie in dialogischem Verbund mit christlichen Glaubensüberlieferungen zu besprechen.»[23]

Aus einem am Dialog mit «Fremdreligionen» orientierten Ansatz ergeben sich Konsequenzen für den gesamten RU. «Es ist wohl unvereinbar, den Schülern Kenntnis und Verständnis

---

20 Vgl. *Sekretariat der Deutschen Bischofskonferenz*, Kraft 6.2.
21 *Ziebertz*, Identitätsfindung 91.
22 Vgl. *Schlüter*, Fremden.
23 *Ziebertz*, Identitätsfindung 97.

fremder Religionen vermitteln zu wollen und die religiöse Fremdheit zwischen Schülern sowie zwischen Schülern und Lehrer zu
übergehen.» So besteht Dialog als Projekt der Schülergruppe «im
gegenseitigen Kennen- und Verstehenlernen, im Offenhalten der
Frage nach der gemeinsamen Wahrheit, im Verdeutlichen der
eigenen Überzeugung und Sich-Infrage-Stellen-Lassen durch die
fremde Überzeugung, in Einstellungsänderungen und im Idealfall
in gemeinsamer Aktion.» Der RU muss «die Spannung zwischen
Dialog und Fremdheit aushalten».[24]

6   Die Anderen als Teil des Religionsunterrichts

6.1   Orientierungsbedarf in Respekt vor legitimer Vielfalt
(Rudolf Englert)

Für Englert ist die Aufgabe des Religionsunterrichts, Schülerinnen
und Schülern zu helfen, «eine Art religiösen Qualitätsbewusstseins»
zu entwickeln, das «von daher sowohl zu einem kritischen Umgang
mit den eigenen religiösen Bedürfnissen befähigt als auch zu einem
differenzierten Urteil über die Religion anderer Menschen».[25]
Dafür könnten beispielhafte Kriterien sein:
- «die perspektivische Weite des Referenzrahmens, in dem Menschen ihr Leben interpretieren;
- die spirituelle Tiefe der Ausdrucksformen, in denen sie ihren
  Lebensglauben artikulieren;
- der Grad rationaler Durchdringung, mit dem sie ihre eigene
  Religiosität zu verstehen und zu fundieren vermögen;
- die ethische Konsequenz, mit der sie ihre religiösen Überzeugungen im persönlichen und öffentlichen Leben umsetzen;
- das Maß an Kommunikationsfähigkeit, das sie im Austausch
  mit religiös Andersdenkenden zeigen.»[26]

24 Vgl. *Herzog*, Religionen 784.
25 Vgl. *Englert*, Religionspädagogik 90f.
26 Ebd. 91.

Ihm wäre daher zuzustimmen, dass einerseits nur jene Formen religiösen Lernens zukunftsfähig sind, «die nicht nur ein religionskundliches Panorama möglicher Optionen anbieten, sondern mit der herausfordernden Kraft einer konkreten und möglichst authentisch repräsentierten Religion konfrontieren, um so Schülerinnen und Schüler selbst vor religiöse Entscheidungen zu stellen und zu eigener Positionierung zu veranlassen.» Denn sonst «geschieht allenfalls ein Kennenlernen von Religion/en, aber nicht im qualitativen Sinn religiöses (d. h. immer [...] in einer Selbstbefragung mündendes) Lernen.»

Andererseits – greift nicht eine Form religiösen Lernens zu kurz, die strikt monokonfessionell ausgerichtet nur darauf abzielt, eine bestimmte inhaltliche Position plausibel zu machen? Denn eine thematische Beschränkung auf die Perspektive lediglich einer Konfession (oder auch nur einer Religion) würde nach Englert die geforderte Orientierung verfehlen, die sich im Kontext religiöser Pluralität ergibt. Und eine intentionale Verengung auf die Vermittlung eines bestimmten religiösen Überzeugungsbestandes würde den Respekt vor der legitimen Vielfalt heutiger religiöser Suchbewegungen vermissen lassen.[27]

6.2 «Kultur der gegenseitigen Anerkennung» (Charles Taylor)

Die Forderung nach Anerkennung der «Anderen» ist Teil vieler Konzepte Interkulturellen Lernens. Ein vergleichbares Ziel hat das Pluralismuskonzept von Charles Taylor, für den «mutual recognition» (gegenseitige Anerkennung)[28] gesellschaftlich notwendig ist, worunter er mehr als «respect» versteht oder Toleranz, ein Wort, das zu oft nobel Gleichgültigkeit verdeckt. In Österreich lehnen Evangelische Toleranz ab, denn sie haben lang genug erfahren, was es heisst toleriert, also geduldet zu werden.

27 Ebd. 91.
28 Vgl. *Taylor*, Multiculturalism.

Die notwendigen Schritte in Richtung einer «Kultur gegenseitiger Anerkennung», innerhalb derer Wertschätzung erfahren und gelernt werden kann, muss jede Schule angesichts ihrer jeweiligen Besonderheiten – auch im Rahmen von Schulentwicklungsprozessen – setzen. Ohne wertschätzende Thematisierung der Anderen – auch im Religionsunterricht – wäre dies aber nicht möglich.

Der Lehrplan 97 in Norwegen verlangt für das Fach «*Religious knowledge and ethical education*», der multireligiöse Charakter Norwegens solle durch das «Markieren» von religiösen wie nicht-religiösen Festen gezeigt werden, wobei «markieren» nicht bedeutet, einfach darüber zu unterrichten. Das Feiern dieser Feste selbst wird als Aufgabe des jeweiligen Elternhauses und religiösen Gemeinschaft gesehen. Ein Fest «markieren» könnte einen Beitrag zu einer Kultur gegenseitiger Anerkennung leisten. Den Kindern der jeweiligen religiösen Gemeinschaft ermöglicht es, die Schule als *ihre* Schule zu erfahren, da sie ja positiv, wertschätzend aufnimmt, was Teil ihrer Lebenswelt ist, und den anderen erschliesst es einen Zugang zur Welt ihrer Mitschülerinnen und Mitschüler.

Selbstverständlich wird jede Religion einen exklusiven Kern haben, der um des je eigenen Wahrheitsanspruchs willen nicht aufgehoben werden kann und aus Respekt vor der einzelnen Person, ihrer Würde und Authentizität auch nicht aufgehoben werden darf. Dem gegenüber ist ein konfessioneller oder religiöser Exklusivismus zu unterscheiden, der andere dämonisiert und ihnen jeglichen Zugang zur Wahrheit und zum Heil abspricht. Das Zweite Vatikanische Konzil hat sich davon klar distanziert.

Alle Religionen haben jedoch Ansätze, die es ihnen ermöglichen, die anderen wertzuschätzen. So ist hier an Gottes Bund mit Noah (Gen 9) zu erinnern oder an Q 5:48:

> Für jeden von euch haben Wir eine Richtung und einen Weg festgelegt. Und wenn Gott gewollt hätte, hätte Er euch zu einer Gemeinschaft gemacht. Doch will er euch prüfen in dem, was Er euch zukommen hat lassen. So eilt zu den guten Dingen um die Wette. Zu Gott werdet ihr allesamt zurückkehren, dann wird Er euch kundtun, worüber ihr uneins ward.

Erwähnt sei auch der hoch angesehene jüdische Gelehrte Maimonides: «Auch Christentum und Islam sind Werkzeuge Gottes, um das Kommen des Messias vorzubereiten.» Nach Joachim Gnilka ist für das Christentum Jesus «der Abrahamssohn schlechthin, weil es in ihm die Verheißung verwirklicht sieht». Daher solle das Christentum im Judentum zumindest seine Wurzeln «erkennen und im Islam jene sehen, die als Kinder Ismaels auch am Segen Abrahams teilhaben sollen».[29]

6.3 Bei der Erkundung der Wahrheit aufeinander angewiesen

Wer die Wahrheitsfrage grundsätzlich aus dem religiösen Lernen im Raum der Schule ausklammert, verhindert religiöse Bildung. Für unser Anliegen – der Hinweis stammt von Hans Zirker – ist eines der letzten Dokumente des Zweiten Vatikanischen Konzils vielleicht noch zu wenig beachtet worden, nämlich die «Erklärung über die Religionsfreiheit Dignitatis humanae». Sie behandelt die Würde der Person in der Gesellschaft und die Freiheit der Religion. In Art. 3 heisst es: «Die Wahrheit muß aber auf eine Weise gesucht werden [*inquirenda est*], die der Würde der menschlichen Person und ihrer Sozialnatur eigen ist, d. h. auf dem Wege der freien Forschung [*libera ... inquisitione*; gemeint ist also ‹Suchen›, ‹Erkunden›], mit Hilfe des Lehramtes oder der Unterweisung, des Gedankenaustauschs [*ope ... communicatione*] und des Dialogs, wodurch Menschen einander die Wahrheit, die sie gefunden haben oder gefunden zu haben glauben, mitteilen, damit sie sich bei der Erforschung der Wahrheit gegenseitig zu Hilfe kommen; an der einmal erkannten Wahrheit muß man mit personaler Zustimmung festhalten»[30].

Hier wäre beispielhaft ein Modell von Dialog und der Identität (nicht nur?) des christlichen Religionsunterrichts beschrieben.

---

29 Vgl. *Gnilka*, Bibel 131.
30 Zit. nach *Zirker*, Interreligiöses 54f.

Die Anderen und das Andere, das Fremde und Befremdliche, das nicht leicht und sofort Verstehbare als etwas sehen, das zu denken gibt und die Frage nach dem Eigenen auslösen kann. Man wird dabei vielleicht auch befragt und infrage gestellt.

Die Bedeutung des Schabbat für Juden könnte die Frage nach dem Stellenwert des Sonntags aufkommen lassen, die Fastenpraxis der Muslime könnte die Frage nach der christlichen Fastentradition in Gang bringen.

7 Ausblick

Dass Verschiedenheit unterschiedliche Reaktionen auslöst von der Phobie bis zur Euphorie, ist Teil der gesellschaftlichen und individuellen Wirklichkeit. Es gibt keine «normale» Reaktion auf Verschiedenheit, zu different sind die einzelnen, ihre jeweilige Lebenssituation und die vorhandenen kulturellen Muster der Wahrnehmung. In Anlehnung an Erwin Ringel lässt sich sagen: «Der Mensch ist nicht für seine Gefühle verantwortlich, sondern für die Konsequenzen, die er daraus zieht.» Gefühle, die zugelassen werden, können zum Gegenstand einer Auseinandersetzung werden. Werden aber die realen Verstehens- und Verständigungsschwierigkeiten nicht respektiert und auch eigens thematisiert, bleiben alle unterrichtlichen Bemühungen letztlich wirkungslos.

Harmoniesüchtig?
Der begegnungspädagogische Ansatz leistet mit seinen Erzählungen, Festen, Kalendern, Gesprächen und Besuchen in Synagogen, Kirchen und Moscheen usw. einen unersetzbaren Brückenschlag. Doch exklusiv betrieben kann er illusionär sein, als ob Begegnung und Verstehen immer möglich wären, Konflikte möglichst umgangen, vermieden oder gar unterdrückt werden müssten. So kann etwa das oftmals empirisch festgestellte Harmoniebedürfnis im Raum der Grundschule auch zur Harmoniesucht werden.

Ronit Eisenberg, Tochter des Wiener Oberrabbiners, schrieb als Zehnjährige eine Einführung in das Judentum. Natürlich erzählt sie von den Festen und von der Tora, «unbekümmert» erwähnt sie aber zuerst die «Mitzwot (Gebote, die G`tt uns befohlen hat)», die Christen vielfach mehr als befremdlich erscheinen. Sie stellt das Schwere und schwer zu Verstehende, das in der Regel – vielleicht aus Sorge um mögliche Missverständnisse – zurück gestellt oder gar nicht erwähnt wird, an den Anfang. Und mit grösster Selbstverständlichkeit spricht sie die Probleme des Antisemitismus und der Judenfeindschaft an, mit denen sie selbst konfrontiert ist, schliesst aber dann mit der Bemerkung: «Das Leben in Wien ist manchmal schwer, aber niemand sagt, es ist nicht gut.»[31]

Von Ronit Eisenberg wurde ich wieder nachhaltig darauf hingewiesen, den unangenehmen und schwierigen Aspekten nicht aus dem Weg zu gehen, dass jede Tradition authentisch für sich selbst sprechen muss und wie wichtig es ist, die Welt und sich selbst mit der Brille der anderen sehen zu können.

Das wäre Interreligiöses Lernen. Und dafür sind wir unaustauschbar aufeinander verwiesen.

Literatur

Balser, Peter: Erste Schritte auf dem Weg zu einem integrativen oder interreligiösen Religionsunterricht an einer Frankfurter Schule, in: Theologica Practica 26 (1991), S. 207–213.

Drehsen, Volker: Die Anverwandlung des Fremden, in: *Van der Ven, J. A.; Ziebertz, Hans-Georg (Hg.):* Religiöser Pluralismus und interreligiöses Lernen. Kampen/Weinheim: Kok Pharos, 1994, S. 39–69.

Eisenberg, Ronit: Judentum, in: *Jäggle, Martin; Krobath, Thomas (Hg.):* Ich bin Jude, Moslem, Christ: Junge Menschen und ihre Religion. Innsbruck/Wien: Tyrolia, 2002, S. 96–113.

---

31 *Eisenberg*, Judentum 110.

Englert, Rudolf: Religionspädagogik in der Schule, in: *Schweitzer, Friedrich; Schlag, Thomas (Hg.):* Religionspädagogik im 21. Jahrhundert. Freiburg i. Br.: Herder 2004, S. 79–93.

Gnilka, Joachim: Bibel und Koran: Was sie verbindet, was sie trennt. Freiburg i. Br.: Herder, 2004.

Halik, Tomas: Europas Leib und Seele, in: Die Furche 23. Oktober 2003, Nr. 43, S. 7 (red. Auszug aus dem Vortrag «Europa und Abrahams Erbe», aus dem Engl. v. O. Friedrich).

Herzog, Wilhelm: Warum Religionen als Thema des Religionsunterrichts? Eine Motivanalyse am Beispiel der Sekundarstufe II, in: KatBl 105 (1980), S. 784.

Nipkow, Karl Ernst: Bildung in einer pluralen Welt. Bd. 2: Religionspädagogik im Pluralismus. Gütersloh: Chr. Kaiser/Gütersloher Verlagshaus 1998.

Peukert, Helmut: Bildung und Religion: Reflexionen zu einem bildungstheoretischem Religionsbegriff, in: *Dethloff, Klaus u. a. (Hg.):* Orte der Religion im philosophischen Diskurs der Gegenwart. Berlin: Pererga, 2004, S. 363–386.

Prengel, Annedore: Pädagogik der Vielfalt. Opladen: Leske & Budrich, ²1995.

Schlüter, Richard: Christliche Konfessionalität – prozessual und dialogisch, in: *Schreijäck, Thomas (Hg.):* Christwerden im Kulturwandel: Analysen, Themen und Optionen für Religionspädagogik und Praktische Theologie. Freiburg i. Br.: Herder 2001, S. 379–394.

Schlüter, Richard: Dem Fremden begegnen – eine (religions-)pädagogische Problemanzeige, in: *ders. (Hg.):* Ökumenisches und interkulturelles Lernen – eine theologische und pädagogische Herausforderung. Paderborn: Bonifatius, 1994, S. 27–53.

Sekretariat der Deutschen Bischofskonferenz (Hg.): Die bildende Kraft des Religionsunterrichts: Zur Konfessionalität des katholischen Religionsunterrichts / 27. September 1996. Bonn: Sekretariat der Deutschen Bischofskonferenz, 1996 (Die deutschen Bischöfe, Nr. 56).

Simpfendörfer, Werner: «Sich einleben in den größeren Haushalt der bewohnten Erde» – ökonomisches und ökologisches Lernen, in: *Dauber, H.; Simpfendörfer, Werner (Hg.):* Eigener Haushalt und bewohnter Erdkreis. Wuppertal: Peter Hammer, S. 64–93.

Sundermeier, Theodor: Erwägungen zu einer Hermeneutik interkulturellen Verstehens, in: *ders. (Hg.):* Die Begegnung mit dem Anderen: Plädoyers für eine interkulturelle Hermeneutik. Gütersloh: Gütersloher Verlagshaus 1991, S. 13–28.

Taylor, Charles: Multiculturalism and «The Politics of Recognition». Princeton: Princeton University Press, 1992, deutsch: *Taylor, Charles:* Multikulturalismus und die Politik der Anerkennung. Mit einem Beitrag von J. Habermas. Frankfurt a. M.: Fischer, 1993.

Tworuschka, Udo: Der Islam als Bestandteil deutscher Religionstradierung, in: *Bukow, Wolf-Dietrich; Yildiz, Erol (Hg.):* Islam und Bildung. Opladen: Leske & Budrich, 2003, S. 37–48.

Tworuschka, Udo: Methodische Zugänge zu den Weltreligionen: Einführung für Unterricht und Studium. Frankfurt a. M.: Diesterweg, 1982, S. 83–89.

Ziebertz, Hans-Georg: Identitätsfindung durch interreligiöse Lernprozesse, in: RpB 36 (1995), S. 83–104.

Ziebertz, Hans-Georg: Religionspädagogik als empirische Wissenschaft. Weinheim: Deutscher Studienverlag, 1994.

Zirker, Hans: Interkulturelles Lernen – im Verhältnis zum Islam, in: RpB 28 (1991), S. 17–40.

Zirker, Hans: Interreligiöses Lernen aus der Sicht katholischer Kirche und Theologie, in: *Rickers, Folkert; Gottwald, Eckart (Hg.):* Vom religiösen zum interreligiösen Lernen. Neukirchen: Neukirchner Verlag, 1998, S. 51–69.

Reto Wehrli

Schweizerkreuz und Halbmond – eine aktuelle politische Betrachtung

Einleitung

Es ist nicht selbstverständlich, aber überaus wertvoll, dass sich Wissenschaft und Politik ins Gespräch setzen, zumal zu diesem Thema.

«Christentum und Islam als öffentliches Thema in Europa», Titel der heutigen Tagung, berührt Grundsätzliches, Absolutes und – consecutio temporum? – seit rund zwei Jahren auch die schweizerische Politik. Ich werde trotzdem versuchen, titelgemäss zu referieren.

Das fordert einiges; manches werde ich nicht erfüllen können. Bitte erwarten Sie jedenfalls von mir nicht – wie es vielleicht in der Natur, eher aber in der medial konditionierten Verwertung heutiger Politik liegt – eine Kette positiver Botschaften, immer Glasklares, Eindeutiges und Skandiertes. Ich sage Ihnen ganz offen: Zu vieles liegt für mich selber im Zweifel, zu vieles weiss ich schlicht nicht. Und vor allem: In manchen Fragen leuchtet mir das Sowohl ein und eben auch das Auch. Sollte sich jetzt bereits der Vorwurf in Ihnen regen, das sei nun typisch CVP, so gebe ich Ihnen sofort recht. Nicht weil taktische Klugheit dies rät, sondern weil ich mit dem Bekenntnis eigener Unzulänglichkeit beim heutigen Thema sehr gut leben kann, leben muss. Ich verbinde das Eingeständnis der Relativität meiner Standpunkte im vorliegenden

Zusammenhang eher mit angemessenem Respekt denn mit Mangel an Haltung.

Aktualität

Das Verhältnis von westlicher, moderner Gesellschaft und Islam war ausserhalb von Fachkreisen lange Zeit kein wahrnehmbares Thema. Namentlich die Politik hierzulande kann es sich nach mehreren hundert Jahren weitgehender Kriegs- und Katastrophenlosigkeit leisten, gewisse Felder unbeackert zu lassen. So auch dieses.

Zwar wurde Huntingtons «Clash of civilizations»[1] zur Kenntnis genommen, aber kaum öffentlich vertieft und vielleicht alleine als dialektisches Element bei der Rezeption der Thesen Fukuyamas[2] verstanden, als Teil einer diskursiven Pendelbewegung. Dieser, Fukuyama, hatte zu Anfang der 1990er Jahre wohl etwas frühzeitig das Ende der Geschichte ausgerufen, nachdem er den Fall der Berliner Mauer bzw. die damit verbundene Epoche als Schlussphase der Entwicklung politischer Systeme diagnostiziert hatte.

Das alles ist fast 20 Jahre her. Seither hatten wir – die Aufzählung bleibt unvollständig – den ersten Irakkrieg, diverse Anschläge auf amerikanische Institutionen, 9/11, Afghanistan, den zweiten Irakkrieg, Madrid, London, die Mohammed-Karikaturen.

Parallel zu Krieg und Bombenterror hat sich ein neues, «ziviles» Spannungsfeld etabliert. So etwa, indem letztes Jahr eine Richterin in Frankfurt (Hessen) einer Deutsch-Marokkanerin, die zuvor von ihrem Ehemann misshandelt worden war, die nach deutschem Zivilrecht vorgesehene «schnelle» Scheidung verweigert und zur Begründung auf den Koran verwiesen hat.[3] Oder die «Kölner Rede» Erdogans, in der er seine Landsleute in Deutschland vor Assimilation warnt (diese verstosse gegen die Menschlichkeit)

1 Deutsche Übersetzung: *Huntington,* Kampf.
2 *Fukuyama,* Ende.
3 Vgl. Integration: Urteil erschüttert Deutschland, Neue Luzerner Zeitung Nr. 69, 23. März 2007, 9.

und die Errichtung türkischer Schulen im Gastland fordert.[4] Und schliesslich – fast zeitgleich – die Anregung des Erzbischofs von Canterbury, Rowan Williams, Primas von England, Oberhaupt der Anglikaner, die Einführung von Teilen des islamischen Rechts in Grossbritannien in Erwägung zu ziehen.

Die Diskussion in der Schweiz

Treten wir auf diese «zivile» Ebene ein und fragen uns, was sich diesbezüglich in der Schweiz bewegt. Ich konnte diese Entwicklung hautnah miterleben. Im Frühling 2005 haben wir uns im kleinsten Kreise der CVP (Christlich Demokratische Volkspartei) daran gemacht, ein Arbeitspapier zu verfassen, das sich den Fragen des Zusammenlebens mit den inzwischen über 300'000 Musliminnen und Muslimen in der Schweiz widmen sollte.

Basis war mehr oder weniger – ein Nichts. Damit meine ich: Bei AHV, IV, BVG, KVG – beispielsweise – verfügt das politische System Schweiz über ein breites Grundwissen, Erfahrung, Dokumente. Es beteiligen sich Betroffene, Verbände, Lobbys. Nicht so zum Thema Religionsfreiheit und Muslime in der Schweiz. Im politischen Betrieb (Parlament, Parteisekretariate usw.) fand sich kaum Know-how zum Thema; die Parteiprogramme waren ohne diesbezügliche Standpunkte. Auch verfügten wir nicht über vorbestehende Kontakte, wussten zunächst also nicht, wer anzusprechen sei.

Nach rund einjähriger Vorarbeit haben wir unser Papier zu «Religionsfreiheit und Integration – am Beispiel der Musliminnen und Muslime in der Schweiz» publiziert.[5] Dessen Thesen wurden breit aufgenommen und diskutiert. Sie lauten im Wesentlichen: Dialog

4 Siehe dazu: Reap Tayyip Erdogan: Assimilation ist ein Verbrechen gegen die Menschlichkeit. Rede am 10.02.2008 in Köln, www.sueddeutsche.de/politik/85/432834/text/ (31.03.2009).

5 Der Text des Positionspapiers der CVP, Schweiz, 28. April 2006, findet sich unter http://www.cvp.ch/de/documents/doc_docdetail---0--0--0--0-3976. html.

im Alltag / Segregation und Einrichtung von Parallelgesellschaften verhindern / mit Musliminnen und Muslimen sprechen, nicht bloss über sie / Vorrang der staatlichen Rechtsordnung / nur Rechtsstaatlichkeit garantiert Religionsfreiheit / Modernität und Islam sind keine Gegensätze.

Es ist durchaus interessant, welche Reaktionen, welche Reaktionsmuster dieser Publikation folgten.

Für die *Medien* war der «Stoff» ebenfalls neu. Dass umgehend und flächendeckend der verkürzende Begriff des «Muslime-» bzw. «Islampapiers» Verwendung fand, spricht Bände. Der Inhalt der Arbeit, insbesondere der dialogfördernde Ansatz, wurde teilweise beachtet; im Übrigen war man auf der Suche nach dem Konfliktpotential.

Die Spontanreaktionen in der *Bevölkerung* waren durchwegs positiv, die Bandbreite allerdings recht gross. Wahrscheinlich nicht gelesen hatten es jene, die dem Papier zugute hielten, dass «es denen endlich einmal jemand sagt». Die berufsmässigen Gesinnungsethiker hingegen störten sich daran, dass es ausgerechnet Vertreter der CVP wagten, sich mit Religion und Integration zu befassen. Schliesslich habe das katholische Milieu während Jahrzehnten ja auch Mühe bekundet mit dem modernen Bundesstaat und seiner Religionsfreiheit, hiess es von da.

Was meinten die politischen Parteien? In einem Wort: Sie wurden auf dem falschen Fuss erwischt.

Für die *FDP* – so die ersten Stellungnahmen – war es eine Religionsfrage. Und Religionsfragen hätten in der Politik nichts zu suchen, gingen den Staat nichts an, sondern seien Privatsache. Etwas später wurde auf das Anliegen eingetreten, der Akzent auf die Notwendigkeit der Integration gelegt und ein diesbezüglicher parlamentarischer Vorstoss eingereicht.

Die *SP* befasste sich mit der Frage nicht. Sie verweist auf die Notwendigkeit einer besseren Integration und den grundsätzlichen Zusammenhang mit der Sozialen Frage.

Die Stadtluzerner Sektion der *SVP* preschte mit der Idee vor, Musliminnen und Muslime die Einbürgerung zu verbieten.

Öffentlich wurde darauf insgesamt nicht vertieft eingegangen, jedoch gab es breite Unterstützung für die zwischenzeitlich zu internationaler Berühmtheit gekommene Minarett-Initiative. Tatsächlich besteht sie aus dem einen Satz: «Der Bau von Minaretten ist verboten.» Sollten die nötigen 100'000 Unterschriften bis Ende spätestens 2008 beigebracht werden, so wird das Parlament auf Antrag des Bundesrates entscheiden müssen, ob die Initiative Volk und Ständen zur Abstimmung unterbreitet werden darf. Im Schaufenster der medialen Weltöffentlichkeit wäre alsdann zu erörtern, ob das Anliegen gegen zwingendes Völkerrecht verstösst oder sonst eine übergeordnete Norm verletzt. Heute schon ist klar, dass sich die eidgenössischen Räte in einer ausserordentlich heiklen Ausgangslage befinden werden.

Denn *bei Gültigerklärung* der Initiative wird die organisierte Global-Empörung – bar jeder Kenntnis helvetischer Fein- und Besonderheiten in Politik und Recht – über unser Land brechen. *Bei Ungültigerklärung* werden die Initianten schwerste Vorwürfe erheben und den verantwortlichen Behörden die Missachtung von Volk, Demokratie und Vaterland vorwerfen.

Das positive Zwischenfazit lautet: In der Schweiz bricht kein Religionskrieg aus. Allerdings, so die ernüchternde Seite der Medaille: Schien vor zwei Jahren während kurzer Zeit die Grundlage für eine sachliche Auseinandersetzung gegeben, so driftet der helvetische politische Diskurs tendenziell ab in Zweitrangigkeit und Simplifikation.[6]

---

6   Am 1. Mai 2007 wurde die eidgenössische Volksinitiative «Gegen den Bau von Minaretten» lanciert und am 8. Juli 2008 mit 113'540 gültigen Unterschriften eingereicht. Die Bundeskanzlei hat mit Verfügung vom 28. Juli 2008 das Zustandekommen der Initiative festgestellt. National- und Ständerat empfehlen Volk und Ständen (nach den Beratungen im März und Juni 2009) die Ablehnung der Initiative. http://www.parlament.ch/d/suche/seiten/resultate.aspx?query=08.061.

Westliches Defizit

Nicht nur dass der praktisch-faktische Untergrund fehlte und fehlt, auf dem schweizerische Politroutine sich entfalten könnte. Weit darüber hinaus besteht im gesamten westlichen Kulturkreis ein wahrnehmbares Defizit. Will heissen: viel mehr offene Fragen als gesicherte Antworten, zum Beispiel:

- Die Grundfragen: Was ist der Islam? Gibt es «den Islam» überhaupt?
- Ist der Islam eine Gefahr? Oder ist es der Islamismus? Und wo genau liegt der Unterschied zwischen diesen Begriffen?
- Sind die Muslime daran sich zu *integrieren* – oder müssen wir, ganz im Gegenteil, eine Separationstendenz konstatieren?
- Wie können Dialoge stattfinden? Sollen sie staatlich gefördert werden?
- Lösen sich die anstehenden Fragen von selbst, wenn wir nur lange genug warten können, dass sie es tun? Also: *aktiv* werden oder aussitzen?

Hoffnung als Sublimierung

Lassen Sie mich versuchen, den Hintergrund dieser relativen europäischen Sprachlosigkeit zu fassen, eine Sprachlosigkeit übrigens, die mir manchmal wie eine *stumme Hoffnung* erscheint:

Zunächst mit Rückblick auf die Geistesgeschichte, mittels eines Allgemeinverweises auf die *Aufklärung*, diese in einem durchaus klassischen Sinne verstanden als Abwendung der westlichen Gesellschaften von den christlich-mittelalterlichen Lebenswelten und Lebenshaltungen; dass sich der Mensch – in Anlehnung an Kant – auch in Religionsdingen selbst seines Verstandes bediene, ohne fremde Leitung.

Wir gehen davon aus, wir seien aufgeklärt (was allerdings noch zu beweisen wäre) und hoffen, der Islam, die islamischen Staaten, die Muslime seien es zwar noch nicht, würden es aber alsbald werden. In salopper Formulierung: Vor-Aufklärung meets

Postmoderne, in der Hoffnung, *diese* Geschichte werde kausal verlaufen und ganz im Sinne einer glücklichen Wiederholung. Dass nämlich islamische Gesellschaften sich – nach dem Muster der europäischen Entwicklung seit dem 18. Jahrhundert – von ihrem theokratischen oder theokratieähnlichen Überbau emanzipieren und wir – Orient und Okzident – dann am glücklichen Ende der Entwicklung quasi auf gleicher geistesgeschichtlicher Augenhöhe stünden, womit sich die Gegensätze in aufgeklärter Luft aufgelöst haben würden.

Logische Folge dann: die *Religionsfreiheit*, echte Religionsfreiheit auch in muslimischen Ländern (und – nota bene – unter den bei uns lebenden Muslimen). Darunter verstanden ein Menschenrecht, eine Mehrfachgarantie von EMRK, verschiedenen nationalstaatlichen Verfassungen und UNO-Pakt II, eine Garantie, in welcher – so Jörg Paul Müller – die Erfahrung zum Ausdruck kommt, dass der Mensch in seinem Glauben einen wesentlichen Kern seiner Existenz erlebt, in welchem er vom Machtanspruch des Staates oder anderer sozialer Kräfte immer wieder bedroht ist und daher geschützt werden muss.[7] Die so konkretisierte Hoffnung also, dass wir uns dereinst unter dem schützenden, gemeinsamen Dach der Religionsfreiheit die Hand reichen können.

All dieses Hoffen ist legitim, es ist unterstützungswürdig, es ist menschlich, es ist gut und richtig – aber es gibt keinen vernünftigen Grund, darauf zu vertrauen. Vielmehr sind wir, die westlichen Gesellschaften, selbst zwar nicht religionsfrei, aber insgesamt religionsfern, dazu aufgerufen, Modelle zu entwickeln, die ein friedliches Zusammenleben möglich und wahrscheinlich machen.

Dabei wird immer wieder die Forderung laut, Reziprozität im Sinne einer völkerrechtlichen Verpflichtung zu installieren, etwa in dem Sinne, dass in Europa Moscheen (auch solche mit Minaretten) errichtet werden dürfen, sofern das gleiche Recht für den Bau christlicher Kirchen in islamischen Ländern gilt. Das Anliegen ist

---

7   Siehe dazu: *Müller*, Praxis.

verständlich, meines Erachtens aber so nicht realisierbar, weshalb ich hier auch nicht weiter darauf eingehe.

Nicht dieser zwischenstaatlichen, sondern unserer innerstaatlichen Verfassung gilt deshalb mein Augenmerk.

Suche nach einem möglichen Leitfaden

Wenden wir uns wieder der Schweiz zu. Wie könnte hierzulande die Diskussion weitergeführt werden. Was können mögliche Orientierungsgrössen sein?

Ausgangspunkt bildet meines Erachtens die Feststellung, dass die Schweiz kein Land ist, das sich durch seine Kultur definiert. Die tatsächlichen Leistungen unseres Landes sind politischer Natur: die Kunst des politischen Kompromisses, die Ablehnung der Machtballung bei Einzelpersonen und die überproportionale Förderung der Minderheiten. *Das* ist das Genie der Schweiz, darauf dürfen wir bauen. Erfolg versprechend könnte also ein Weg sein, der an eigene positive historische Erfahrungen, an Bekanntes auch aus dem aktuellen Instrumentarium unserer politischen Koexistenz anknüpft.

Gibt es eine Basis, einen uns bekannten roten Faden, den wir für die Weiterentwicklung der Diskussion in der Schweiz fruchtbar machen können? Ich glaube ja – und denke dabei an die Erfahrung, die die von konfessionellen Konflikten geprägte Schweiz seit Mitte des 19. Jahrhunderts gemacht hat; im speziellen an die Ausbildung des Verhältnisses von Katholiken und Protestanten in unserem Land.

Die Integration des katholischen Milieus

Lassen Sie mich bitte ausgehen von der Entwicklung der Glaubensgemeinschaft, der ich selbst angehöre. In der römisch-katholischen Kirche galt bis zum 2. Vatikanum die *societas perfecta*-Lehre. Der Katholizismus regelte die ganze Lebenswelt; es herrschte Einheitsdenken. Den Staat brauchte es nach diesem

Verständnis grundsätzlich nicht, sondern er war lediglich ein Faktum der Umwelt.[8]

Das 2. Vatikanum, besonders im Dokument «Lumen gentium», hat einen Paradigmenwechsel gebracht: Die Kirche ist in der Welt, und diese besteht auch aus (modernen) Staaten. Die Kirche hat ihre Mission in der Welt von heute, aber keine theokratischen Ambitionen mehr. Sie beschränkt sich darauf, im demokratischen Rechtsstaat mit- und auf diesen einzuwirken. Verfügbar sind die im demokratischen Rechtsstaat zugelassenen Instrumente, namentlich die Vereins-, Meinungsäusserungs- und Organisationsfreiheit.

Zentral war und bleibt die Anerkennung der Religionsfreiheit.[9] Dieser Schritt der römisch-katholischen Kirche stand nicht am Anfang, sondern beinahe am Ende der gesellschaftlichen und politischen Integration des katholischen Milieus in unserem Land. Zuvor galt eine weitverbreitete Abneigung gegen alles Ultramontane, was zu einer nicht völligen, aber spürbaren Ausgrenzung des Katholischen führte, sei es in Politik, Bundesverwaltung, Wirtschaft oder bei der Vergabe hoher Militärposten.

Andererseits widerspiegelt das Abstimmungsverhalten meines Wohnkantons, Schwyz, bis heute die Distanz eines Sonderbundkantons zu Bern, «Bern» als eine Metapher für Obrigkeit und Fremdbestimmung. Bekannte politische Wegmarken bei der Integration des katholischen Milieus waren die Wahl des ersten katholisch-konservativen Bundesrates im Jahre 1891 oder die Verwendung der sogenannten Zauberformel[10] ab dem Jahre 1959 bei der Besetzung des Bundesrates.

8   Siehe für den zeit- und theologiegeschichtlichen Hintergrund: *Hünermann*, Kommentar 271–291.

9   Zur Frage der Religionsfreiheit aus kirchlicher und theologischer Sicht siehe *Zweites Vatikanisches Konzil*: Erklärung über das Verhältnis der Kirche zu den nichtchristlichen Religionen «Nostra aetate», (28. Oktober 1965), und *dass.*: Erklärung über die Religionsfreiheit «Dignitatis humanae» (7. Dezember 1965).

10   Aufteilung der sieben Bundesratssitze auf die einzelnen Parteien nach folgendem Schema: zwei Freisinnige, zwei Konservativ-Christlichsoziale (heute CVP), zwei Sozialdemokraten und ein Vertreter der Bauern-, Gewerbe- und Bürgerpartei (heute SVP).

Heute gibt es vielleicht noch Restanzen des ehemaligen katholischen Milieus, aber nicht mehr dessen Ausgrenzung.

Musliminnen und Muslime in der Schweiz

Die religiöse Überzeugung in den muslimischen Ländern ist nach meiner Wahrnehmung in weit höherem Masse vorhanden als in den Ländern des seit kurzem wieder beschworenen christlich-abendländischen Kulturkreises. Und auch bei Muslimen, die hier unter uns leben, scheint der Erosionsprozess religiöser Überzeugungen weniger stark fortgeschritten als bei den Christen in Europa. Tatsächlich gibt es einen sichtbaren Gegensatz von Individualismus des Westens und Kollektivismus des Islam (Familiensinn, Clandenken, Glaubensgemeinschaften mit ihren religiösen Kulten und Bräuchen). Angesichts dessen meint Papst Benedikt XVI. wohl nicht ganz zu Unrecht, was den Islam provoziere, sei die Ungläubigkeit des Westens.

Potentielle Konfliktlinien waren lange Zeit nicht sichtbar. Das ändert sich, seit die Zahl der Musliminnen und Muslime in der Schweiz zunimmt. Waren diese bis in die 1970er Jahre kaum sichtbar, so lässt sich seit rund einem Viertel Jahrhundert eine deutliche Änderung belegen. Immer mehr Muslime wohnen legal in unseren Profangesellschaften, in der Schweiz heute zwischen 4 und 5 %, bei einer Gesamtbevölkerung von rund 7,7 Millionen. Zumindest für den Aussenstehenden bietet der organisierte Islam ein diffuses Bild. Dies, auch wenn man den Islam weder als monolithischen Block versteht noch mit den Strukturen der christlichen Kirchen vergleicht.

Grundlage: schweizerische Rechtsordnung

Was heisst das für Politik und Recht? Die Ausgangslage ist meines Erachtens denkbar einfach, weil – im Kern – ohne Alternative: Wir müssen uns an unsere eigenen Vorgaben halten. Demokratie, Grundrechte, Schutz der Freiheit, Sicherheit, Rechtsstaatsprinzip.

Das impliziert: Alle sich legal in unserem Land aufhaltenden Personen können sich auf alle Rechte unserer Rechtsordnung berufen, müssen aber auch alle Pflichten unserer Rechtsordnung erfüllen.

In diesem Rahmen, im Rahmen unserer Rechtsordnung und nur in diesem Rahmen, müssen alle Fragen gelöst werden. Lassen Sie mich in Stichworten auf dieser Grundlage auf einige ausgewählte Aspekte hinweisen, die wir bereits in unserem CVP-Grundsatzpapier über Religionsfreiheit und Integration angesprochen und in weiteren Publikationen konkretisiert haben:

- Religionsfreiheit: freie Ausübung des Glaubens als Selbstverständlichkeit; andererseits aber auch keine Nötigung, einem bestimmten Glaubensbekenntnis anzugehören und Garantie der religiösen Mündigkeit (Art. 15 BV);
- die Gleichstellung von Mann und Frau als unverhandelbare Position; also keine Zwangsehen in der Schweiz und keine Anerkennung von Zwangsehen durch die Schweiz (450 im Kanton Bern im Jahre 2000);
- Schule und Unterricht: vollwertige Akzeptanz von Lehrkräften beider Geschlechter; allgemeine Schulpflicht für alle und alle Schulstunden und Schulanlässe; gleicher Zugang zu Bildung;
- Bekleidung: Freiheit, aber keine Einschränkung der Identifizierbarkeit der Person;
- nicht nur über Muslime reden, sondern mit ihnen; das soll sich namentlich auf den Kontakt mit Imamen und deren Tätigkeit beziehen; vorrangig aufgerufen sind die Vertreter der verschiedenen Bekenntnisse, auf muslimischer Seite namentlich die zweite Migrantengeneration, der eine besondere Reflexions- und Brückenaufgabe zukommt;
- dabei die gemeinsame Verhinderung des Aufbaus von Parallelgesellschaften, also keine Einrichtung eigener Rechtsprechung, keine Installierung alternativer ökonomischer Systeme, Arbeitsmärkte und Wohnwelten, dafür Aufrechterhaltung der Kommunikation mit der Mehrheitsgesellschaft;

- Dialog darüber, was über das Rechtliche hinaus zum Grundbestand der schweizerischen Landeskultur gehört und inwiefern der kulturelle Hintergrund von Migranten eine Bereicherung für die Schweiz bedeutet;
- gutschweizerischer Tradition folgend: die Beachtung der Subsidiarität, in concreto das Belassen eines möglichst grossen Spielraums bei Gemeinden und Kantonen; diese sind nach wie vor (primär) zuständig für Religion, Schule und Raumplanung; in einem Worte: der Stadt Genf soll es möglich sein, für gleiche Fragen andere Regelungen zu treffen als der Kanton Uri;
- Religionsfreiheit auch als Schutz- und Abwehrrecht; im Sinne zulässiger Einschränkungen gemäss Europäischem Gerichtshof für Menschenrechte: demnach kann der Staat Vorschriften über die Anerkennung von Religionsgemeinschaften erlassen und prüfen, ob sie etwa unter dem Deckmantel ihres Bekenntnisses Aktivitäten entfalten, die der Bevölkerung oder der öffentlichen Sicherheit schaden; nur wer bestimmte Anforderungen erfüllt, kann als friedlich gelten und ohne Eingriffe des Staates wirken; der Staat muss indes seine Regelungen neutral und unparteiisch treffen;
- infolgedessen sei beispielsweise zu prüfen, ob muslimischen Religionsgemeinschaften das Recht auf Kirchensteuer eingeräumt werden kann; im Gegenzug hätte sich die muslimische Religionsgemeinschaft in der Schweiz erstens zu organisieren und zweitens so zu organisieren, dass sie ein verlässlicher Partner des Staates und der Profangesellschaft wird (ähnlich wie es den christlichen Kirchen in unseren Verfassungen ja auch aufgedrängt wurde, sich nach demokratischen Prinzipien zu organisieren, Rechtsschutz zu gewährleisten etc.);
- und schliesslich muss die Frage offen bleiben, ob die Einwanderungspolitik zu überdenken sei; in dem Sinne, dass Personen, bei denen die Integration in die schweizerische Profangesellschaft von vornherein als unmöglich oder schwierig erscheint, nicht zur Einwanderung zuzulassen sind.

Interessant werden solche Fragen, dies nur am Rande, wenn eine Gegenüberstellung zu christlichen Pendants erfolgt, zum Beispiel Minarett zu Kirchturm, Kopfbedeckung zu Ordenskleid von Klosterfrauen.

Noch einmal. Wir sind im Wesentlichen ohne Alternative. Setzen wir auf die verfassungsrechtlich verankerten Grundrechte und ihr Integrationspotential. Treten wir ein für einen intensiven und respektvollen Dialog. Dagegen wird niemand seine Stimme erheben. Soll daraus keine naive Platitude resultieren, wird man indes nur mit denen guten Willens in einen echten Dialog treten können und wollen. Diese Bedingung gilt für alle Seiten. Und es ist immer wieder die Frage zu stellen, ob die, die guten Willens sind, Kontrolle haben über jene, die es nicht sind. Dialog im Übrigen als notwendige, aber nicht hinreichende Grundlage.

Zum Schluss fasse ich folgende Punkte zusammen:
1. Die politische Diskussion in der Schweiz hat erst begonnen.
2. Als historischer Erfahrungsschatz kann die Integration des katholischen Milieus dienen sowie die Anerkennung der Grundrechte durch die christlichen Kirchen.
3. Es gibt nur einen Rahmen, in dem wir diskutieren und in dem wir Lösungen festlegen können: der freiheitliche, demokratische Rechtsstaat.

Leben wir in der bestmöglichen aller Welten? Ernsthaft bejahen werden wir diese Frage nur gemeinsam können – über die Grenzen von Religionen und Staaten hinaus. Was dann wäre: so etwas wie eine profane Theodizee unserer Tage.

Literatur

Europäische Menschenrechtskonvention. Handkommentar. Hg.: Jens Meyer-Ladwig. Baden-Baden: Nomos, [2]2006.

Fukuyama, Francis: Das Ende der Geschichte. Wo stehen wir? Aus dem Amerik. übersetzt von Helmut Dierlamm. München: Kindler, 1992.

Hünermann, Peter: Theologischer Kommentar zur dogamtischen Konstitution über die Kirche, in: *ders.; Hilberath, Bernd Jochen (Hg.):* Herders Theologischer Kommentar zum Zweiten Vatikanischen Konzil. Bd. 2. Freiburg i. Br.: Herder, 2004, S. 263–586.

Hünermann, Peter; Hilberath, Bernd Jochen (Hg.): Herders Theologischer Kommentar zum Zweiten Vatikanischen Konzil. Bd. 1. Freiburg i. Br.: Herder, 2004.

Huntington, Samuel P.: Der Kampf der Kulturen. Die Neugestaltung der Weltpolitik im 21. Jahrhundert. Wien: Europaverlag, [5]1997.

Müller, Jörg Paul u. a. (Hg.): Praxis des Völkerrechts. Bern: Stämpfli, [3]2001.

André Ritter

Schriftbezug und Schriftverständnis im Kontext des christlich-islamischen Dialogs

1 Vorbemerkungen zur Aktualität der Themenstellung

Selten hat eine Vorlesung so viel Aufmerksamkeit gefunden in aller Welt wie die des Papstes am 12. September 2006 in Regensburg. So ist in der Tat bemerkenswert, dass nur einen Monat später 38 muslimische Führer Benedikt XVI. in einem offenen Brief geantwortet haben. Sie sprechen für einen nicht unerheblichen Teil des Islams, und ihr kritisches Wort hat Gewicht.

Denn sie halten sich nicht bei unverbindlichen Höflichkeiten auf und scheuen bei allem Respekt nicht Widerspruch und Kritik. Zu Recht erinnern sie an die globale Verantwortung, die Christen und Muslimen allein schon auf Grund ihres jeweiligen Anteils an der Weltbevölkerung zukommt. Ihr können beide nur gerecht werden, wenn sie sich zumuten, über das zu sprechen, was sie im Innersten religiös bewegt, gerade ihrer gesellschaftlichen Verantwortung wegen.[1]

Vor allen anderen theologischen Sachfragen gilt dies insbesondere für unsere Frage des Schriftbezugs bzw. der Schriftauslegung. Nicht zufällig sagen Muslime seit alters über Juden und Christen anerkennend, sie seien wie sie «Leute der Schrift» (vgl. Q 3:64 u. ö.). Diese Charakterisierung ist nicht falsch, doch sie bedarf aus christlicher

---

1 Vgl. zur Sache jüngst auch *Bernhardt,* Wahrheit.

Sicht einer wichtigen Präzisierung: Zwar verstehen auch Christen die Bibel als «Wort Gottes». Dennoch steht im Zentrum des biblisch-christlichen Glaubens nicht die Heilige Schrift als Schriftkanon allgemein, sondern Person und Werk Jesu Christi als der massgeblichen «Mitte der Schrift».[2]

In diesem spezifischen Sinne ist das Christentum – recht verstanden – also erst in zweiter Linie eine «Schriftreligion». Jesus Christus ist die Offenbarung Gottes, die Bibel enthält die Antwort der massgebenden Glaubenszeugen darauf. Sie ist für Christen Gottes Wort in Menschenwort, während Muslime den Koran als direkte, von menschlichem Einfluss freie Offenbarung Gottes glauben. Pointiert ausgedrückt: Was für sie der Koran ist, ist für Christen eher Christus als die Bibel. Die menschliche Ausdrucksform des göttlichen Wortes darf nicht mit diesem selbst gleichgesetzt werden. Dieser theologische Vorbehalt erlaubt es, die Geschichtlichkeit der Bibel ernst zu nehmen, ohne ihr Gewicht als Glaubensurkunde preiszugeben. Dementsprechend können Christen zwischen dem bleibend verbindlichen Gehalt und der zeitbedingten Ausdrucksform unterscheiden, biblische Texte und Aussagen der Tradition von ihren Entstehungsbedingungen her historisch-kritisch analysieren und dadurch neu verstehen.

Gerade darin liegt wohl ein wichtiger Schlüssel zur Reformfähigkeit einer jeden Religion, ja zur Eröffnung eines aufrichtigen interreligiösen Dialogs überhaupt. Das mag vielleicht die einen oder anderen überraschen. Mancher mag denken, eine derartige fundamentale Unterscheidung im Schriftverständnis sei (doch

2 Dies folgt nicht nur einem wichtigen Anliegen gesamtbiblischer Theologie, sondern darüber hinaus auch einer grundlegenden Einsicht hermeneutischer Theologie, wie sie beispielsweise in der ersten These der Barmer Theologischen Erklärung 1934 zum Ausdruck gebracht wird: «Jesus Christus, wie er uns in der Heiligen Schrift bezeugt wird, ist das eine Wort Gottes, das wir zu hören, dem wir im Leben und im Sterben zu vertrauen und zu gehorchen haben. Wir verwerfen die falsche Lehre, als könne und müsse die Kirche als Quelle ihrer Verkündigung ausser und neben diesem einen Worte Gottes auch noch andere Ereignisse und Mächte, Gestalten und Wahrheiten als Gottes Offenbarung anerkennen.» (zit. nach *Burgsmüller/Weth*, Barmer Theologische Erklärung 34).

nur) ein innertheologisches Problem, das für die Gesellschaft ohne Bedeutung sei. Weit gefehlt! Das zeigt zugleich die Entstehung des Begriffs Fundamentalismus. Er ist zunächst nicht, wie man denken könnte, zur Charakterisierung bestimmter Richtungen im Islam geprägt worden. Man hat damit bestimmte Kreise innerhalb des (US-amerikanischen) Protestantismus bezeichnet, die auf einem wortwörtlichen, zeitenthobenen Verständnis der Bibel bestanden.

Denn im jeweiligen Verständnis von Schrift und Tradition werden die entscheidenden Weichen gestellt für die Fähigkeit einer Religion, sich zu verändern und in einen Dialog einzutreten. Dies haben wir als Wirkung der Reformation übrigens zunächst im Verhältnis der verschiedenen christlichen Kirchen und Konfessionen mühsam lernen müssen. Hier entscheidet sich schliesslich die Vereinbarkeit von überlieferter Religion und moderner Kultur, also die Möglichkeit einer Inkulturation. Ohne Klärung der hermeneutischen Grundfragen kann und wird eine Auseinandersetzung mit den Herausforderungen der modernen Welt nämlich nicht gelingen.

Diese Ausgangsthese soll im Folgenden nun in zwei Argumentationsschritten verdeutlicht werden, zunächst die theologische Brisanz und Relevanz unserer Frage nach Schriftbezug und Schriftverständnis und daran anschliessend der aus evangelischer Sicht gerade von der Schrift her gebotene Zusammenhang von Glaube, Vernunft und Freiheit.

2 Die theologische Brisanz und Relevanz unserer Frage nach Schriftbezug und Schriftverständnis

Gerade weil Christen ein Lied davon zu singen wissen, dass das ganz und gar nicht einfach ist, ja, dass es eines langen und auch leidvollen Weges bedarf, bis die historisch-kritische Methode der Schriftauslegung allgemein und offiziell anerkannt wird, drängen sie nun auch ihre muslimischen Nachbarn zur Klärung ihres Schriftbezugs bzw. Schriftverständnisses im Kontext des christlich-islamischen Dialogs. Die Erfahrung jedenfalls lehrt uns, dass das

«Säurebad historischer Kritik» die Heilige Schrift nicht «zerfressen» muss, sondern den Zugang zu ihrem Verständnis «reinigen» und auf zielführende Weise klären helfen kann. Dazu schreibt beispielsweise Fakhri Saleh, Kulturredaktor der jordanischen Zeitung Al-Dustur, in seinem kritischen Beitrag «Die Hermeneutik des Korans»:

«Immer wieder sind in den letzten Jahren arabische Reformdenker an die Öffentlichkeit getreten, die neue Interpretationsansätze für den Koran aus dem historischen Kontext seiner Entstehungszeit herzuleiten versuchen. Sie beziehen die politischen und ideologischen Konflikte, die nach dem Tod Mohammeds zur Aufspaltung seiner Anhänger führten, in ihre Analysen mit ein und schenken den Interessenlagen ihr Augenmerk, welche die Koraninterpretation während der omaijadischen und der abbasidischen Epoche regieren. Diese modernen Lesarten, die den Koran als linguistisches und historisches Dokument wahrnehmen und den Umständen seiner Entstehungsgeschichte und Niederschrift Rechnung tragen, stiessen jedoch auf Widerstand: Das belegen Schicksale von Denkern wie Nasr Hamid Abu Zaid, Sayyid Mahmud al-Qimni oder Hassan Hanafi. Abu Zaid lebt seit 1995 im niederländischen Leiden im Exil, nachdem er in Ägypten aufgrund seiner fortschrittlichen Lehren wegen Apostasie angeklagt und zur Zwangsscheidung von seiner Frau verurteilt worden ist. Sayyid al-Qimni wagte es, die gängige Darstellung der islamischen Frühzeit in Mekka und Medina zu dekonstruieren, und wurde daraufhin vom ägyptischen Islamischen Jihad mit Todesdrohungen bedacht. Hassan Hanafi hat erst unlängst bei einer Vorlesung in der Bibliotheca Alexandrina für ein metaphorisches Verständnis der Attribute Allahs plädiert und wurde daraufhin der Blasphemie bezichtigt.»[3]

Muslime, die diese Herausforderung annehmen und auch trotz bekannter Widerstände dieses Wagnis nicht scheuen, sind – so scheint es jedenfalls – weltweit noch in der Minderheit und brauchen unser aller Ermutigung. Denn sie nehmen einen

3 *Saleh*, Hermeneutik.

beschwerlichen Weg auf sich, der keiner Religion erspart bleibt, den übrigens auch Christen längst noch nicht ausgeschritten haben. Solange man sich gegen ihn sperrt, wird man weiterhin mit einzelnen, aus dem Zusammenhang gerissenen Schlagwörtern der heiligen Schriften aufeinander einschlagen oder Befreiungsschläge versuchen.

Die Verbindung von Glauben und Vernunft – darauf hat der Ratsvorsitzende der EKD Bischof Wolfgang Huber unmittelbar im Anschluss an die Regensburger Vorlesung mit allem Nachdruck hingewiesen – sie «gehört zu den bestimmenden Merkmalen des Protestantismus. Für manchen mag das dadurch verdunkelt sein, dass der Reformator Martin Luther sich unter Einsatz all seiner polemischen Kraft gegen einen Herrschaftsanspruch der Philosophie über die biblische Botschaft zur Wehr setzte und dabei auch vor der Rede von der ‹Hure Vernunft› selbst nicht zurückschreckte»[4].

Doch unbeschadet dessen war Luther, «ebenso wie auch die anderen Reformatoren, zutiefst von der Überzeugung bestimmt, dass die Vernunft mit all ihrem Vermögen der Erkenntnis der biblischen Wahrheit zu dienen habe. Schon der junge Luther erklärte deshalb in seinem Kommentar zum Römerbrief, dass die Vernunft ‹für das Beste› eintrete und ‹gute Werke› tue. Und der höchste Titel, den er für sich selbst gelten ließ, war derjenige eines ‹Doctors der Heiligen Schrift›. Damit bahnte die Reformation der Ausbildung der Theologie zu einer kritischen Wissenschaft im modernen Sinn ebenso den Weg, wie sie die [genuine] Verbindung von Glauben und Bildung in das Zentrum des kirchlichen Auftrags rückte.»[5]

Dementsprechend konzentriert sich christlicher Glaube in seiner evangelischen Gestalt darauf, «dass Jesus Christus die Wahrheit des Evangeliums in Person ist. Diese Wahrheit befreit den Menschen

---

4 *Huber*, Glaube 1. Darüber hinaus ist aber inzwischen auch auf die nicht unumstritten gebliebene Kontroverse seit der Publikation der jüngsten EKD-Handreichung «Klarheit und gute Nachbarschaft. Christen und Muslime in Deutschland» zu verweisen; vgl. dazu auch *Micksch*, Evangelisch.

5 *Huber*, Glaube 1.

aus der Selbsttäuschung, er verdanke sein Leben sich selbst und könne ihm aus eigener Kraft einen bleibenden Sinn verleihen. Sie verankert die Würde des Menschen in der Wirklichkeit Gottes und somit in einer Macht, die größer ist als er selbst; nur deshalb kann diese Würde als unantastbar gelten. Deshalb konzentriert sich die evangelische Gestalt des christlichen Glaubens seit Reformation und Aufklärung wesentlich auf das Thema der christlichen Freiheit; die evangelische Kirche versteht sich als Kirche der Freiheit.»[6] Was folgt für Wolfgang Huber nun daraus? Zum einen nötige uns der Zusammenhang von Glauben und Vernunft zur Rechenschaft und zum Zeugnis, zum anderen erfordere er wiederum Mündigkeit und Verantwortung jedes Einzelnen, so wie es bekanntlich Anselm von Canterbury programmatisch zum Ausdruck gebracht habe: «Neque enim quaero intelligere ut credam sed credo ut intelligam. Fides quaerens intellectum. – Nicht suche ich nämlich zu verstehen, um zu glauben. Sondern ich glaube, um zu verstehen. Der Glaube auf der Suche nach Einsicht.»[7]

Was können wir aus dieser massgeblichen theologischen Einsicht über den Kontext der zwischenkirchlichen Begegnungen und Beziehungen hinaus nun gerade auch für den interreligiösen Dialog von Christen und Muslimen lernen? Ein solcher Dialog wird ja bekanntlich von Menschen und Gemeinschaften geführt, die im Laufe der Geschichte einander oft ein Übermass an Leid zugefügt haben; keine Religion kann sich davon freisprechen, dass auch in ihrem Namen Gewalt ausgeübt wurde oder wird. Die dadurch entstandene Erblast erledigt sich keinesfalls von selbst. Es gibt Vergangenheiten, die nicht vergehen wollen, schon gar nicht ohne den gemeinsamen Willen zu historischer Wahrhaftigkeit und Gerechtigkeit. Dazu gehört mehr, als sich über die blossen Tatsachen zu verständigen, so schwer das oft auch ist. Auf der

6 *Huber,* Glaube 2. Vgl. dazu *Kirchenamt der EKD,* Kirche.
7 Vgl. *Huber,* Glaube 2. Insbesondere Karl Barth ist es zu verdanken, dass die in Anselms Proslogion als «Fides quaerens intellectum» formulierte theologische Einsicht gleichsam als Fundamentalprinzip kirchlicher Dogmatik in der Neuzeit wieder erneut zur Geltung gebracht worden ist.

Tagesordnung aller Religionen steht deshalb die Aufgabe, in Anbetracht der Geschichte ihr Verhältnis zur Gewalt in der Gegenwart für die Zukunft zu klären.

Doch diese Frage reicht weit über die Problematik des sog. «Heiligen Krieges» hinaus. Denn wie geht eine jede Religion mit den Menschen um, die sich von ihr abwenden? Wie mit solchen, die den Glauben gar verfälschen oder verspotten? Im christlichen Abendland wurden jahrhundertelang Apostasie, Ketzertum und Blasphemie mit dem Tod bedroht und geahndet. Das ist vorbei, hoffentlich für immer. Denn bekanntlich auch der im Islam geltende Grundsatz, niemand dürfe zum Glauben gezwungen werden (vgl. Q 2:256), kommt ja erst dann ganz und gar zum Tragen, wenn er auch die Freiheit garantiert, den Glauben aufzugeben, ihn anders zu verstehen oder gar zu verachten. Und eben darüber jeweils zu urteilen, dies ist und bleibt allein Gottes Sache. Damit sind wir bereits beim angekündigten zweiten Abschnitt meiner Darlegung angelangt.

3 Der aus evangelischer Sicht gerade von der Schrift her gebotene Zusammenhang von Glaube, Vernunft und Freiheit

Es ist m. E. gewiss kein Zufall, dass das streitbare Journal DER SPIEGEL unter der Überschrift «Der Koran. Das mächtigste Buch der Welt» ausgerechnet zu Weihnachten 2007 diese markante Titelgeschichte publiziert. Denn wenn man den entsprechenden Beitrag liest, so wird die Leserschaft insbesondere durch die These herausgefordert: «Kaum ein Werk wird so verehrt, gefürchtet und missbraucht wie der Koran. An Gottes Offenbarungen für den Propheten Mohammed scheiden sich die Geister: Ist die heilige Schrift des Islam nur ein archaischer Gesetzestext, oder lässt er sich wie die Bibel auch modern deuten?» [8]

---

8   *Bednarz/Steinvorth,* Verse 18.

Unter Berufung auf die bekannten Islamwissenschaftler Stefan Wild (Bonn) und Angelika Neuwirth (Berlin), die sich beide auf dem Feld der zeitgenössischen Koranforschung weltweit einen Namen gemacht haben, wird in dem besagten Beitrag jedenfalls die Ansicht vertreten, dass die Geschichtlichkeit der Koranentstehung die Einheit seiner Offenbarung nachhaltig in Frage stellt und auf dieser Grundlage eine historisch-kritische Koranexegese allererst möglich wie nötig macht.[9] Mehr noch werden unter Berufung auf den im niederländischen Exil lehrenden ägyptischen Koranwissenschaftler Nasr Hamid Abu Zaid Koran und Bibel wie folgt kontrastiert:

«Der Koran ist wohl das widersprüchlichste und zugleich geheimnisvollste Buch der Welt. Er ist ein Füllhorn an Poesie und Prosa und ein Werk voller ungelöster Rätsel. Mal tolerant, dann wieder streng, bald nachsichtig und bald erbarmungslos. Ein ebenso gewaltiges wie gewalthaltiges Buch, für die Gläubigen die einzig gültige Übersetzung des göttlichen Willens, das vollkommene Werk des Schöpfers. Während die Bibel mit Geschichten und Gleichnissen voller Wunder und Gnadenbezeugungen, aber auch mit Intrigen und Verbrechen lockt, ist der Koran eher ein Reigen aus Erkenntnissen und Verordnungen...»[10]

Begegnet uns aus journalistischer Feder hier ein nuancenreiches Kontrastprogramm oder doch bloss eine längst bekannte Karikatur von beiden, von der Bibel ebenso wie auch vom Koran? Auf welche bibel- bzw. koranwissenschaftlichen Einsichten lassen sich dergleichen Abgrenzungen beziehen und durch welche des Weiteren gar begründen? Es ist durchaus bemerkenswert, dass auch und gerade diese Frage uns wieder auf den von Papst Benedikt XVI. geforderten kritischen «Dialog der Religionen» zurückbringt; dieses Mal ist jedoch nicht die Regensburger Vorlesung der Tatort, sondern die Universität Ankara ist der Schauplatz, weil sie gemeinhin als Keimzelle wichtiger religiöser Reformbemühungen in der Türkei

9   *Bednarz/Steinvorth*, Jungfrauen 24–25.
10 *Bednarz/Steinvorth*, Verse 21.

gilt und neuerdings auch mit einem eigenen Lehrstuhl an der Johann Wolfgang Goethe-Universität, Fachbereich Evangelische Theologie, in Frankfurt a. M. vertreten ist.

Und so kam es, wie es kommen musste, dass nämlich der neue Lehrstuhlinhaber Ömer Özsoy gleich bei seiner Antrittsvorlesung über «Dekontextualisierung des Koran: Moderne Interpretationsformen des Koran oder Produktion moderner Korane» am 1. November 2007 von sich reden machte, indem er auch seinerseits nun die markante These vertrat: Nur ein Bruchteil dessen, was die Offenbarung den Menschen vermitteln will, stehe im Koran geschrieben; der Grossteil seiner wahren Aussagen erschliesse sich erst durch das Studium der historischen Umstände vor rund 1'400 Jahren und deren zeitgemässe Interpretation für die Gegenwart. Doch weil die aus seiner Sicht notwendige Anpassung des Koranverständnisses an die Aktualität so lange schon verpönt sei, fehlten den Muslimen die Antworten auf die Fragen der Moderne.[11]

Was ist hier wohl eigentlich gemeint? Und welcher Diskurs im Kontext des christlich-islamischen Dialogs wird hier gefordert? Aus evangelischer Sicht möchte ich darauf gern Antwort zu geben versuchen, indem ich auf den gerade von der Schrift her gebotenen Zusammenhang von Glaube, Vernunft und Freiheit erneut zu sprechen komme. Damit verbinde ich zugleich die Einladung zum offenen Gespräch über die Grenzen unseres jeweiligen Glaubens und Bekennens hinweg.

Denn der Glaube kann ja nicht auf die Vernunft des Menschen verzichten, da sie ein wesentliches Element seiner Gottebenbildlichkeit ist. Folglich muss auch das Wesen Gottes, seines Schöpfers, massgeblich von Vernunft geprägt sein. Wer das mit allem Ernst bestreitet, landet letztlich bei einem Willkür-Gott. Doch gegen die Vorstellung eines absolut freien, gerade in seiner Freiheit aber willkürlich handelnden Gottes richtet sich die philosophische Religionskritik zu Beginn der Neuzeit. Führende

---

11 Vgl. ebd. 34–35, und dazu auch die ausführliche Abhandlung von *Özsoy*, Koranhermeneutik.

Vertreter der Aufklärung – allen voran Immanuel Kant – waren vom Recht und von der Notwendigkeit überzeugt, um der Würde des Menschen willen eine solche Gottesvorstellung bekämpfen zu müssen, um auf diese Weise den Menschen auf seine eigenen Beine zu stellen. Wie anders könnte er sich gegenüber einem solchen Gott behaupten? Wie sollte der Mensch bestehen können, wenn er sich im Vollzug des Glaubens gar der Willkür Gottes ausliefern muss? Eine Religion, die das von ihm fordert, ist menschenunwürdig.[12]

Eine Versöhnung von Glaube und Vernunft unter den Bedingungen der Neuzeit anzustreben, dies aber bedeutet notwendig, gerade die untrennbare Verbindung von Freiheit und Vernunft ernst zu nehmen. Das gilt für das Verständnis Gottes ebenso wie für das Verständnis des Menschen. In dieser Sache hilft das griechische Denken relativ wenig. Vielmehr ist die christliche Theologie von ihrem ureigenen (mit Bedacht also biblisch fundierten) Glaubensverständnis her der Frage nachgegangen, wie sich Gottes Vernunft mit Gottes Freiheit vereinbaren lässt. Sie hat, anders als die griechische Philosophie, Gott als Ursprung und Quell aller Freiheit und den Glauben als Befreiung zu verstehen gelernt. Von daher stehen also nicht die Freiheitsrechte des Menschen im Widerspruch zum Glauben, sondern deren Widersacher.

Wenn nicht wenige religiöse Menschen auch heute noch die Moderne als eine Gefährdung für ihren Glauben erfahren, dann ist es Anlass wie auch Anliegen wissenschaftlicher Theologie, gerade diese Besorgnis mit der nötigen Sorgfalt auszuräumen. Sie kann das, wenn sie die Verteidigung der Freiheit als ein gemeinsames Anliegen von Vernunft und Glaube einsichtig macht. Das führt durchaus nicht vom Glauben weg, sondern es führt ganz im Gegenteil in sein eigentliches Zentrum, in das Gottesverständnis. In diesem Sinn hat die hinter einzelnen missverständlichen Formulierungen seiner Regensburger Vorlesung zum Ausdruck kommende Vision

---

12 Vgl. in diesem Zusammenhang z. B. *Kant, Immanuel:* Die Religion innerhalb der Grenzen der blossen Vernunft, Königsberg 1793 – eine Schrift, die für die neuzeitliche Religionsphilosophie massgeblich geworden ist.

des Papstes uns allen einen Horizont eröffnet, den es im Dialog zwischen den Religionen und im Dialog der Religionen mit der modernen Philosophie wohl erst noch auszuloten gilt.

Wie auch immer man sich nun zum theologischen Verhältnis von Offenbarung, Glaube und Vernunft verhalten mag, der christlich-islamische Dialog konfrontiert uns heute insbesondere mit der Frage, ob eine Offenbarungsurkunde aus der Originalsprache in eine andere Sprache übersetzt werden darf. Dieses Problem hat sich Peter Steinacker (Kirchenpräsident der Evangelischen Kirche in Hessen und Nassau) zufolge für Martin Luther zu Lebzeiten so noch gar nicht gestellt. Denn die Übersetzung der biblischen Offenbarungsschrift ist für ihn (und nicht nur für ihn) «eine solche Selbstverständlichkeit, dass es vielleicht erst einer Begegnung mit dem Islam bedarf, um sich bewusst zu werden, dass hier durchaus auch ein theologisches Problem vorliegt. Dabei konnte Luther bereits auf eine sehr lange Tradition der Bibelübersetzung zurückblicken; ist doch die erste historisch verifizierbare Übersetzung der Bibel die Septuaginta, bekanntlich die Übersetzung der hebräischen biblischen Schriften in die griechische Sprache [...] Ganz anders ist die Situation im Blick auf den Koran. Die ersten Übersetzungen, durch die das christliche Europa den Koran kennen gelernt hat, wurden von christlichen Theologen in lateinischer Sprache angefertigt, um die Lehre des Islam in Europa bekannt zu machen und die Theologen zur Widerlegung dieser Religion zu befähigen. Auch die ersten Übersetzungen des Korans in die deutsche Sprache wurden von deutschen Islamwissenschaftlern nicht-islamischen Glaubens vorgenommen. Erst vor [wenigen] Jahren hat die höchste sunnitische Autorität, die islamische Universität Al Azhar in Kairo, einen Koran in deutscher Sprache vorgelegt.»[13]

Die unterschiedliche Haltung hinsichtlich dessen, was jeweils als Übersetzung bzw. als Offenbarung zu gelten habe, habe wohl nicht zuletzt mit der jeweiligen Auffassung zur Entstehung der Schrift zu tun. «23 Jahre hindurch hat Mohammed immer wieder neue

---

13 *Steinacker*, Umgang 2f.; vgl. dazu vor allem auch *Hengel*, Judentum.

Offenbarungen vorgetragen, die von seiner Umgebung schriftlich festgehalten wurden. Im strengen Sinne gilt er nicht als Autor dieser Texte, sondern als Übermittler. Eine lückenlose Überlieferungskette sichert die Authentizität der Texte. Von Mohammed selbst wird gesagt, dass er nicht lesen und nicht schreiben konnte. Doch die poetische Kraft dieser Texte ist so außerordentlich, dass sich daraus der theologische Satz vom ‹Wunder des Korans› entwickelt hat. Mohammed selbst hat keines der Wunder getan, womit sich andere Propheten ausgezeichnet haben – sein Wunder ist der Koran.»[14] Darauf verweist z. B. auch die Vorrede der deutschen Koran-Übersetzung der Al-Azhar. Dort heisst es: «Zu den wichtigsten Zielen der Offenbarung gehört die Tatsache, dass der Koran, gleichsam als beredtes Wunder, vor der ganzen Welt die Wahrheit, die der Prophet von seinem Herrn erhielt, bestätigt. Der Prophet hat die Menschen dazu aufgerufen, Gott dem Allmächtigen reinen Herzens zu dienen und sich alle edlen und moralischen Werte anzueignen. Er verbot ihnen, an Vielgötterei zu glauben und offene und verborgene Laster zu begehen. Das Wunder, das die Wahrheit seiner Sendung bestätigt, sagt er ihnen, sei der Koran, den Gott ihm offenbarte. Er forderte diejenigen auf, die daran zweifelten, ein ähnliches Buch hervorzubringen. Das konnten sie nicht. Er machte es ihnen leichter, indem er sie aufforderte, anstatt eines ganzen Korans nur gleichartige Suren zu schaffen. Auch das war ihnen unmöglich. Darauf forderte er die Zweifler auf, die in Rhetorik und Dichtkunst weit und breit berühmt waren, nur eine gleichartige Sure hervorzubringen. Da sie verstummten und geschlagen fortgingen, gilt als erwiesen, dass der Koran von Gott kommt und dass der Prophet die reine Wahrheit sagte.»[15]

Poetische Qualität und Sprachgewalt eines Textes – gerade sie sollen nun als sein Wahrheitserweis dienen: «Weil der Koran unnachahmliche Dichtung ist, ist er auch Wahrheit. Denn Schönheit ist

14 *Steinacker*, Umgang 4; einen instruktiven Überblick dazu bietet beispielsweise auch *Nagel*, Geschichte.
15 *Al-Muntakhab*, Auswahl 7f.

ganz auf Gott bezogen. Darin steht der Islam völlig in der Tradition der ausgehenden Antike, dem Neuplatonismus.»[16] Anders stelle sich der Sachverhalt dagegen im Christentum dar, können wir auf den sog. historischen Jesus nur durch den Spiegel einer Übersetzung einen Blick werfen. Doch wie wir bereits vom Neuen Testament her wissen, hatte die christliche Gemeinde damit offensichtlich kein Problem.[17] Denn auf bemerkenswerte Weise wurde im christlichen Kontext bekanntlich ein anderes Sprachwunder prägend, nämlich das Pfingstwunder: «Die apostolische Predigt sprengt die Grenzen, die durch die verschiedenen Sprachen gezogen sind, und ist [nach biblischem Zeugnis] allen verständlich. Das Wunder des Heiligen Geistes besteht gerade in der Überschreitung der Sprachgrenzen. Die apostolische Predigt von Christus erklingt in verschiedenen Sprachen, ohne dass etwas von ihrer Wahrheit verloren geht. Dies geschieht bereits vor aller Schriftlichkeit des Evangeliums. Damit wurde theologisch gesehen der Weg für das Christentum frei, sich im Zuge der Vielfalt unterschiedlicher Glaubenszeugnisse fortan der Übersetzung zu bedienen.»[18] Mit anderen Worten: «Die Kenntnis der biblischen Ursprachen ist zwar exegetisch und philologisch von Interesse, aber nicht unbedingt für die fromme Praxis. [Wir] kommen Gott in der hebräischen und griechischen Bibellektüre nicht näher als in einer guten (sachgerechten) Übersetzung. Denn die Begegnung mit Gott im Wort ist für Martin Luther immer eine vermittelte. Er lässt sich nur in Christus finden. ‹Wenn du nu das Evangelienbuch auftust, liesest oder hörest, wie Christus hie oder dahin kommt oder jemand zu ihm bracht wird, sollst du dadurch vernehmen die Predigt oder das Evangelium, durch welches er zu dir kommt.›»[19]

16 *Steinacker*, Umgang 5; in diesem Zusammenhang ist vor allem auf *Kermani, Gott,* hinzuweisen.

17 Vgl. dazu *Steinacker*, Umgang 6, sowie im Übrigen auch die lehrreiche Diskussion der im Sammelband *Ristow; Matthiae,* Jesus, abgedruckten Beiträge.

18 *Steinacker*, Umgang 6f.

19 Ebd. 7, mit Zitat aus WA 10 III, 349.

Mit Blick auf den christlich-islamischen Dialog bedeutet dieser überaus komplexe Sachverhalt wiederum Steinacker zufolge in letzter Zuspitzung, dass das kirchlich-dogmatische Problem der Christologie, ob und auf welche Weise der wahre Mensch Jesus als heilsames Ereignis des ewigen Gottes gedacht werden kann, im Islam nun als das dort wiederum spezifische Problem des Korans selbst auftaucht. Der Islam sei darin der frühchristlichen Theologie und ihren Problemstellungen gefolgt, hat sie aber charakteristisch verschoben. Gehöre es doch schon frühzeitig zur Praxis des Propheten, den Koran vorzutragen, d. h. zu rezitieren, denn dies habe ihm der Engel in der ersten Offenbarung aufgetragen. Und in eben diesem Sinne gelte es fortan als segensreich, den Koran auswendig zu lernen, zu rezitieren oder auch nur einer Rezitation zu lauschen. «Darum sind alle Gläubigen darauf angewiesen, den Koran in seiner Ursprache zu kennen und laut werden zu lassen. Dies aber ist durch eine ‹Übersetzung› (welcher Art auch immer) nicht zu erreichen; sie kann allenfalls sekundär dem besseren Verständnis der in der Schrift überlieferten Inhalte dienen, aber keineswegs Gottes Gegenwart garantieren.»[20]

Gestatten Sie mir zum Schluss meiner Ausführungen, nochmals auf den bereits erwähnten ägyptischen Koranwissenschaftler Nasr Hamid Abu Zaid zurückzukommen. Denn in seinem wohl bedeutendsten Werk «Der Begriff des Textes» (Mafhum an-nass, 1990)[21] beeindruckt mich als evangelischen Theologen gerade seine Ausgangsthese, dass nämlich der Koran wissenschaftlich gesehen zunächst einmal ein Text ist, und dass für sein Verständnis deshalb dieselben Regeln gelten wie für dasjenige aller anderen literarischen Texte. Dass seine Auffassung auch schon einer Reihe von Autoritäten der klassischen sunnitischen Koranwissenschaften keineswegs fremd war, belegt Nasr Hamid Abu Zaid mit Verweisen auf entsprechende Aussagen, wobei er allerdings auch gegenteilige Anschauungen nicht ausblendet. Ohne an dieser Stelle in

20 Ebd. 9. Vgl. dazu *Schimmel*, Zeichen 149–221 («Das Wort und die Schrift»).
21 *Abu Zaid*, Mafhum an-nass.

Einzelheiten zu gehen, ist das Textverständnis – jedenfalls nach diesem hermeneutischen Modell – «in Analogie zum Empfangen von verschlüsselten Rundfunksendungen zu begreifen: Damit der Empfänger den gesendeten Text verstehen kann, muss der Sender ihn in einem Code gesendet haben, den der Empfänger kennt.»[22]

Dementsprechend ist der «geoffenbarte Korantext gewissermaßen eine sprachförmige Sendung Gottes an die Menschen. Sprache bezieht ihren genauen Bedeutungsgehalt aber grundsätzlich aus menschlichen Konventionen, in denen der gesamte sozial- und kulturgeschichtliche Horizont derer, die die betreffende Sprache sprechen, mit zum Tragen kommt. Von daher ist klar, dass sich auch Gott im Koran des Sprach- und Kulturcodes von dessen ersten Empfängern bedienen musste, um von diesen verstanden zu werden. Deshalb ist vorauszusetzen, dass der Korantext von den sprachlichen Ausdrucksmitteln und bis zu einem gewissen Grade auch der Vorstellungswelt Gebrauch macht, die dem Propheten Muhammad und seinen Zeitgenossen im frühen 7. Jahrhundert auf der arabischern Halbinsel vertraut waren. Da Sprache und Vorstellungswelt der Menschen im späten 20. Jahrhundert und danach aber in etlichen Hinsichten nicht mehr so beschaffen sind wie die dieser ersten Muslime, ist es Aufgabe heutiger Interpreten, das, was Gott den Menschen im Koran sagen will, aus dem damaligen Sprach- und Kulturcode in die Sprache und den intellektuellen Horizont der Hörer oder Leser unserer Tage zu übersetzen. Nur so kann die Bedeutung koranischer Aussagen für heutige Menschen verständlich gemacht und gewahrt werden.»[23]

Mit seinem hermeneutischen Modell hat Nasr Hamid Abu Zaid also Raum geschaffen für eine historische Koranexegese in dem Sinne, dass einzelne Aussagen des Korans, die den sozialen Lebensformen und dem kulturellen Horizont Muhammads und seiner ersten Hörer entsprachen, aber mit denjenigen heutiger Leser nicht mehr in Einklang zu bringen sind, als zeitbedingt erkannt

22 *Wielandt,* Laudatio.
23 Ebd.

werden können und darum so, wie sie dastehen, nicht mehr als gültig betrachtet werden müssen. Doch bedeute dieses Modell des Koranverständnisses nun aber keineswegs, dass damit etwa die alleinige Autorschaft Gottes am Wortlaut des Korans grundsätzlich bestritten und der geschichtsgebundene Mensch Muhammad zum Verfasser des Korans erklärt worden wäre. Das hat Nasr Hamid Abu Zaid entgegen den Darstellungen derer, die ihn nachher des Abfalls von der wahren Religion bezichtigten, niemals getan. Vielmehr hat er mit seinem hermeneutischen Konzept einen Weg gewiesen, den Glauben an die wörtliche Inspiriertheit des Korans im Rahmen gebotener wissenschaftlicher Freiheit auch und gerade angesichts der Erkenntnis aufrecht zu erhalten, dass manche Aussagen des Korans inzwischen nur (noch) als ein Stück Geschichte verstanden werden können, weil sie sich in der Sprache und der Vorstellungswelt Muhammads und seiner Zeitgenossen bewegen, die nicht mehr diejenigen gegenwärtiger Leser sind und sein können. Dementsprechend heisst es in seinem Vortrag «Wege zu einer islamischen Methodik in der Hermeneutik», den Nasr Hamid Abu Zaid anlässlich seiner Verleihung des «Ibn Rushd Preises für freies Denken» im Goethe Institut zu Berlin am 25. November 2005 gehalten hat, nun also wie folgt:

«Wenn das ‹Wort Gottes› die Eigenschaft der Ewigkeit und Zeitlosigkeit hat, dann ist die arabische Sprache eine äußere Schale, die seine Bedeutung verhüllt, wie es al-Ghazali in seinem Buch Gawahir al-quran (Die Kerninhalte des Koran) sagt. Da die Sprache eine Schale ist, haben alle Wissenschaften wie Sprachwissenschaft, Rhetorik, Stilistik und Semantik die Aufgabe, diese Schale zu entfernen, um die dahinter verborgenen Bedeutungen zu finden. Dies betrifft also alle Wissenschaften, die vergangenen, gegenwärtigen und zukünftigen. Weil das ‹Wort Gottes› – der Koran – Verkörperung seiner Zeitlosigkeit ist, umfasst es somit auch die Moderne mit all ihren Werten, Begrifflichkeiten und Philosophien in gleichem Masse, in dem durch den Koran Mord, Anklage wegen Unglaubens und Verbannung gerechtfertigt werden. Wenn dem so ist, wenn also der Koran als ewig zeitloses

‹Wort Gottes› all diese Arten von Bedeutungen und Zeichen in sich trägt, das Neue und das Alte, das Fundamentale und Liberale, das Gewalttätige und das Gegenteil […] etc., welche dieser zahlreichen Bedeutungen siegen dann? Welche herrschen vor, um die anderen parallelen Deutungen endgültig in den Kerker der Häresie, Apostasie, des Unglaubens, des Fundamentalismus, Extremismus und Terrorismus einzusperren? Die Bedeutungen, die immer siegen und vorherrschen werden, sind die, die der Stärkere für sich in Anspruch nimmt, der im Besitz von Macht und Herrschaft ist. Er mag fortschrittlich sein, dann wird er die Vertreter nichtmoderner Deutungen besiegen. Er mag aber auch rückschrittlich sein, dann wird er die Modernen besiegen. Der politische und gesellschaftliche Kampf wird zu einem Kampf um Auslegungen. Es scheint, dass wir über Religion streiten? Im Grunde aber benötigen unsere politischen Systeme an erster Stelle eine Modernisierung. Wir brauchen Freiheit, denn sie ist die Voraussetzung für den Denkprozess, der wiederum Instrument für Erneuerung und Änderung ist. Wir brauchen Demokratie, deren Wesenszug die individuelle Freiheit ist. Sie darf nicht nur aus der Wahl einer Partei und aus einer Gesichtsveränderung bestehen. In einer demokratischen Atmosphäre werden die Freiheit des Einzelnen und sein Recht auf freie Wahl bewahrt. In dieser Atmosphäre kann man von der Freiheit der Wissenschaften und akademischen Lehre in allen Wissensbereichen sprechen, insbesondere im Bereich der Religionswissenschaften. Es handelt sich in diesem Fall um akademische Institutionen, die Religionen ‹wissenschaftlich untersuchen›, nicht nur ‹lehren›, wie es in der gesamten islamischen Welt der Fall ist. Die wissenschaftliche Untersuchung der Religionen, ihre Geschichte, ihre Struktur, ihre Theologie, die Methoden der Exegese, die Vorgehensweisen bei der Auslegung, der Aufbau ihrer Institutionen, der Unterschied zwischen Glaube und Dogma […] usw. – all dies ist grundsätzlich anders als bei den Institutionen, die Religion ‹lehren›. Zugelassen wird dort nur das Unterrichten der aus der Sicht der Institution wahren Dogmen, die von den falschen Dogmen nach Ansicht der Institution unterschieden werden. Sobald aber diese anderen wissenschaftlichen Einrichtungen für das Studium der Religionen eingerichtet sind, ist es möglich, die vergleichende Religionswissenschaft zu gründen, eine Fachrichtung, die bei den Institutionen, die Religion lehren, nicht existiert. In diesem Fall – bei Vorhandensein der Voraussetzungen – kann die freie Diskussion eröffnet werden in allen bisher unterdrückten, problembelasteten und verschwiegenen Fragen.»[24]

Mit diesem couragierten Plädoyer von Nasr Hamid Abu Zaid für einen freien wissenschaftlichen Umgang mit Schrift und Tradition bzw. mit Glaube und Vernunft möchte ich meine eigenen Ausführungen zum Thema gern beschliessen. Der Dialog zwischen Christen und Muslimen, soviel ist vielleicht deutlich geworden, steht wohl noch am Anfang, indem er auf unsere jeweils eigenen schriftlichen wie mündlichen Glaubensgrundlagen verweist und uns darüber wiederum in einen gemeinsamen Verständigungsprozess eintreten lässt. Dazu braucht es immer wieder viel Geduld und Vertrauen, einen langen Atem und nicht zuletzt auch ein offenes (kritisches wie selbstkritisches) Wort. Doch unserer gemeinsamen Verantwortung für Frieden und Gerechtigkeit wegen gibt es keine Alternative – und übrigens auch nicht unseres je verschiedenen Bekenntnisses und Glaubens wegen. Denn diese Gabe und Aufgabe ist das, was Gott uns allen zumutet, eben der eine und einzige Gott, den Christen gemeinsam mit den Muslimen als den Gerechten und den Barmherzigen anrufen.

24 Soweit im Wortlaut des Vortrags von *Abu Zaid*, Wege 9–10; vgl. dazu auch den bereits erwähnten kritischen Beitrag *Saleh*, Hermeneutik.

Literatur

Abū Zaid, Naṣr Ḥāmid: Mafhūm an-naṣṣ. dirāsa fī ʿulūm al-Qurān. [Al-Qāhira]: Maṭābiʿ al-hayyá al-miṣriyya al-ʿāmma li-l-kitāb, 1990.

Abū Zaid, Naṣr Ḥāmid: Wege zu einer neuen islamischen Methodik. Rede anlässlich seiner Verleihung des «Ibn Rushd Preises für freies Denken» im Goethe Institut zu Berlin am 25. November 2005, http://www.ibn-rushd.org/Deutsch/Rede-AbuZaid-D.htm.

Al-Muntakhab: Auswahl aus den Interpretationen des Heiligen Koran. Arabisch-deutsch. Kairo: Matabaa El Ahram El Togareya, 1999.

Althaus, Paul: Die Theologie Martin Luthers. Gütersloh: Mohn, ²1963.

Bednarz, Dieter; Steinvorth, Daniel: Jungfrauen oder Weintrauben: Wie deutsche Orientalisten den Anfängen des Koran auf die Spur kommen wollen, in: DER SPIEGEL (2007), Nr. 52 (22. Dezember), S. 24–25.

Bednarz, Dieter; Steinvorth, Daniel: Verse für Krieg und Frieden, in: DER SPIEGEL (2007), Nr. 52 (22. Dezember), S. 18–23.25–35. (Titel: Der Koran: Das mächtigste Buch der Welt).

Bernhardt, Reinhold: Wahrheit in Offenheit: Der christliche Glaube und die Religionen. SEK Positionen 8, Bern: Verlag SEK, 2007.

Burgsmüller, Alfred; Weth, Rudolf (Hg.): Die Barmer Theologische Erklärung. Einführung und Dokumentation. Mit einem Geleitwort von Eduard Lohse. Neukirchen-Vluyn: Neukirchener, 1983.

Hengel, Martin: Judentum und Hellenismus. Studien zu ihrer Begegnung unter bes. Berücksichtigung Palästinas bis zur Mitte des 2. Jh. v. Chr. Tübingen: Mohr, 1969.

Huber, Wolfgang: Glaube und Vernunft. Beitrag des EKD-Ratsvor-
sitzenden in der Frankfurter Allgemeinen Zeitung, 31. Oktober 2006, http://www.ekd.de/aktuell/061031_huber_faz.html.

Kermani, Navid: Gott ist schön. Das ästhetische Erleben des
Korans. München: C.H. Beck, 1999.

Kirchenamt der EKD (Hg.): Kirche der Freiheit. Perspektiven für
die Evangelische Kirche im 21. Jahrhundert. Ein Impulspapier
des Rates der EKD. Hannover, 2006.

Kirchenamt der EKD (Hg.): Klarheit und gute Nachbarschaft.
Christen und Muslime in Deutschland. Eine Handreichung
des Rates der EKD. EKD-Texte 86. Hannover, 2006.

Micksch, Jürgen (Hg.): Evangelisch aus fundamentalem Grund.
Wie sich die EKD gegen den Islam profiliert. Frankfurt a. M.:
Lembeck, 2007.

Nagel, Tilman: Geschichte der islamischen Theologie. Von Muhammed bis zur Gegenwart. München: C.H. Beck, 1994.

Özsoy, Ömer: Koranhermeneutik als Diskussionsthema in der
Türkei. Unveröffentlichter Vortrag im Rahmen des 29. deutschen Orientalistentages «Barrieren – Passagen». Halle:
20.–24. Sept. 2004.

Paret, Rudi: Der Koran. Übersetzung nebst Kommentar und Kon-
kordanz. 2 Bde. Stuttgart: Kohlhammer, 1979/80.

Ristow, Helmut; Matthiae, Karl (Hg.): Der historische Jesus und der
kerygmatische Christus. Beiträge zum Christusverständnis in
Forschung und Verkündigung. Berlin: Evangelische Verlags-
anstalt, 1960.

Saleh, Fakhri: Die Hermeneutik des Korans, in: NZZ 227 (2006),
Nr. 263 (11. November), S. 75.

Schimmel, Annemarie: Die Zeichen Gottes. Die religiöse Welt des
Islams. München: C.H. Beck, 1995.

Steinacker, Peter: Vom rechten Umgang mit den Schriften.
Bibel und Koran als Elemente des interreligiösen Dialogs.
Gehalten als Referat beim Symposium «Dichtung und
Wahrheit» des Evangelischen Bundes Hessen und Nassau
in der Deutschen Akademie für Sprache und Dichtung in

Darmstadt, 30. August 2003, http://www.ekhn.de/inhalt/download/standpunkt/rel/03_schriften_kp.pdf.

Wielandt, Rotraud: Laudatio für Nasr Hamid Abu Zaid anlässlich der Verleihung des Ibn Rushd Preises für freies Denken im Goethe Institut Berlin, 25. November 2005, http://www.ibn-rushd.org/prize2005/award05.htm.

Andreas Renz

Glaube und Vernunft

Reaktionen muslimischer Theologen auf die Regensburger Papstrede – Eine kritische Sichtung

Die Vorlesung Papst Benedikts XVI. am 12. September 2006 an der Universität Regensburg[1] hat zu heftigen Protesten bei Muslimen weltweit geführt.[2] Dabei ist zu unterscheiden zwischen den mehrheitlich friedlichen Stimmen des Protestes und den durch nichts zu rechtfertigenden gewalttätigen Reaktionen, die in den meisten Fällen gezielt politisch gesteuert waren. Neben den eher populistischen und affektgeladenen Schnellschüssen vieler auch gelehrter Muslime, welche die Rede gar nicht im Wortlaut oder nur in Auszügen gelesen hatten, gab es in den folgenden Monaten eine ganze Reihe ernstzunehmender, theologisch argumentierender Stellungnahmen, die es wert sind, christlicherseits wahrgenommen und diskutiert zu werden. Einige dieser Stellungnahmen, darunter der von ursprünglich 38 führenden islamischen Gelehrten verfasste und schliesslich von insgesamt 100 Gelehrten unterzeichnete «Offene Brief» an Papst Benedikt XVI., sollen hier referiert und auf ihre Relevanz für das christlich-islamische Verhältnis befragt

---

1 Im Folgenden zitiert nach *Benedikt XVI.*, Glaube 11–32. Diese publizierte Fassung der Vorlesung stellt eine Überarbeitung der in Regensburg vom Papst vorgetragenen Fassung dar.

2 Erst nachdem sich die muslimischen Reaktionen etwas gelegt hatten, kam auch auf protestantischer Seite Widerspruch gegen einzelne Aussagen oder sogar die gesamte Stossrichtung der Vorlesung; vgl. z. B. *Huber*, Glaube 57–70; *Herold*, Kampf 255–259.

werden. Dabei soll es um die vom Papst selbst aufgeworfenen Fragen wie die nach dem Verhältnis von Religion, Vernunft und Gewalt, näherhin um das Gottesverständnis in Christentum und Islam gehen.

1 Muslimische Reaktionen auf die Regensburger Vorlesung

1.1 Muslimische Einzelstimmen

Eine der ersten tiefergehenden Stellungnahmen von muslimischer Seite kam am 4. Oktober 2007 von dem sunnitischen Gelehrten Aref Ali Nayed, einst Dozent am Päpstlichen Institut für Arabische und Islamische Studien (PISAI) in Rom und derzeit als Direktor des königlich-islamischen Zentrums für strategische Studien in Amman tätig. Er sieht in der Regensburger Vorlesung «einen tiefen und schmerzvollen Riss in den katholisch-muslimischen Beziehungen».[3] Doch bemüht er sich um eine gerechte Interpretation der Rede: die anti-positivistische Kritik des Papstes am westlichen Wissenschaftsbetrieb könne auf volle muslimische Zustimmung treffen.[4] Die katholische Kirche habe auch eine ganze Reihe kompetenter Islamwissenschaftler, doch die islamkritischen hätten bei Papst Benedikt wohl derzeit mehr Gehör. Insofern sei es auch unglücklich gewesen, dass Benedikt seine Überlegungen zum Verhältnis von Glaube und Vernunft ausgerechnet mit jenem mittelalterlichen Zitat aus einer «Hass-Literatur»[5] begann und zudem

---

3 *Nayed*, Commentary 47. Der Beitrag ist inzwischen auch in dt. Übersetzung abgedruckt in: *Wenzel (Hg.)*, Religionen 17–40. Hier und im Folgenden wird jedoch nach dem engl. Erstabdruck zitiert.

4 So auch der muslimische Schriftsteller und Journalist *Masood*, Faith.

5 *Nayed*, Commentary 50. In der Tat fehlte in der Vorlesung Benedikts eine explizite Distanzierung von der Polemik des Zitats. In der für die Publikation überarbeiteten Fassung der Vorlesung jedoch ergänzt Benedikt die ursprüngliche Formulierung «in erstaunlich schroffer Form» durch «in erstaunlich schroffer, für uns unannehmbar schroffer Form» und stellt anmerkend klar: «Dieses Zitat ist in der muslimischen Welt leider als Ausdruck meiner eigenen Position aufgefasst worden und hat so begreiflicherweise Empörung hervorgerufen. Ich

versäumte, sich unmissverständlich davon zu distanzieren. Die von Papst und Vatikan nachträglich gegebenen Erklärungen, welche von «Missverständnissen» auf muslimischer Seite sprachen, weist Nayed als «quasi-apologetisch» zurück. Nayed ist der Meinung, dass der Koranvers 2:256, wonach es «keinen Zwang im Glauben» gebe, im Islam «niemals widerrufen wurde und immer bindend war»[6]. Er vermisst auch ein Schuldbekenntnis des Papstes bezüglich der Gewalt durch die katholische Kirche an Muslimen bis in die Kolonialgeschichte des 20. Jh. hinein. Die Entgegensetzung eines vernünftigen, gewaltlosen Christentums und eines unvernünftigen, gewalttätigen Islam wirke auf diesem Hintergrund unhistorisch und selbstgerecht.

Was das Verhältnis von Glaube und Vernunft und das Wesen Gottes anbelangt, stellt Nayed klar: Der vom Papst in Anspruch genommene Ibn Hazm habe zwar wie die meisten muslimischen Theologen (asch'aritische Schule) die absolute Freiheit Gottes betont. Doch stets hätten diese Theologen auch daran festgehalten, dass Gott sich in freier Entscheidung an seine eigenen Prinzipien halte. Der islamischen Theologie sei es immer nur darum gegangen, die Vernunft nicht höher als Gott zu stellen, weil diese selbst Schöpfung und Geschenk Gottes ist. Ob deshalb in dieser Frage ein Widerspruch zwischen Christentum und Islam bestehe, sei fraglich. Sämtliche grossen Theologen des Islam hätten versucht, die Vereinbarkeit von Glaube und Vernunft zu erweisen.[7]

In einer Erwiderung auf Nayed hat der katholische Theologe und Philosoph Allessandro Martinetti den Widerspruch zwischen

---

hoffe, dass der Leser meines Textes sofort erkennen kann, dass dieser Satz nicht meine eigene Haltung dem Koran gegenüber ausdrückt, dem gegenüber ich die Ehrfurcht empfinde, die dem heiligen Buch einer großen Religion gebührt. Bei der Zitation des Texts von Kaiser Manuel II. ging es mir einzig darum, auf den wesentlichen Zusammenhang zwischen Glauben und Vernunft hinzuführen. In diesem Punkt stimme ich Manuel zu, ohne mir deshalb seine Polemik zuzueignen.» *Benedikt XVI.*, Glaube 15 sowie 16, Anm. 3.

6   *Nayed*, Commentary 49.

7   Vgl. ebd. 51f.

beiden Gottesvorstellungen bekräftigt: für die katholische Theologie sei es undenkbar, dass Gott nicht in normativer Weise – sondern etwa nur in freier Entscheidung – an die Vernunft oder an Vernunftprinzipien wie z. B. das Widerspruchsverbot gebunden sei.[8] Da Gott selbst «Logos» ist, ist es nicht denkbar, dass Gott unvernünftig handeln könnte. Weil dagegen nach islamischer Auffassung Gott aufgrund seiner absoluten Freiheit unvernünftig oder unmoralisch handeln könnte – selbst wenn er es faktisch nicht tut –, ist für Martinetti der islamische Gottesglaube ein «irrationaler Voluntarismus»[9].

Nayed erwiderte auf Martinetti in einem weiterem Beitrag, indem er mehrfach Thomas von Aquin zitiert, aber auch die Bibel konsultiert (z. B. Röm 9,14–26), wonach Gott allmächtig und an nichts ausser sich selbst gebunden ist, und sieht darin eine grosse Nähe zur asch'aritischen Theologie.[10] Auch die Enzyklika «Fides et ratio» Papst Johannes Pauls II. (1998) betone die Normativität der Offenbarung gegenüber der Vernunft. Der lebendige Gott der Offenbarung, der Gott Abrahams, Issaks, Jakobs, Jesu, Muhammads sei nicht identisch oder reduzierbar auf den Gott der Philosophen.[11] In dem zuerst zitierten Beitrag kritisiert Nayed zugleich die Behauptung einer einzigartigen und notwendigen Identifikation von Christentum und hellenistischer Philosophie als «euro-zentristisch».[12] Eine solche Sicht schliesse nicht nur Muslime und Juden, sondern auch nichteuropäische Formen des Christentums aus.[13]

---

8   Vgl. *Martinetti*, Arbitrio 3–6 (Druckversion).
9   Ebd. 4.
10 Vgl. *Nayed*, God 6–14 (Druckversion).
11 Vgl. bes. ebd. 12f.
12 Vgl. *Nayed*, Commentary 52.54.
13 Bereits an dieser Stelle sei darauf verwiesen, dass es ein berechtigtes Anliegen des Papstes ist, gegen die sog. «Hellenisierungsthese», die gerade auch in der islamischen Apologetik bis in die Gegenwart eine wichtige Rolle spielt, zu argumentieren: Der Hellenismus hat das Christentum nicht erst nach dessen Entstehung geprägt, sondern war diesem bereits durch das hellenistische Dia-

In dieselbe Kerbe schlägt der bekannte Schweizer Muslim und Islamwissenschaftler Tariq Ramadan in seiner Reaktion. Er interpretiert die eigentliche Sinnspitze der Vorlesung in der Definition einer europäischen Identität, was zwar verständlich und legitim sei, jedoch in reduktionistischer und ausgrenzender Weise geschehe: «Genau darauf sollten die Muslime reagieren und vor allem die Lesart der Geschichte des europäischen Denkens infrage stellen, in der muslimischer Rationalismus überhaupt keine Rolle spielt [...] Weder Europa noch der gesamte Okzident werden überleben können, wenn man sich darin verausgabt, sich immer nur in Abgrenzung – vom Islam oder von den Muslimen –, das uns Angst macht, zu definieren.»[14]

Vonseiten deutscher Muslime hat sich der Wirtschaftsingenieur und Islamwissenschaftler Mohamed Laabdallaoui, seit Jahren als theologischer Berater für den Zentralrat der Muslime tätig, eingehend zu Wort gemeldet. Laabdallaoui würdigt zunächst das eigentliche Anliegen des Papstes in seiner Regensburger Vorlesung, Glaube als «selbstverständliche Dimension der Vernunft» in Erinnerung zu rufen und die «Erweiterung des modernen westlichen Vernunftbegriffs um die religiöse Dimension» anzumahnen.[15] Der Autor bedauert, dass dieser päpstliche Ruf in der Berichterstattung und anschliessenden Diskussion untergegangen ist und übt dabei auch Kritik an den eigenen Glaubensgenossen: «Auch wenn die Auswahl der Passage unglücklich war, die Muslime hätten doch etwas mehr Gelassenheit zeigen und es bei einem vernehmbaren Raunen belassen können.»[16]

Zugleich weist er die zum Beispiel von Kardinal Lehmann geäusserte Auffassung zurück, die Muslime hätten – gewollt oder ungewollt – den Papst missverstanden: Ein unkommentiertes Zitat müsse nun einmal als Bestätigung des Inhalts betrachtet werden,

---

sporajudentum von Anfang an vorgegeben; vgl. *Frankemölle*, Frühjudentum 128. Ein Christentum ohne die hellenistische Prägung ist somit nicht denkbar.

14 *Ramadan*.

15 Vgl. *Laabdallaoui*, Dialog 1 (Druckversion).

16 Ebd. 2.

und da es im vorliegenden Fall bewusst in die Argumentation eingebunden war, bekomme man das Gefühl, dass der Papst die Aussage «eher noch bekräftigen wollte».[17] Der eigentliche Vorwurf Laabdallaouis jedoch lautet, dass der Papst den Islam instrumentalisiere: Er trage den – hausgemachten – Streit zwischen Glaube und Vernunft seit der europäischen Moderne auf dem Rücken des Islam aus. Ein innerchristlicher und spezifisch europäischer Konflikt werde – wieder einmal – auf den Islam projiziert. Während sich das moderne Christentum kritisch fragen müsste, warum es zu der Entwicklung eines verengten Vernunftbegriffs mit all den katastrophalen Folgen gekommen ist, müsste sich die islamische Welt kritisch befragen, wo hier die Ursachen für «politischen Fatalismus, religiöse Starre, wirtschaftliche Lethargie, kulturelle Hilflosigkeit» liegen.[18] Erst wenn beide Seiten sich aufrichtig mit diesen Fragen beschäftigen, könnten sie in einen Dialog treten, in dem sie voneinander lernen könnten.

1.2 Reaktionen der Ahmadiyya Muslim Jamaat

Ende 2007 erschien die bislang umfangreichste muslimische Reaktion auf die Regensburger Vorlesung, allerdings von der heterodoxen Strömung der Ende des 19. Jh. in Indien entstandenen Ahmadiyya (ca. 10 Mio. Anhänger weltweit, etwa 30'000 in Deutschland). In einem von Haider Ali Zafar, dem für Deutschland zuständigen Emir des Zweiges der Ahmadiyya Muslim Jamaat, herausgegebenen Sammelband, auf den hier wenigstens kurz verwiesen werden soll, sind Ansprachen des Oberhauptes eben dieser Richtung, Hazrat Mirza Masroor Ahmad Khalifatul Massih V., sowie weitere sieben Aufsätze von Ahmadiyya-Gelehrten

---

17 Vgl. ebd. 3. Ähnlich kritisch äusserte sich der Philosoph *Flasch*, Kirchenvätern und 42: «Wissenschaftlich und islamfreundlich wäre es gewesen, diese Behauptung nicht nur kommentarlos zu wiederholen, sondern sie entweder wegzulassen oder sie zu überprüfen.»

18 Vgl. *Laabdallaoui*, Dialog 6 (Druckversion).

zu einzelnen Themenkomplexen der Regensburger Vorlesung enthalten.[19]

Die Beiträge haben gemeinsam, dass sie zum Ersten deutliche Kritik am Papst äussern: Dieser habe sich und seine persönliche Meinung hinter Zitaten versteckt, er habe Vorurteile verstärkt, seine Islamkenntnisse seien defizitär, es fehle seinen Ausführungen an der nötigen Selbstkritik des Christentums. Zum Zweiten versuchen sie eine inhaltliche Auseinandersetzung, die freilich nicht selten apologetisch wird: Im Islam sei Krieg nur im absoluten Verteidigungsfall erlaubt,[20] es gebe von den Quellen (primär Koran) her absolute Religionsfreiheit und Gleichberechtigung auch der Nichtmuslime,[21] der Gott des Islam sei ein vernünftiger Gott,[22] während doch eher die christlichen Dogmen wie Trinität oder Erbsündenlehre vernunftwidrig seien. In diesem Zusammenhang ist von Bedeutung, dass die Ahmadiyya grundsätzlich dem Koran einen Vorrang vor der Sunna einräumt, die Rolle der Vernunft sowie – nicht zuletzt aufgrund eigener Verfolgungserfahrung – Religionsfreiheit und den defensiven Charakter von Gewalt betont. Die Autoren üben deshalb durchaus offene Kritik an bestimmten Erscheinungen in der gegenwärtigen islamischen Welt.

1.3 Der «Offene Brief» islamischer Gelehrter

Die bislang wohl am meisten beachtete Auseinandersetzung mit den Aussagen über den Islam in der Regensburger Vorlesung des Papstes stammt von hochrangigen islamischen Gelehrten und Geistlichen aus aller Welt, darunter Grossmuftis von Ägypten, Syrien, Türkei, Russland, Oman, Kroatien, Bosnien-Herzegowina, Slowenien, Kosovo, Usbekistan sowie namhafte Vertreter aus dem universitären Spektrum. In einem «Offenen Brief an Seine Heiligkeit, Papst Benedikt XVI.» vom 16. Oktober 2006 nehmen

19 Vgl. *Zafar*, Glaube.
20 Vgl. bes. *Munir*, Islam 159–189.
21 Vgl. bes. *Bhutta*, Andersgläubige 190–202.
22 Vgl. bes. *Hameed*, Glaube 222–234.

die Gelehrten detailliert zu den einzelnen Aussagen des Papstes Stellung.[23] Allein der Vorgang an sich, dass so viele muslimische Gelehrte aus aller Welt einen gemeinsamen Text verfassen bzw. verantworten und sich in dialogisch-theologischer Form mit der Rede eines Papstes beschäftigen, war erstmalig in der Geschichte des Islam und der christlich-islamischen Beziehungen und kann zumindest als eine positive Folge der Regensburger Papstrede betrachtet werden.[24]

Einleitend machen die Autoren klar, dass sie «im Geist eines offenen Austauschs» Stellung beziehen wollen.[25] Während auch sie die Bemühungen des Papstes im Widerstand gegen die Herrschaft des Positivismus und Materialismus im menschlichen Leben

23 Der Brief wird im Folgenden zitiert in eigener Übersetzung der englischen Originalfassung: Open Letter to Pope Benedict XVI. Written and Signed by Leading Muslim Scholars and Leaders in Response to Pope Benedict XVI's Remarks on Islam at the Regensburg Lecture on September 12, 2006, in: Islamica Magazine 18 (2006), 26–32 (vgl. www.islamica.magazine.com). Im Anhang des Briefes sind auch die Namen der Unterzeichner zu finden.

24 Inzwischen haben anlässlich des Festes des Fastenbrechens am 18. Oktober 2007 und des ersten Jahrestages des Offenen Briefes an Papst Benedikt 138 islamische Gelehrte und Geistliche, allen voran Prinz Muhammad bin Talal von Jordanien, einen weiteren Offenen Brief an den Papst und diesmal auch andere hohe christliche Würdenträger in aller Welt verfasst, in dem sie die gemeinsamen Grundlagen für einen christlich-islamischen Dialog formulieren und dabei auf das Doppelgebot der Gottes- und der Nächstenliebe rekurrieren. Beachtenswert ist nicht nur, dass es aus nahezu allen islamischen Ländern und Richtungen Unterzeichner des Briefes gibt, sondern dass ausführlich auch direkt aus der Bibel zitiert wird. Der Text mit Hintergrundinformationen ist zu finden unter; www.acommonword.com. Vgl. dazu auch *Troll*, Seelen 14. Mittlerweile hat das vatikanische Staatssekretariat im Auftrag des Papstes ein Antwortschreiben verlautbaren lassen, in dem der Papst Prinz Muhammad bin Talal mit einer Gruppe von Unterzeichnern zu einem Empfang in den Vatikan sowie zu einer Arbeitsbegegnung der Delegation mit dem Päpstlichen Rat für Interreligiösen Dialog eingeladen hat, vgl. L'Osservatore Romano 50, vom 14. Dezember 2007 (Wochenendeausgabe im deutscher Sprache), 12. Im November 2008 fand eine offizielle Konferenz beider Delegationen im Vatikan statt, vgl. www.zenit.org/article-16327?l=german.

25 Vgl. Open Letter 26.

begrüssen, wollen sie mit dem Brief auf «einige Irrtümer» hinweisen, welche die Darstellung des Islam als Gegensatz zu einem korrekten Gebrauch der Vernunft enthalte. Die folgende Argumentation konzentriert sich auf einige Punkte, die sich aus der Argumentationslinie der Papstvorlesung ergeben: Die Frage nach dem Zwang im Glauben, die Frage nach der religiösen Legitimation von Gewalt, die Frage nach der Transzendenz Gottes sowie die Frage nach dem Verhältnis von Offenbarung und Vernunft, schliesslich allgemeine Überlegungen zum Verhältnis von Christentum und Islam.

1.3.1 Kein Zwang im Glauben

Die Argumentationslinie des Papstes beginnt mit dem Verweis auf Sure 2:256, wonach es «keinen Zwang in Glaubenssachen» gibt. Benedikt beruft sich bei der zeitlichen Einordnung der Sure auf einen «Teil der Kenner», die den Vers der frühen, also mekkanischen Offenbarungsperiode zuordnen, in welcher Mohammed und die islamische Gemeinde noch machtlos und bedroht waren. Dem stünden später entstandene (medinensische) Bestimmungen über den «Heiligen Krieg» gegenüber. Hinter der Argumentation steht die in der islamischen Auslegung und Rechtswissenschaft als «Abrogation» bekannte Methodik: Stehen koranische Aussagen aus verschiedenen Offenbarungsperioden inhaltlich in Spannung oder gar Widerspruch zueinander, so gelten frühere Aussagen durch spätere grundsätzlich als «abrogiert», d. h. aufgehoben.[26] Die anfängliche Toleranz der Muslime in der Situation der schwachen und verfolgten Minderheit wäre dann in der späteren Phase der Stärke zugunsten der Intoleranz und Gewalt ersetzt worden.[27]

Die muslimischen Gelehrten nun widersprechen mit Berufung auf die traditionelle muslimische Exegese der von Benedikt wiedergegebenen zeitlichen Einordnung von Sure 2:256: Der Vers sei

26 Vgl. *Burton*, Naskh 1009–1012; *Maier*, Abrogation 3.
27 Die Argumentation ist von erheblichem gesellschaftspolitischem Gewicht, weil immer wieder der Vorwurf im Raum steht, der Islam sei nur tolerant, solange er in der Minderheit sei.

in jener Phase geoffenbart worden, in der die junge muslimische Gemeinde politisch und militärisch zu erstarken begann.[28] Der Vers richte sich «an diejenigen, die sich in einer Position der Stärke, nicht der Schwäche befinden»[29]. Zur Stützung dieser Interpretation werden weitere Verse aus dem Koran zitiert, die sich im Sinne der Glaubensfreiheit verstehen lassen (Q 18:29; 109:1–6).

In dem den Streit auslösenden Zitat des Kaisers Manuel II. Palaeologos wird der Vorwurf erhoben, Mohammed hätte befohlen, den Glauben mit dem Schwert zu verbreiten. Diesen Vorwurf weisen die islamischen Gelehrten in ihrem Brief als unhaltbar («does not hold up to scrutiny»)[30] zurück. Zwar geben sie zu, dass der Islam als «*politisches* Gebilde» teilweise auch durch Eroberung verbreitet wurde, doch zum grösseren Teil sei dies durch predigende und missionarische Tätigkeit geschehen. Die eroberte Bevölkerung sei nicht zur Konversion gezwungen worden. Allerdings hätten sich in der Geschichte auch nicht alle Muslime immer an die islamischen Werte gehalten. Nachdrücklich betonen die Gelehrten in ihrem Brief, «dass es Gott nicht wohlgefällig ist, andere zum Glauben zu zwingen – wenn so etwas überhaupt möglich ist – und dass Gott keinen Gefallen am Blut hat»[31], und zitieren dazu Sure 5:32, wonach die Tötung eines unschuldigen (!) Menschen gleichsam die Tötung der ganzen Menschheit bedeutet.[32]

1.3.2 Religion und Gewalt

Damit ist der Bogen gespannt zur Frage nach der religiösen Begründung von Gewalt bzw. Krieg. Die islamischen Gelehrten weisen den vom Papst verwendeten Begriff des «Heiligen Krieges» als unangemessen zurück. Der islamische Terminus *ǧihād* bedeute «Anstrengung», welche verschiedene Formen annehmen kann, auch

---

28 So auch der *Munir*, Islam 119.
29 Open Letter 26.
30 Ebd. 28.
31 Ebd.
32 Die Tötung eines Menschen ist nach klassischem islamischem Recht in bestimmten Fällen jedoch erlaubt.

174

die der legitimen Gewalt: «Obwohl ein *ǧihād heilig* in dem Sinne sein kann, dass er auf ein heiliges Ideal gerichtet ist, ist er nicht notwendigerweise ein Krieg.»[33]

Für einen Krieg «auf dem Wege Gottes» gelten folgende islamische Regeln: (1) Zivilisten sind keine legitimen Ziele. (2) Niemand darf aufgrund seines Glaubens angegriffen werden. (3) Legitim ist Krieg nur im Verteidigungsfall und zur Erhaltung der Souveränität. Wurde in der islamischen Geschichte gegen diese Regeln verstossen, so könne dies nicht religiös legitimiert werden.[34] In diesem Zusammenhang werden auch die Ermordung einer Nonne in Somalia und andere Gewaltaktionen als Reaktion auf die Papstvorlesung als «gänzlich unislamisch» verurteilt.[35]

1.3.3 Gottes Transzendenz und die Rolle der Vernunft im Glauben

Die entscheidende Pointe in der Vorlesung des Papstes liegt darin, dass Gewalt im Widerspruch zum Wesen Gottes und damit auch zur menschlichen Vernunft steht. In der weiteren Argumentation beruft sich Benedikt auf einen Kommentar des katholischen Islamwissenschaftlers Adel Theodor Khoury, wonach die islamische Lehre von der absoluten Transzendenz Gottes diesen Zusammenhang von Wesen Gottes und menschlicher Vernunft nicht kenne.[36] Khoury wiederum verweist auf den französischen Islamologen Roger Arnaldez, der sich auf Ibn Hazm beruft, wonach Gott selbst nicht an sein eigenes Wort und die Wahrheit gebunden sei. Dahinter klingt der traditionelle Vorwurf eines islamischen Willkürgottes durch. Benedikt zieht aus diesen wenigen Referenzen schwerwiegende Konsequenzen, nämlich dass sich an dieser Stelle «ein Scheideweg im Verständnis Gottes und so in der konkreten

---

33 Open Letter 27.
34 Vgl. ebd.
35 Eine scharfe Kritik an den aggressiven Reaktionen in der islamischen Welt übt auch *Hroub*, Benedict. Diese Gewalt und Aggression bestätige indirekt die vom Papst geäusserten Verdächtigungen gegenüber dem Islam.
36 Vgl. *Benedikt XVI.*, Glaube 17.

Verwirklichung von Religion»[37] auftue, der uns heute unmittelbar herausfordere.

Die Antwort der islamischen Gelehrten hält die Rede von der «absoluten Transzendenz Gottes» im Islam für «eine Vereinfachung, die irreführen kann».[38] Im Folgenden werden mehrere Koranverse zitiert, die nicht nur Gottes Transzendenz, sondern auch seine Immanenz deutlich machen (z. B. Q 50:16; 57:3.4; 2:115), ebenso ein Ausspruch des Propheten, der eine starke Nähe, fast schon Identifizierung Gottes mit seinen gläubigen Dienern aussagt. Der im 11. Jh. lebende Ibn Hazm wird nach Einschätzung der Gelehrten in der heutigen islamischen Theologie «als ziemlich marginale Figur»[39] bewertet, der zu einer Rechtsschule gehörte (Zahiriten), die heute nicht mehr existiert.[40] Stattdessen wird auf die Eigenschaften Gottes verwiesen, zu denen in erster Linie die Barmherzigkeit gehört, von der im Koran sogar gesagt wird, dass Gott sie sich selbst vorgeschrieben hat (vgl. Q 6:1.54). Vergiessen unschuldigen Blutes jedoch verstösst gegen das Prinzip der Barmherzigkeit und widerspricht damit sowohl dem Wesen Gottes wie der Vernunft.[41]

Im Islam gebe es keinen Widerspruch, nicht einmal eine Trennung zwischen Vernunft und Glaube: «In ihren ausgereiftesten und maßgeblichen Formen ist es den intellektuellen Anstrengungen der Muslime durch die Jahrhunderte gelungen, einen Einklang zwischen den Wahrheiten der koranischen Offenbarung und den Ansprüchen der menschlichen Vernunft herzustellen, ohne das eine dem anderen zu opfern»[42]. Die Vernunft gehört laut Koran zu den

37 *Benedikt XVI.*, Glaube 17.

38 Open Letter 26. Vgl. auch *Hameed*, Glaube 203–200.

39 Open Letter 26.

40 *Hameed*, Glaube 215–217, betont, dass Ibn Hazms überspitzte Aussagen im Kontext der theologiegeschichtlichen Auseinandersetzungen (bes. gegen die Mu'taziliten) gelesen werden müssen. «Falls Ibn Hazm irgendwo einen Voluntarismus vertritt, so können wir dies nicht akzeptieren.» Ebd. 219.

41 Vgl. Open Letter 27.

42 Ebd.

Gaben und «Zeichen Gottes», die der Mensch gebrauchen soll, um zur wahren Erkenntnis zu gelangen (vgl. Q 41:53).

1.3.4 Die Notwendigkeit des Dialogs

Am Ende ihrer Antwort auf die Rede des Papstes kommen die islamischen Gelehrten auf die Notwendigkeit des Dialogs zwischen Christen und Muslimen zu sprechen und bekennen sich zu einem «offenen und ehrlichen Dialog» mit dem Ziel friedlicher und freundschaftlicher Beziehungen auf der «Basis von wechselseitigem Respekt, von Gerechtigkeit und was den abrahamitischen Traditionen in ihrem Wesen gemeinsam ist», nämlich vor allem die beiden Hauptgebote der Gottes- und der Nächstenliebe.[43] Ein solcher Dialog müsse jedoch in erster Linie in dem Bemühen bestehen, «auf die wirklichen Stimmen derer zu hören und zu diese beachten, mit denen wir im Dialog stehen und nicht nur auf diejenigen mit unserer eigenen Überzeugung»[44]. Der Brief würdigt schliesslich die Aussagen des Zweiten Vatikanischen Konzils und Papst Johannes Pauls II. über den Glauben der Muslime sowie «den beispiellosen persönlichen Ausdruck des Bedauerns und die Klarstellung und Versicherung» Papst Benedikts am 17. September 2006, dass das Zitat nicht seine eigene Meinung wiedergebe.

2 Kritische Anfragen

Die referierten muslimischen Stimmen stellen eine Auswahl dar, die jedoch nicht unbedeutend ist. Sie reflektieren wichtige Aspekte einer interessanten und wichtigen Diskussion, die wohl, so ist zu hoffen, noch nicht zu Ende ist. Die folgenden, zugegebenermassen äusserst knappen Ausführungen wollen den Diskussionsfaden aufgreifen und weiterspinnen.

---

43 Vgl. ebd. 29.
44 Ebd.

2.1 «Kein Zwang im Glauben»?

In einem ersten Schritt scheint es mir notwendig, sich mit der Argumentation der muslimischen Gelehrten zum Thema Glaubensfreiheit auseinanderzusetzen. Dazu muss die Auslegungsgeschichte des Verses 2:256 näher beleuchtet werden. Ich stütze mich dabei im Wesentlichen auf die Ausführungen von Patricia Crone in ihrem Festvortrag anlässlich der Eröffnungsfeier des 30. Deutschen Orientalistentags in Freiburg/Breisgau am 24. September 2007. Crone führt aus, welche Schwierigkeiten der besagte Koranvers den frühen Exegeten angesichts eines islamischen Staatswesens bereitete. Folgende Strategien können demnach in den klassischen Korankommentaren nachgewiesen werden, die gleichsam «kanonisch» geworden sind und bis in die Neuzeit hinein wiederholt wurden[45]: 1) Der Vers 2:256 sei mekkanisch und durch medinensische Verse abrogiert worden;[46] 2) der Vers sei medinensisch, aber auf eine bestimmte, einmalige historische Situation bezogen und deswegen nun ohne Relevanz; 3) der Vers sei nicht abrogiert, beziehe sich aber nur auf Dhimmis, also auf Juden und Christen (evtl. auch Zoroastrier) unter islamischer Herrschaft, welche die «Kopfsteuer» zahlen.[47]

Neben diesen eher rechtlich interessierten Auslegungen gab es ab dem 9. Jh. Interpretationen, die sich auf die theologische Dimension des Verses konzentrierten, nämlich bei den Mu'taziliten: 4) Theologen wie Zamakhschari interpretierten den Vers dahingehend, dass Gott nicht zum Glauben zwingt, sondern diesen «auf die Grundlage freier Wahl»[48] stellt; 5) eine Variante unterschied zwischen innerer und äusserer Dimension: Während im inneren und privaten Bereich niemand zum Glauben gezwungen werden kann oder darf (Glaubens- und Gewissensfreiheit), gelte dies

---

45 Vgl. zum Folgenden *Crone*, Islam 2–5.

46 So z. B. Muğahid, zit. bei *Ayoub*, Qur'an 253; dort mehr zu den in der klassischen Exegese angeführten Offenbarungsanlässen des Verses.

47 So z. B. Tabari, Muğahid, Ibn Abbas, zit. bei *Ayoub*, Qur'an 253f.

48 Zit. nach *Gätje*, Koran 283; vgl. Razi, zit. bei *Ayoub*, Qur'an 254.

nicht für den äusserlichen, gesellschaftlichen, politischen Bereich. Immerhin ist hier eine Unterscheidung von privater und öffentlicher Sphäre impliziert.[49]

Erst im 20. Jh., nachdem sich selbst in vielen islamischen Ländern die religiöse von der politischen Sphäre zunehmend trennte, war es möglich, den Koranvers im Sinne einer religiösen Toleranz und individuellen Glaubens- und Gewissensfreiheit auszulegen. Die Auffassung, wonach Vers 2:256 abrogiert sei, wird heute von der grossen Mehrheit der islamischen Gelehrten nicht mehr vertreten, vielmehr wird der Vers zur Begründung der Religions- und Gewissenfreiheit herangezogen.[50]

Zurückkommend auf die Regensburger Papstvorlesung und die folgende Diskussion lässt sich festhalten: Der Papst hat den Sachverhalt insofern enggeführt, als er sich in seiner Argumentation nur auf eine von mindestens fünf klassischen muslimischen Auslegungen von Vers 2:256 stützte und die innerislamische Diskussion und Vielfalt an Positionen nicht berücksichtigt. Ausserdem geht die moderne westliche Koranforschung im Anschluss an Nöldeke/Schwally mehrheitlich davon aus, dass Sure 2:256 nicht mekkanisch, sondern medinensisch ist.[51] Damit würde eine der zentralen Aussageintentionen des Papstes, nämlich dass der Islam nur in der Situation der Schwäche tolerant sei, ins Leere laufen.

Die Reaktion der muslimischen Gelehrten im Offenen Brief oder etwa A. A. Nayeds war ihrerseits jedoch ebenso enggeführt, als sie nicht erwähnten, dass es tatsächlich eine Interpretation in der islamischen Auslegungsgeschichte gab – und zwar lange Zeit als Mainstream –, welche 2:256 als abrogiert betrachtete. Sie hätten vielmehr argumentieren müssen, dass diese Interpretation *heute* (zumindest mehrheitlich) nicht mehr vertreten wird. Was man ausserdem von Seiten der islamischen Gelehrsamkeit erwarten

---

49 Crone erwähnt noch eine sechste, jedoch weniger verbreitete Interpretation, die Vers 2:256 lediglich auf das Verbot des Zwangs von Muslimen zum Abfall vom Islam bezieht.

50 Vgl. z. B. *Talbi*, Religionsfreiheit, 58; *Essabah*, Religionsfreiheit, 81.91f.

51 Vgl. *Nöldeke*, Geschichte.

muss, ist eine selbstkritische Auseinandersetzung mit der Rechtsstellung von Nichtmuslimen in der klassischen Scharia sowie mit
der Apostasieproblematik.[52]

2.2   Die Lehre vom Ǧihād

Die Hauptstossrichtung der Regensburger Vorlesung zielte auf das
Verhältnis von Religion, Vernunft und Gewalt: «Gott hat keinen
Gefallen am Blut» und «nicht vernunftgemäß – nicht ‹συν λογω› –
zu handeln, ist dem Wesen Gottes zuwider», zitiert Benedikt Kaiser
Manuel II. Palaeologos zustimmend.[53] Auf den Zusammenhang
vom Verständnis des Wesens Gottes mit der Ethik wird gleich noch
näher einzugehen sein. Zunächst aber zu der ziemlich deutlich
ausgesprochenen Kritik des Papstes am Islam in seinem Verhältnis
zur Gewalt. Zwei ziemlich unversöhnliche Theorien stehen sich
in der gegenwärtigen wissenschaftlichen wie populären Diskussion gegenüber: Die eine Position – meist von Muslimen selbst –
behauptet, die Phänomene der Gewalt in der islamischen Welt
hätten mit der islamischen Religion wesentlich nichts zu tun; der
an sich friedliche und tolerante Islam werde benutzt, missbraucht
für politische oder andere Zwecke. Die andere Position dagegen
sieht im umwandelbaren Wesen des Islam gewalttätige, intolerante
Züge.[54] Beide Positionen sind meiner Ansicht nach höchst apologetisch, weil erkennbar interessengeleitet, wissenschaftlich nicht
haltbar, weil sie «essentialistisch» sind und die komplexen Zusam-
menhänge der Religion mit sozialen, geschichtlichen, politischen,
ökonomischen Kontexten unterschlägt, und schliesslich sind diese
Positionen gefährlich, weil sie eine wirkliche Problemanalyse und
damit auch Problemüberwindung verhindern.

---

52 Ansätze einer solchen Reformdiskussion gibt es längst: Zur Rechtsstellung von
    Nichtmuslimen vgl. z. B. *Renz*, Sicht 146–159; zur Apostasieproblematik,
    vgl. *Ucar*, Todesstrafe 227–244.
53 Vgl. *Benedikt XVI.*, Glaube 16.
54 Im Extrem wird diese Position z. B. vertreten in den Büchern und Stellung-
    nahmen von Hans-Peter Raddatz.

Eine solche Problemanalyse kann auch an dieser Stelle nicht geleistet werden. Aus christlicher Perspektive jedoch wäre wünschenswert, ja unbedingt erforderlich, dass sich islamische Theologen und Gelehrte heute weltweit kritisch und selbstkritisch mit den eigenen Quellen, der eigenen Tradition und Geschichte wie auch mit gegenwärtigen Strömungen im Islam – etwa dem sog. Ǧihādismus[55] – auseinandersetzen, welche faktisch gewaltlegitimierend wirken.[56] Die auf den Quellen Koran und Sunna basierende und im Mittelalter entwickelte klassische Lehre vom *ǧihād* ist offensichtlich bis in unsere Gegenwart hinein seitens der islamischen Rechtsschulen und Autoritäten – von wenigen Ausnahmen abgesehen – nicht wirklich reformiert oder gar aufgegeben worden, obgleich selbst die meisten konservativen Gelehrten heute den defensiven Charakter des *ǧihād* betonen.[57]

Auch wenn die zeitgenössische christliche Theologie in der kritischen Aufarbeitung der eigenen Gewaltgeschichte sicherlich weiter vorangeschritten ist als die islamische, verbietet sich angesichts der eigenen Schuldgeschichte – gerade auch gegenüber der islamischen Welt – jegliche selbstgerechte Überheblichkeit. So ist auch bedauerlich und zu kritisieren, dass Papst Benedikt in der Regensburger Vorlesung eben diese selbstkritische Auseinandersetzung mit der eigenen Geschichte hat vermissen lassen, was sicherlich dazu beigetragen hätte, die muslimischen Gemüter zu besänftigen. So gelangt etwa der italienische Orientalist und Kirchenhistoriker Dag Tessore in seiner religionsvergleichenden Analyse zu dem Urteil, «dass die Idee des Heiligen Krieges – gleichermaßen militärisch und spirituell –, obwohl sie sich deutlich in fast allen Religionen zeigt, besonders im Christentum theoretisiert und gelebt wurde»[58].

---

55 Zur religiösen Legitimation etwa der Anschläge vom 11. September 2001 vgl. *Kippenberg/Seidensticker (Hg.)*, Terror.

56 So z. B. *Ragab*, Lehre 57–72.

57 Vgl. dazu *Khoury*, Koran bes. 24f.73; *Noth*, Krieg; *Peters*, Islam; *Steinweg (Hg.)*, Krieg.

58 *Tessore*, Krieg 8.

Das Bestürzende an den Ergebnissen seiner Arbeit ist, dass der Krieg und die Gewalt in den Religionen offensichtlich keineswegs nur vereinzelte religiöse Verirrungen oder Instrumentalisierung für weltliche Ziele waren, sondern «dass der Hauptteil der großen Theoretiker und Verfechter des heiligen Krieges Männer von einwandfreier, moralischer Integrität und tiefster Spiritualität waren. [...] Das, was Heilige und Theologen dazu gebracht hat, den Krieg zu rechtfertigen, ist nicht eine Annäherung an die irdische, materielle Welt, sondern genau das Gegenteil: eine radikal spirituelle Vision der Welt, nach welcher die Seele wichtiger als der Körper ist»[59]. Sich diesem erschütternden Faktum offen zu stellen, ist Christen wie Muslimen gleichermassen aufgetragen.

Eine Ende April 2008 veröffentlichte gemeinsame Erklärung von Vatikan und hochrangigen iranischen Theologen, ebenfalls angestossen durch die Regensburger Vorlesung, formuliert in Punkt drei der Erklärung: «Glaube und Vernunft sind in sich gewaltlos. Weder die Vernunft noch der Glaube sollten für Gewalttätigkeit benutzt werden; bedauerlicherweise wurden beide bisweilen dazu missbraucht, Gewalt zu verüben.»[60] Es bleibt abzuwarten, wie weit dieses gemeinsame Bekenntnis trägt und zu praktischen Konsequenzen führt.

2.3 «Habt ihr denn keinen Verstand?» (Sure 10:16) – Zum Verhältnis von Offenbarung und Vernunft im Islam

Die Frage nach dem Verhältnis von Offenbarung und Vernunft stellt sich für jede Offenbarungsreligion, besonders aber für die drei semitischen Offenbarungsreligionen, die im Laufe ihrer Geschichte mit der griechischen Philosophie in Kontakt gekommen und auf vielfältige Weise damit interagiert haben. Bereits die theologische Auseinandersetzung zwischen Muhammad und seinen Zeitgenossen nimmt auf die Rolle der Vernunft Bezug und schlägt sich an

59 Ebd. 9f.
60 Zit. *Gemeinsame Erklärung.*

vielen Stellen im Koran nieder, wo den Gegnern und Skeptikern der koranischen Offenbarung vorgeworfen wird, dass sie ihren Verstand nicht gebrauchen (vgl. Sure 10:16).[61]

Theologiegeschichtlich kommt im Islam das Problem der Verhältnisbestimmung vor allem im Streit zwischen den beiden Schulen der Mu'taziliten und Asch'ariten zum Ausdruck. Mu'taziliten wie Zamakhschari gingen davon aus, dass der Mensch als rationales Wesen zur Erkenntnis Gottes gelangen kann, unabhängig von Offenbarung.[62] Prophetie und Offenbarung ist nach ihm lediglich die Erinnerung der Menschen, ihre Vernunft zu benutzen.[63] Asch'aritische Theologen wie al-Baydawi dagegen hielten an der Notwendigkeit der Offenbarung für die wahre Gotteserkenntnis fest. Aber selbst diese sich durchsetzende Schule war nicht widervernünftig: Sie betonte lediglich die Grenzen der Vernunft besonders hinsichtlich der theologischen und ethischen Erkenntnis, befürwortete jedoch die kritische Kontrolle der Glaubenstradition durch die Vernunft und bediente sich der Vernunft zur Verteidigung der geoffenbarten Wahrheit: ein «vernünftiger Traditionalismus» also.[64]

Eng mit der Problematik der Verhältnisbestimmung von Offenbarung und Vernunft verbunden ist die Frage nach der Erkennbarkeit ethischer Prinzipien: Sind diese mit Hilfe der Vernunft zu erkennen oder allein durch Offenbarung? Die Mu'taziliten vertraten ersteres und nahmen an, dass Dinge in sich gut oder schlecht und daher als solche mit der Vernunft zu erkennen sind. Auch Gott ist an diese in sich stehende Wertigkeit gebunden; da er seinem Wesen nach gut ist, schliesst dies ein böses Handeln Gottes aus. Für al-Asch'ari dagegen ist Gott absolut freier Wille, der die Normen des Wahren und Guten festsetzt, weshalb der Mensch nur durch Offenbarung weiss, was gut und was böse ist. Gott ist nach dieser Sicht durch nichts und niemanden daran gebunden, stets

61 Vgl. u. a. *Arberry*, Revelation, 12–15.
62 Vgl. auch *Ibn Tufail*, Philosoph.
63 Vgl. zum Folgenden *Ibrahim*, Relation 63–74.
64 Vgl. dazu *Khoury*, Gott 77–96, 79f.89.

das Beste zu tun – auch wenn er es aus Gnade und Gewohnheit in der Regel tut.[65]

Letztlich geht es hier um die auch in der christlichen Theologie bis heute virulente Frage, ob Gottes Wille an die Vernunft gebunden ist, näherhin um die richtige Definition der Allmacht Gottes. Papst Benedikt berief sich in seiner Darstellung eines islamischen Voluntarismus auf den mittelalterlichen Theologen Ibn Hazm (994 in Cordoba geboren, gestorben 1064), der der zahiritischen Rechtsschule angehörte, welche nur den wörtlichen, äusserlichen (*zāhir*) Sinn des Koran und der Sunna gelten liess. Ibn Hazm nun hat diese Methode der wörtlichen Auslegung auch auf die Dogmatik angewandt, worin ihm die Zahiriten allerdings nicht gefolgt sind.[66] Zwar war die Vernunft für Ibn Hazm einerseits durchaus ein sicheres Mittel, die Wahrheit einer Aussage – auch im Bereich der Religion – zu beweisen.[67] Andererseits konnte er die Autonomie der Vernunft neben der Offenbarung nicht anerkennen. Indem der Papst aber allein die – wie sonst nur auf dem historisch-biographischen Hintergrund angemessen einzuordnende – Position Ibn Hazms zur Unterstützung seiner These heranzog, führt seine Darstellung zu schiefen Schlussfolgerungen, weil sie nicht berücksichtigt, dass dies nur eine unter vielen theologischen Positionen zu dem Problem in der klassischen islamischen Theologie war. Es entstand geradezu der Eindruck, also sei Ibn Hazm repräsentativ für die islamische Theologie.

Die grosse Mehrheit der Muslime hat über die Jahrhunderte hindurch mit Bezug auf die Quellen die Rolle der Vernunft im Glauben, gerade auch im theologischen Dialog und Streit mit Juden, Manichäern und Christen, betont.[68] Aber auch die islamische Rechtswissenschaft, die einen viel stärkeren Stellenwert als die Theologie im Islam hatte und hat, kommt ohne philosophische

65 Vgl. *Khoury*, Gottesbegriff 169–178, 174f.
66 Vgl. *Watt/Marmura*, Islam 444.
67 Vgl. *Behloul*, Evangelienkritik 7.
68 Vgl. van *Ess*, Theologie 568.645.

Methoden nicht aus.[69] So kann Adel Theodor Khoury mit Recht schreiben: «Selbstverständlich wird im Islam die Bedeutung der Vernunft und der logischen Argumentation betont, und zwar im Koran, in der Tradition des Propheten Muhammad, bei den Theologen und den Philosophen des Islams.»[70] Allerdings muss hier bedacht werden, dass in Koran, Sunna, islamischer Theologie und Philosophie keineswegs ein einheitlicher Vernunftbegriff vorliegt, ja sogar sehr gegensätzliche Konzepte existieren. Vor allem darf der in diesen Quellen verwendete Vernunftbegriff nicht mit dem Vernunftbegriff der Aufklärung (im Sinne eines Gegensatzes von verstandesmässiger und sinnlicher Erkenntnis) identifiziert werden.[71] So stehen die im Koran verwendeten Verbformen von ʿaqala an vielen Stellen vor allem für die sinnliche Wahrnehmung der «Zeichen Gottes»[72], und nicht in erster Linie für den diskursiven Verstand. Es geht hier also eher um eine Erkenntnis des Herzens, die zum Glauben und zum Lobpreis führt. Bereits im Hadith und natürlich in der islamischen Scholastik und Philosophie wird ʿaql dann mit dem griechischen νοῦς identifiziert und als Komplementärbegriff zu naql (= Tradition) interpretiert.[73] Erst ab dem 19./20. Jh. wird ʿaql zu einem zentralen Begriff reformistischer und rationalistischer Konzepte im Islam.[74]

Eine gerechte Behandlung des Themas aus christlicher Perspektive jedenfalls müsste nicht nur die diachrone und synchrone Vielfalt der theologischen und philosophischen Schulen und Richtungen im Islam beachten, sondern auch die Rolle des Islam gerade bei der Transmission griechischer Philosophie an das lateinische

69 Vgl. *Arberry*, Revelation 17f.
70 *Khoury*, Gott 78f. Am Ende allerdings kommt Khoury doch zu dem m. E. einseitigen und essentialistischen Fehlschluss, dem offensichtlich auch Papst Benedikt erlegen ist: «In seiner Mitte ist der Islam doch die Religion des göttlichen Voluntarismus und der Unterwerfung des Menschen unter den unbedingten Willen Gottes.» Ebd. 96.
71 Vgl. *Kermani*, Gott bes. 61–63.
72 Vgl. dazu *Renz*, Zeichen 239–257.
73 Vgl. *Rahman*, Akl 341–342.
74 Vgl. *Kermani*, Intellect 547–549.

Mittelalter würdigen.[75] Beides wurde leider in der Vorlesung des Papstes nicht deutlich.[76] Dass es umgekehrt auch in der christlichen Theologiegeschichte die Vorstellung eines «unvernünftigen bzw. unberechenbaren Gottes» gab, bleibt bei Benedikt mit Verweis auf Johannes Duns Scotus und den spätmittelalterlichen Voluntarismus immerhin nicht unerwähnt.[77] Darüber hinaus wäre aus der Neuzeit etwa auf Sören Kierkegaard zu verweisen.[78] Festzuhalten bleibt ausserdem, dass auch die katholische Lehre von zwei prinzipiell verschiedenen Erkenntnisordnungen ausgeht, die sich nicht nur in der Methode, sondern auch im Gegenstand unterscheiden: «Der Glaube, der sich auf das Zeugnis Gottes gründet und der übernatürlichen Hilfe der Gnade bedient, ist in der Tat von einer anderen Ordnung als die philosophische Erkenntnis.»[79] Die Vernunft kann zwar helfen, die geoffenbarte Wahrheit zu durchdringen und zu verstehen (*fides quaerens intellectum*), aber ohne Offenbarung kann der Mensch nicht zur wahren Erkenntnis Gottes gelangen.[80]

3   Fazit: Christentum und Islam im Diskurs der Gesellschaft

Was bedeutet nun diese gesamte Debatte für das Verhältnis von Christentum und Islam in der Gesellschaft und im öffentlichen Diskurs in Europa?

1) Durch die öffentliche Debatte im Gefolge der Regensburger Vorlesung und die muslimischen Proteste, in die sich sogar die Politik eingeschaltet hat, ist erneut deutlich geworden, dass

---

75 Vgl. dazu *Watt*, Einfluss; *Hendrich*, Philosophie; *Dieterici*, Zusammenhang.

76 *Flasch*, Kirchenvätern 42, kritisiert die hier angewandte Methode Benedikts als «unhistorische Schwarz-Weiß-Malerei».

77 Vgl. *Benedikt XVI.*, Glaube 20.

78 Vgl. dazu *Wenzel*, Glaube 112–114.

79 *Johannes Paul II.*, Fides Nr. 9.

80 Die *Gemeinsame Erklärung von Vatikan und islamischen Theologen* formuliert in Punkt 2: «Glaube und Vernunft widersprechen einander nicht; allerdings kann der Glaube in manchen Fällen über der Vernunft stehen, jedoch nie ihr entgegen.»

Religion selbst im säkular erscheinenden Mitteleuropa auch zu Beginn des 21. Jh. einen gesellschaftsrelevanten Faktor darstellt. Theologische Auseinandersetzungen stehen nach wie vor nicht in einem luftleeren Raum, sondern in konkreten, heute sogar globalisierten gesellschaftspolitischen Kontexten. Aus diesem Faktum resultiert unter anderem eine besondere ethische Verantwortung der Theologen und geistlichen Führer in den Religionen: Die Verpflichtung zu einer vernunftgeleiteten Sprache und Argumentation. Die Sprache der Vernunft nämlich «ist eine Sprache der Anerkennung des Anderen. Die Verweigerung solcher Anerkennung ist – Gewalt.»[81] Die Sprache der Vernunft muss eine Sprache der kritischen und selbstkritischen Vernunft sein. Nicht wenige muslimische Menschen sind offen für eine solche Sprache der Vernunft und fordern sie geradezu ein im Dialog der Religionen und Kulturen. Viele Muslime stimmen auch dem Papst zu, wenn dieser vor einer Verabsolutierung und Selbstüberschätzung der Vernunft warnt. Christen und Muslime stehen – zusammen mit allen anderen glaubenden Menschen – im säkularen und pluralistischen Kontext moderner Gesellschaften vor der Frage, wie sie den Anspruch ihres Glaubens vernünftig zu begründen vermögen, ohne entweder sich in einem exklusivistischen Absolutismus zu verschanzen oder aber in einem beliebigen Relativismus zu versinken.

2) Für einen vernünftigen Dialog ist wichtig, die innere diachrone wie synchrone Vielfalt der fremden wie der eigenen Religion und Tradition sowie deren Kontexte wahrzunehmen und zu berücksichtigen. Nur so können oberflächliche Urteile und Fehlurteile vermieden werden, die auf essentialistischen Auffassungen beruhen. Differenzierung und kritische Aufarbeitung der Geschichte sowie eine klare Analyse von Zusammenhängen etwa von Religion, Politik, Gesellschaft sind notwendige Voraussetzungen für einen konstruktiven Dialog der Religionen und Kulturen.[82]

81 *Wenzel*, Vorwort 8. Vgl. auch *Striet*, Benedikt 85.
82 Vgl. auch *Gemeinsame Erklärung* Nr. 6–7.

3) Die Vorgänge im Zusammenhang mit der Regensburger Vorlesung zeigen, dass ein besseres Verstehen zwischen den Religionen letztlich nur durch den lebendigen Dialog und nicht allein auf dem Studium von Texten möglich ist. Nur durch die persönliche Begegnung kann eine Haltung der Wertschätzung und des Vertrauens entstehen, in der man letztlich auch lernt, mit Kritik leben zu können und bleibende Unterschiede anzuerkennen.[83] Um was es im Letzten geht, macht der Münsteraner islamische Theologe Muhammad Kalisch in seiner Stellungnahme zum Karikaturenstreit deutlich:

«Wer eine Gesellschaft will, die Meinungs- und Wissenschaftsfreiheit anerkennt, der muss damit leben, dass es Menschen gibt, die seine weltanschaulichen Auffassungen nicht teilen und Dinge für Unsinn halten, die er selbst als Wahrheiten betrachtet. Wer dabei aufrichtig ist, der wird versuchen, die Gefühle anderer Menschen so wenig wie möglich zu verletzen. Ganz vermeiden wird man es kaum können, wenn man Dinge für falsch oder unsinnig hält, die anderen Menschen heilig sind. Man kann allerdings bei aller Kritik an inhaltlichen Fragen versuchen, dem Gegenüber zu verstehen zu geben, dass man ihn trotz dieser Kritik als Menschen in seiner Würde Ernst nimmt und sich bemühen, einen Weg für Kritik zu wählen, der möglichst wenig verletzt.»[84]

Literatur

Arberry, Arthur J.: Revelation and Reason in Islam, London/New York: Allen and Unwin, 1957.

Ayoub, Mahmoud Muhammad: The Qur'ān and Its Interpreters. Vol. I. Albany: State Univ. of New York Press, 1984.

Behloul, Samuel-Martin: Ibn Hazms Evangelienkritik. Eine methodische Untersuchung. Leiden/Boston/Köln: Brill, 2002.

83 Vgl. dazu *Renz/Hock/Takim*, Identität bes. 258f.
84 *Kalisch*, Stellungnahme.

Benedikt XVI.: Glaube und Vernunft. Die Regensburger Vorlesung. Vollständige Ausgabe, kommentiert von Gesine Schwan, Adel Theodor Khoury, Karl Kardinal Lehmann. Freiburg i. Br./ Basel/Wien: Herder, 2006.

Ders.: Glaube, Vernunft und Universität. Erinnerungen und Reflexionen, in: *Benedikt XVI.,* Glaube. A. a. O., S. 11–32.

Bhutta, Abdur Rahman: Andersgläubige im Islam, in: *Zafar, Haider Ali (Hg.):* Glaube. A. a. O., S. 190–202.

Ders.: Islam – Religion des Wissens und der Argumente, in: *Zafar, Haider Ali (Hg.):* Glaube. A. a. O., S. 222–234.

Burton, John: Art. Naskh, in: Encyclopaedia of Islam. New Edition. Vol. VII (1993), S. 1009–1012.

Crone, Patricia: Islam and Religious Freedom (Festvortrag beim 30. Deutschen Orientalistentag am 24. September 2007 in Freiburg), in: http://omnibus.uni-freiburg.de/~mr5/dot2007/ vortrag_crone_final.doc, 1–8 (26.11.2007).

Dieterici, Friedrich: Über den Zusammenhang der griechischen und arabischen Philosophie. Hg. von Verena Mayer. München: Ed. Avicenna, 2004.

Ess, Josef van: Theologie und Gesellschaft im 2./3. Jahrhundert Hidschra. Bd. IV. Berlin/New York: de Gruyter, 1997.

Essabah, Elhadi: Die metaphysische Basis der Religionsfreiheit und die Grundprinzipien des freien menschlichen Willens im Koran. Aachen: Shaker, 2002.

Flasch, Kurt: Von Kirchenvätern und anderen Fundamentalisten. Wie tolerant war das Christentum, wie dialogbereit ist der Papst? Der Schlüssel liegt in der Regensburger Vorlesung, in: *Wenzel, Knut (Hg.):* Religionen. A. a. O., S. 41–46.

Frankemölle, Hubert: Frühjudentum und Urchristentum. Vorgeschichte – Verlauf – Auswirkungen (4. Jahrhundert v. Chr. bis 4. Jahrhundert n. Chr.). Stuttgart: Kohlhammer, 2006.

Gätje, Helmut: Koran und Koranexegese. Stuttgart/Zürich: Artemis, 1971.

Gemeinsame Erklärung von Vatikan und islamischen Theologen, in: KNA-ÖKI Nr. 19–20/6 Mai 2008, S. 19.

Hameed, Naveed: Glaube und Vernunft aus islamischer Perspektive, in: *Zafar, Haider Ali (Hg.):* Glaube. A. a. O., S. 203–221.

Hendrich, Geert: Arabisch-islamische Philosophie. Geschichte und Gegenwart. Frankfurt a. M.: Campus, 2005.

Herold, Gerhart: Kampf um die Macht. Der Papst gegen Protestanten und Moslems, in: Nachrichten der Evangelisch-Lutherischen Kirche in Bayern 8 (2007), S. 255–259.

Hroub, Khaled: Benedict XVI's Statement on Islam and Reason. The Mistakes of the Pope and the Mistakes of the Muslims, in: www.qantara.de/webcom/show_article.php/_c-478/_nr-503/_p-1/i.html?PHPSESSID=5 (19.3.2008).

Huber, Wolfgang: Glaube und Vernunft. Ein Plädoyer für ihre Verbindung in evangelischer Perspektive, in: *Wenzel, Knut (Hg.):* Religionen. A. a. O., S. 57–70.

Ibn Tufail, Abu Bakr: Der Philosoph als Autodidakt. Ein philosophischer Insel-Roman. Übersetzt, mit einer Einleitung und Anmerkung hg. von Patric O. Schaerer. Hamburg: Meiner, 2004.

Ibrahim, Lutpi: The Relation of Reason and Revelation in the Theology of Az-Zamakhshari and Al-Baydawi, in: Islamic Culture 54 (1980), S. 63–74.

Johannes Paul II.: Enzyklika Fides et ratio 14. September 1998: VAS 135. Bonn: Sekretariat der Deutschen Bischofskonferenz, 1998.

Kalisch, Muhammad: Stellungnahme zum gegenwärtigen Konflikt um die Karikaturen, die den Propheten Muhammad abbilden, in: www.radikalkritik.de/Stellung_Karik.htm (12.03.2008).

Kermani, Navid: Appelliert Gott an den Verstand? Eine Randbemerkung zum koranischen Begriff ʿaql und seiner Paret'schen Übersetzung, in: *Edzard, Lutz; Szyska, Christian (Hg.):* Encounters of Words and Texts. Intercultural Studies in Honor of Stefan Wild. Hildesheim/Zürich/New York: Georg Olms, 1997, S. 43–66.

Ders.: Art. Intellect, in: *McAuliffe, Jane D. (Hg.):* Encyclopaedia of the Qurʾān. Vol. II. Leiden: Brill, 2002, S. 547–549.

Khoury, Adel Theodor: Gottesbegriff im Streit von Theologie und Philosophie. Bemerkungen zum islamischen Voluntarismus, in: *Papenfuss, Dietrich; Söring, Jürgen (Hg.):* Transzendenz und Immanenz. Philosophie und Theologie in der veränderten Welt. Stuttgart u. a.: Kohlhammer, 1977, S. 169–178.

Ders.: Ist Gott ein absoluter, ungebundener Wille? Bemerkungen zum islamischen Voluntarismus, in: *Benedikt XVI.,* Glaube. A. a. O., S. 77–96.

Ders.: Was sagt der Koran zum Heiligen Krieg? Freiburg i. Br./ Basel/Wien: Herder, ²2007.

Kippenberg, Hans G.; Seidensticker, Tilman (Hg.): Terror im Dienste Gottes. Die «Geistliche Anleitung» der Attentäter des 11. September 2001. Frankfurt a. M./New York: Campus, 2004.

Laabdallaoui, Mohamed: Kritischer Dialog. Ein muslimischer Versuch die Papst-Vorlesung zu verstehen, in: www.islam. de/6821_print.php, 1 (21.9.2006).

Maier, Bernhard: Art. Abrogation, in: *ders.:* Koran-Lexikon. Stuttgart: Kröner, 2001, S. 3.

Majoka, Mohammed Dawood: Kriege in der Zeit des Propheten, in: *Zafar, Haider Ali (Hg.):* Glaube. A. a. O., S. 159–189.

Martinetti, Alessandro: Arbitrio o Logos? Il Dio dell'islam e quello cristiano, in: http://chiesa.espresso.repubblica.it/articolo/93245 vom 30.10.2006 (22.11.2007), S. 3–6.

Masood, Ehsan: Benedict's Speech on Faith. Science is the Real Target, in: www.qantara.de/webcom/show_article.php_c-478/_nr-501/i.html (19.3.2008).

Munir, Muhammad Ilyas: Lehre des Islam über den Gihad, in: *Zafar, Haider Ali (Hg.):* Glaube. A. a. O., S. 103–158.

Murad, Abdal Hakim: Benedict XVI and Islam, in: Islamica Magazine 18 (2006), S. 34–45.

Nayed, Aref Ali: Our God and Your God is One, in: http:// chiesa.espresso.repubblica.it/articolo/93245 vom 30.10.2006 (22.11.2007), S. 6–14.

Ders.: A Muslim's Commentary on Benedict XVI's Regensburg Lecture, in: Islamica Magazine 18 (2006), S. 46–54; dt. in: *Wenzel, Knut (Hg.):* Religionen. A. a. O., S. 17–40.

Nöldeke, Theodor: Geschichte des Qorāns. Bearb. von Friedrich Schwally. Hildesheim: Georg Olms, 1961 (Nachdruck der 2. Aufl. von 1909).

Noth, Albrecht: Heiliger Krieg und Heiliger Kampf in Christentum und Islam. Bonn: Röhrscheid, 1966.

Open Letter to Pope Benedict XVI. Written and Signed by Leading Muslim Scholars and Leaders in Response to Pope Benedict XVI's Remarks on Islam at the Regensburg Lecture on September 12, 2006, in: Islamica Magazine 18 (2006), S. 26–32 (www.islamica.magazine.com).

Peters, Rudolph: Islam and Colonialism. The Doctrine of Jihad in Modern History. Den Haag: Mouton, 1979.

Ragab, Abd el-Halim: Die Lehre vom «ǧihād» im Islam. Eine kritische Diskussion der Quellen und aktueller Entwicklungen, in: *Renz, Andreas; Leimgruber, Stephan (Hg.):* Lernprozess Christen Muslime. Gesellschaftliche Kontexte – Theologische Grundlagen – Begegnungsfelder. Münster/Hamburg/London: LIT 2002, S. 57–72.

Rahman, Fazlur: Art. ʿAkl, in: Encyclopaedia of Islam. New Edition, Vol. I (1960), S. 341–342.

Ramadan, Tariq über die Papstdebatte. Presseschau/Archiv 20.09.2006, in: www.eurotopics.net/print/de/presseschau/archiv/article/ARTICLE7098.

Renz, Andreas; Hock, Klaus; Takim, Abdullah. Identität durch Anerkennung von Differenz, in: *Schmid, Hansjörg u. a. (Hg.):* Identität. A. a. O., S. 254–260.

Ders.: Theologische Sicht und rechtliche Stellung des Christentums im Islam. Hermeneutische Neuansätze am Beispiel von Farid Esack und Abdullahi An-Naʾim, in: Münchener Theologische Zeitschrift 58 (2007), S. 146–159.

Ders.: Die «Zeichen Gottes» (*āyāt Allāh*). Sakramentalität im Islam und ihre Bedeutung für das christlich-islamische Verhältnis, in: Theologische Zeitschrift 61 (2005), S. 239–257.

Schmid, Hansjörg; Renz, Andreas; Sperber, Jutta; Terzi, Duran (Hg.): Identität durch Differenz? Wechselseitige Abgrenzungen in Christentum und Islam. Regensburg: Pustet, 2007.

Steinweg, Reiner (Hg.): Der gerechte Krieg. Christentum, Islam, Marxismus. Frankfurt a. M.: Suhrkamp, 1980.

Striet, Magnus: Benedikt XVI., die Moderne und der Glaube. Anmerkungen zur Regensburger Vorlesung des Papstes, in: *Wenzel, Knut (Hg.):* Religionen. A. a. O., S. 85–98.

Talbi, Mohammed: Religionsfreiheit – eine muslimische Perspektive, in: *Schwartländer, Johannes (Hg.):* Freiheit der Religion. Mainz: Matthias-Grünewald-Verlag, 1993, S. 53–71.

Tessore, Dag: Der Heilige Krieg im Christentum und Islam. Düsseldorf: Patmos, 2004.

Troll, Christian W.: «Unsere Seelen sind in Gefahr». Ein beispielloser islamischer Appell zum Dialog mit den Christen – und eine katholische Antwort, in: Die Zeit, Nr. 43 vom 18. Oktober 2007, S. 14.

Ucar, Bülent: Die Todesstrafe für Apostaten in der Scharia: Traditionelle Standpunkte und neuere Interpretationen zur Überwindung eines Paradigmas der Abgrenzung, in: *Schmid, Hansjörg; Renz, Andreas; Sperber, Jutta; Terzi, Duran (Hg.):* Identität. A. a. O., S. 27–244.

Watt, William M.: Der Einfluss des Islam auf das europäische Mittelalter. Neuausgabe. Berlin: Wagenbau, 2001.

Watt, William M.; Marmura, Michael: Islam II. Politische Entwicklungen und theologische Konzepte. Stuttgart/Berlin/Köln: Kohlhammer, 1985.

Wenzel, Knut (Hg.): Die Religionen und die Vernunft. Die Debatte um die Regensburger Vorlesung des Papstes. Freiburg i. Br./ Basel/Wien: Herder, 2007.

Ders.: Vorwort, in: *ders. (Hg.):* Religionen. A. a. O., S. 7–9.

Ders.: Vernünftiger Glaube: Bemerkungen zur Regensburger Vorlesung Papst Benedikts XVI., in: *ders. (Hg.):* Religionen. A. a. O., S. 99–118.

Zafar, Haider Ali (Hg.): Glaube und Vernunft aus islamischer Perspektive. Antwort auf die Regensburger Vorlesung vom Papst Benedikt XVI. Frankfurt a. M.: Der Islam, 2007.

Farideh Akashe-Böhme

Regeln weiblicher Existenz: Koran und Sunna

Die Frage nach der Stellung der Frau im Islam ist auch in der islamischen Welt ein viel diskutiertes Thema, zu dem es kontroverse Meinungen gibt. Die Stellung der Frau im Islam wird häufig nur als Herrschaftsbeziehung zwischen den Geschlechtern behandelt. Ich habe mich dazu entschieden, das zu thematisieren, was hier in Europa immer wieder zur Irritationen führt, nämlich Ehre, Ehe, Verhüllung und die Sexualität, und aufzuzeigen, was wirklich in heiligen Schriften steht, also die orthodoxe Lehre darzustellen. Es gibt ja viele Auffassungen des Islam, aber es gibt doch nur einen Kanon verbindlicher Schriften.

Die Stellung der Frau im Islam ist nicht nur durch die Aussagen des Korans, sondern auch der Sunna bestimmt. Sunna heisst Brauch und meint: Tradition des Propheten. Die Sunna besteht aus den verbürgten Überlieferungen seiner Taten und Aussprüche. Sie dienen als Erklärung und Ergänzung zu den Vorschriften des Korans. Koran und Sunna bilden einen Kanon verbindlicher Schriften.

1   Die Regulierung der Sichtbarkeit

Es scheint, dass der Islam die Grenzen von Sichtbarkeit und Unsichtbarkeit des menschlichen Körpers wesentlich durch Kleiderordnung, also durch faktische Herstellung der Unsichtbarkeit regeln will und weniger durch die Disziplinierung des Blickes. Das muss allerdings nicht so sein, wie man in Q 24:30 und Q 24:31 sieht[1]:

> Sprich zu den gläubigen Männern, sie sollen ihre Blicke senken und ihre Scham bewahren. Das ist lauterer für sie. Gott hat Kenntnis von dem, was sie machen. Und sprich zu den gläubigen Frauen, sie sollen ihre Blicke senken und ihre Scham bewahren [...].

Es herrscht hier allerdings eine Dialektik. Je strikter man auf faktische Unsichtbarkeit durch Verhüllung dringt, desto weniger traut man der Schamhaftigkeit des Blickes. Ja, die Verhüllung befreit den Blick gewissermassen von der Selbstdisziplin und lässt ihn in ständiger Suche nach Möglichkeiten der Enthüllung schweifen. Wenn man sich umgekehrt mehr auf die Schamhaftigkeit der Blicke verlassen könnte, hätte man auch weniger Verhüllung nötig.

Das Auffällige am Islam ist nun, dass die Erfordernisse der Scham auf die beiden Geschlechter ungleich verteilt sind. Frauen müssen sich verhüllen, was Männer von einem disziplinierten Blick entlastet, und Frauen müssen schamhaft blicken, wodurch Männer von Verhüllungszwängen entlastet werden. Die strengen Verhüllungsregeln kann eine Frau eigentlich nur im Kreise von Frauen und gegenüber dem Ehemann, Vater, Bruder, durchbrechen. Der Schleierzwang wird in den aktuellen Debatten von islamistischer Seite immer wieder als ein Ausdruck des Respektes vor den Frauen und als ein Schutz für sie legitimiert. Da es den Frauen aber nicht überlassen wird, ob sie den Schleier tragen oder nicht, handelt es sich hier auf jeden Fall um eine patriarchale Massnahme. Männer entscheiden für Frauen, wie sie sich zu schützen haben. Ferner wird bei der Forderung, die Frauen sollten sich verhüllen, die Allgegenwart männlichen Begehrens unterstellt, und zwar quasi als eine unveränderliche Naturtatsache. Die Männer brauchen sich keinen

---

1   Die im Folgenden zitierten Suren werden der Übersetzung des Korans von Adel Theodor Khoury entnommen.

Zwang anzutun. Der Notwendigkeit, den Umgang der Geschlechter miteinander im öffentlichen Raum zu entsexualisieren, wird einseitig zulasten der Frau entsprochen. Faktisch ist jedoch das, was die Frauen durch Verhüllung zu leisten haben, ein Schutz der Männer. Denn es wird dabei unterstellt, dass die Frauen durch ihre pure Erscheinung als Frauen für die Männer eine unerträgliche Beunruhigung darstellen, also Fitna, das heisst Chaos, Aufruhr, Verführung erzeugen. Der Schleierzwang erweist sich damit als Massnahme zur Domestizierung der Frau, als Mittel ihrer Unterdrückung im öffentlichen Raum. Dass die Verhüllungsforderungen repressive Massnahmen gegen die Frauen darstellen, kommt nun besonders heraus, wenn man die vermeintlichen Begründungen dieser Forderungen betrachtet. Es zeigt sich nämlich, dass die Aussagen des Korans, die sich teils nur auf bestimmte Frauengruppen beziehen, teils eher pragmatischen Charakter haben, von späteren religiösen Rechtsgelehrten bis hin zu gegenwärtigen Gesetzgebern zu einem System totalitärer Vorschriften ausgebaut wurden. Zunächst zu den Koransuren. Es handelt sich hier um drei Suren. Q 33:59 sagt:

O Prophet, sag deinen Gattinnen und deinen Töchtern und den Frauen der Gläubigen, sie sollen etwas von ihrem Überwurf über sich herunterziehen. Das bewirkt eher, dass sie erkannt werden und dass sie nicht belästigt werden.

Diese Sure bezieht sich zunächst eindeutig auf die Frauen, die zur Familie des Propheten gehören. Im weiteren Sinne dann auf die Frauen der Gläubigen. Letztere Formulierung zeigt, dass Frauen hier nicht als sie selbst angesprochen werden, nämlich als gläubige Frauen, sondern lediglich als Angehörige der gläubigen Männer. Ferner ist in dieser Sure nicht eine besondere Bekleidung gefordert, vielmehr nur eine bestimmte Weise, das, was die Frauen ohnehin tragen, zu benutzen. Das Kleidungsstück als solches, das dabei vorausgesetzt wird, ist selbst nicht auf eine religiöse Forderung zurückzuführen, sondern als regionale Tracht anzusehen, klimatischen Bedingungen entsprechend wie z.B. bei den Beduinen die Kopfbedeckung. Die Begründung dafür, dass die Frauen, wie es in dieser Sure heisst, etwas von ihrem Überwurf über das Gesicht herunterziehen sollen, wird hier nicht dadurch gegeben, dass die Frau etwas verdecken muss, dessen sie sich zu schämen habe, vielmehr soll dadurch ihr sozialer Status signalisiert werden. Das würde dann etwa dem entsprechen, was man aus dem christlichen Mittelalter kannte, dass nämlich verheiratete Frauen ihre Haare hoch zu stecken hatten und eine Haube tragen mussten.

Die zweite hierher gehörige Sure bezieht sich nun eindeutig auf die Frauen, die dem Propheten angehören:

> [...] Und wenn ihr sie [die Frauen des Propheten] um einen Gegenstand bittet, so bittet sie von hinter einem Vorhang. Das ist reiner für eure Herzen und ihre Herzen. Und es steht euch nicht zu, dem Gesandten Gottes Leid zuzufügen, und auch nicht jemals seine Gattinnen nach ihm zu heiraten. Das wäre bei Gott etwas Ungeheuerliches. (Q 33:53)

Zunächst muss man feststellen, dass durch die hier formulierte Verhaltensregel nicht die Frauen des Propheten, sondern vielmehr die Empfindungen des Propheten geschützt werden sollen. Es geht um ein Verhalten gegenüber den Frauen des Propheten, das nicht zur Eifersucht Anlass geben soll. Natürlich kann man sagen, dass sich diese Regel generalisieren lässt: Man sollte sich gegenüber verheirateten Frauen so verhalten, dass man dem Ehemann keinen Anlass zur Eifersucht gibt. Keinesfalls lässt sich diese Sure als Basis für eine allgemeine Verschleierungspflicht benutzen. Das schon deshalb nicht, weil hier gar nicht von einem Kleidungsstück, sondern eher von einem Vorhang in oder an der Grenze einer Wohnung die Rede ist. Gleichwohl wird die Erwähnung des Vorhanges in dieser Sure immer wieder als das Herabkommen des Hidjabs (Vorhang) zitiert.

Der Fortgang der Sure zeigt übrigens noch überdeutlich, dass es um die Frauen des Propheten und seine Gefühle als Ehemann geht: [...] und auch nicht jemals seine Gattinnen nach ihm zu heiraten.

Generell gilt nämlich im Islam, dass verwitwete Frauen wieder heiraten können bzw. sogar sollen. Vollständigkeitshalber sei hier nun die dritte Sure aufgeführt, die sich mit dem Thema *Verhüllung* beschäftigt:

> Und sprich zu den gläubigen Frauen, sie sollen ihre Blicke senken und ihre Scham bewahren, ihren Schmuck [d. h. die Körperteile, an denen sie Schmuck tragen] nicht offen zeigen, mit Ausnahme dessen, was sonst sichtbar ist. Sie sollen ihren Schleier auf den Kleiderausschnitt schlagen und ihren Schmuck nicht offen zeigen. (Q 24:31)

Hier nun wendet sich das Verhüllungsgebot tatsächlich an alle gläubigen Frauen. Allerdings ist es in dem, was verhüllt werden soll, sehr eingeschränkt. Es geht lediglich darum, den Kleiderausschnitt durch einen Schal (Khimar[2]) zu bedecken.

In summa: Ein striktes und umfassendes Verhüllungsgebot gibt es auf der Basis des Korans nicht, insbesondere ist kein spezielles Kleidungsstück als vorgeschriebene weibliche Tracht erwähnt. Die unterschiedlichen und zum Teil wesentlich strengeren Verhüllungsgebote, die heute in vielen islamischen Ländern existieren, beruhen teils auf der Sunna, teils auf späteren Aussagen islamischer Gelehrter und teils sind sie aber auch Relikte aus vorislamischen oder islamischen Regionalenkulturen.

2   Ehre

Der Islam ist eine Religion, die sich auf der Basis traditionaler Gesellschaften entwickelt hat und solche Gesellschaften in ihren Grundstrukturen religiös festgeschrieben hat. Insofern muss man sagen, dass der Begriff der Ehre zwar kein spezifisch islamischer Begriff ist, dass er aber in allen Gesellschaften, die sich als islamisch verstehen, wesentlich mit der Vorstellung einer religiös akzeptierbaren Lebensform verbunden ist.[3] Die islamische Ethik

---

2   Khimar ist ein Schal, der Brust und Kinn bedeckte und auch als Kopfbedeckung benutzt wurde.

3   Malek Chebel schreibt: «Im Nahen Osten wie im Maghreb liegt nach landläufiger Vorstellung die Ehre einer Frau in ihrer züchtigen Haltung, die Ehre eines Mannes hingegen ist an seine Frau gebunden. So sagen zum Beispiel

ist wesentlich durch den Ehrbegriff bestimmt. Die Ehre ist ein Besitz der Familie. Sie besteht in dem Ansehen, das die Familie in der Öffentlichkeit geniesst. Der Einzelne partizipiert an diesem Ansehen, insofern er Mitglied der Familie ist. Er muss sein Verhalten in der Öffentlichkeit so einrichten, dass er das Ansehen der Familie nicht beschädigt. Die Ehre ist deshalb ein Besitz, der stets gefährdet ist. Die Familienmitglieder werden streng darüber wachen, dass der Einzelne durch sein Auftreten in der Öffentlichkeit dieses kollektive Gut nicht beschädigt.

Insofern der Ehemann, der Vater oder der Familienälteste die Familie im Ganzen nach Aussen repräsentiert, ist er auch der Träger der Ehre. Andererseits hat die Ehre nicht ihren Ursprung in ihm, sondern vielmehr in seiner Geburt aus der Familie. Dadurch ergibt sich eine besondere Verantwortung der Frau für die Wahrung und Weitergabe der Ehre. Das führt zu einer Fetischisierung der Ehre, insofern sie als substantielles Attribut des Frauenkörpers angesehen wird. In jedem Fall ist der Besitz der Ehre der Familie gerade durch das Verhalten der Frauen besonders gefährdet, sodass der Schutz der Ehre geradezu verlangen kann, den Frauen durch ein Auftreten in der Öffentlichkeit gar nicht erst Gelegenheit zu geben, die Ehre zu verletzen. Alle männlichen Mitglieder fühlen sich verpflichtet *ihre* Ehre als ein Gut zu bewahren, das den Frauen der Familie substantiell anhaftet. Sie müssen deshalb über ihre Frauen, das heisst Ehefrauen, Töchter, Schwestern wachen, weil durch sie potentiell die Familienehre gefährdet ist.

Die Vorstellung der Ehre, die eigentlich die Stellung des Einzelnen als eines Mitgliedes in einer bestimmten Familie regelt, wird durch die ungleichen Rollen von Männern und Frauen im Bezug auf die Ehre so zu einer repressiven Struktur innerhalb der Familie.

---

die arabischen Beduinen, wenn sie von ihrer Frau sprechen, *meine Ehre* (irdi), oder auch *die mir Erlaubte* (halali) - mit anderen Worten: ‹die Frau, die mir rechtmäßig zusteht›».
Chebel, Welt 101.

3   Fetisch Jungfräulichkeit

Die Ehre einer Familie, die Ehre eines Mannes, die Ehre einer Frau, alles verdichtet sich an einem Punkt: der Jungfräulichkeit. Es gehört zu den zentralen Aufgaben der Familie, die Jungfräulichkeit ihrer Töchter zu bewachen und zu bewahren, denn die Ehre der ganzen Familie ist beschädigt, sollte die Jungfräulichkeit einer Tochter durch voreheliches Geschlechtsverkehr verloren gehen. Diese Vorstellung ist von jungen Mädchen in der Regel so tief internalisiert, dass kaum zu befürchten steht, dass sie sich von sich aus auf sexuelle Abenteuer einlassen. Aber da es um die Familienehre geht, mag man sich in islamischen Familien auf die Keuschheit der Mädchen nicht verlassen. Die Sexualität der Frau wird eben grundsätzlich als Quelle des Chaos in einer Gesellschaft verstanden und ausserdem rechnet man mit der Begehrlichkeit aller Männer, die, von der zu bewahrenden Jungfräulichkeit her gesehen, als eine ständige Bedrohung der Familienehre empfunden wird. Deshalb wird die Jungfräulichkeit der Töchter durch ein ganzes System von Schutzmassnahmen umstellt, die im Resultat auf eine starke Einschränkung der Bewegungsfreiheit heranwachsender junger Frauen hinauslaufen. Natürlich gibt es auch andere Umstände, durch die die Familienehre beschädigt werden kann, doch es gibt keinen Punkt, in dem die Familienehre so verletzlich ist wie an der Jungfräulichkeit der Töchter. Das liegt sicherlich auch daran, dass die Defloration ein irreversibler Vorgang ist, während die meisten anderen Vorgänge, die die Familienehre beschädigen können, reparabel sind. Natürlich ist der Kult um die Jungfräulichkeit keineswegs auf dem Islam beschränkt, doch die Forderung, jungfräulich in die Ehe zu gehen, ist hier besonders streng, weil sie sich mit der Idee der Reinheit und der Familienehre verbunden hat. Die Koranstellen zum Thema Jungfräulichkeit sind nun von der Art, dass sich aus ihnen allein ein striktes Gebot der Jungfräulichkeit nicht begründen liesse. Die Forderung, dass eine Frau jungfräulich in die Ehe zu gehen habe, bzw. die absolute Präferenz der Männer für eine jungfräuliche Braut muss deshalb im

Zusammenhang vorislamischer Traditionen und nachkoranischer Gelehrtenmeinungen gesehen werden.

Im Koran finden sich keine Stellen, die explizit auf das Thema Jungfräulichkeit eingehen. Nur Bemerkungen über Keuschheit könnte man darauf beziehen. Dagegen wurden zwei Sunnas der orthodoxen Lehre auf das Thema Jungfräulichkeit bezogen, obgleich auch hier nicht explizit davon die Rede ist. In einigen Hadith bringt der Prophet seine Präferenz für die Heirat mit einer jungen Frau gegenüber der Heirat mit einer älteren Frau zum Ausdruck.

Doch diese Ahadith implizieren nicht, dass die Jungfräulichkeit eine Voraussetzung für die Ehe ist. Es gibt jedoch Äusserungen der späteren religiösen islamischen Gelehrten, die versuchen, die Forderung der Jungfräulichkeit durch rationale Argumente zu legitimieren. Der bis heute hochgeachtete Religionsphilosoph Al Ghazzali (1058–1111), von dem ein ganzes Buch über die Ehe vorliegt, sagt dazu: «Die Jungfräulichkeit hat drei Vorzüge: Erstens, dass die Frau den Mann lieb gewinnt, mit ihm vertraut wird und so die ersten Eindrücke von dem, was Liebe heißt, empfängt. [...] Die Natur fühlt sich eben am wohlsten bei dem, woran sie von Anfang an gewöhnt ist. Umgekehrt kann es leicht vorkommen, dass einer Frau, die schon andere Männer kennen gelernt und verschiedene Verhältnisse erprobt hat, irgendeine Eigenschaft missfällt, die nicht mit dem, was sie gewohnt ist, übereinstimmt, sodass sie gegen den Gatten eine Abneigung fasst. Zweitens wird dieser Umstand der Frau in höherem Maße die Liebe des Mannes sichern, denn die Natur hat einen gewissen Widerwillen gegen eine solche, die schon ein anderer berührt hat, und sie empfindet den Gedanken daran unangenehm. Indes sind die einen Naturen in dieser Hinsicht empfindlicher als die anderen. Drittens wird eine Frau nur nach dem ersten Mann seufzen und die erste Liebe ist zumeist auch die dauerndste.»[4]

4 *Al-Ġazzālī*, Ethik 65.

Diese Argumente führen die Präferenz der Jungfräulichkeit auf natürliche und psychologische Gründe zurück. Die stärksten religiösen Sanktionierungen erfährt die Forderung der Jungfräulichkeit dadurch, dass den Gläubigen im Paradies Jungfrauen versprochen werden. Insgesamt in neun Suren im Koran werden Huris (Gattinnen des Paradieses) erwähnt:

> Sie lehnen sich auf Unterlagen, deren Futter aus Brokat sind. Und die Ernte der beiden Gärten hängt herab. Welche der Wohltaten eures Herrn wollt ihr beide für Lügen erklären? Darin sind [Frauen], die ihre Blicke zurückhalten, die vor ihnen weder Mensch noch Djinn beschlafen hat. Huri, die in den Zelten zurückgezogen wohnen. Vor ihnen hat sie weder Mensch noch Djin beschlafen. (Q 55:54–56.72.74)

Die Huris, von denen hier die Rede ist, sind nicht die wieder zur Reinheit zurückgekehrten Ehefrauen, sondern Wesen besonderer Art. Ihre Besonderheit besteht vor allem darin, dass sie nach dem Geschlechtsverkehr immer wieder zu Jungfrauen werden.

Die scharfe Trennung von erlaubter und nichterlaubter Sexualität trifft nun beide Geschlechter in unterschiedlichem Masse. Die Einrichtung der Institution der Polygamie erlaubt dem Mann mehrere Frauen zu heiraten, nicht aber der Frau mehrere Männer. Der Mann kann also im Prinzip die Vielfalt seiner Bedürfnisse ausleben, und wenn sich das Begehren eines verheirateten Mannes auf eine Frau richtet, mit der er nicht verheiratet ist, dann kann er dieses Begehren legitimieren, indem er sie heiratet. Diese Möglichkeit steht der Frau nicht offen, so dass sie auch die Sanktionierungen von Fehltritten härter treffen. Die Grenzlinie zwischen erlaubter und nichterlaubter Sexualität wird nun durch ziemlich strenge Strafen befestigt. So lesen wir:

> Wenn eine Frau und ein Mann Unzucht begehen, dann geisselt jeden von ihnen mit hundert Hieben. Habt kein Mitleid mit ihnen angesichts [der Rechtsbestimmungen] der Religion Gottes, so ihr an Gott und den Jüngsten Tag glaubt. Und bei der Vollstreckung der Pein an ihnen soll eine Gruppe von den Gläubigen zugegen sein. (Q 24:2)

Sehr viel härtere Strafen sind für den Fall des Ehebruchs vorgesehen. Die Strafe der Steinigung richtet sich bei Ehebruch sowohl gegen den Mann als auch gegen die Frau. Tatsächlich sind auch hier die Frauen mehr betroffen, aus Gründen, die mit der Nachweisbarkeit des Ehebruches zusammenhängen. Diese äusserst harten Strafbestimmungen wirken heute eher als Abschreckung und kommen selten zur Anwendung. Der Grund liegt darin, dass bereits der Prophet sehr hohe Anforderungen an den Nachweis des Ehebruches gestellt hat. Das geht auf eine Begebenheit zurück, in der die Lieblingsfrau des Propheten Aischa des Ehebruches bezichtigt wurde, was als *Hadith al Ifk* (die lügnerische Beschuldigung) bekannt ist:

> Diejenigen, die den unter Schutz gestellten Frauen Untreue vorwerfen und hierauf nicht vier Zeugen beibringen, die sollt ihr mit achtzig Hieben geißeln. Nehmt von ihnen nie mehr eine Zeugenaussage an – das sind die [wahren] Frevler –, mit Ausnahme derer, die danach umkehren und Besserung zeigen. Denn Gott ist voller Vergebung und barmherzig. Im Falle derer, die ihren Gattinnen Untreue vorwerfen, aber keine Zeugen haben außer sich selbst, besteht die Zeugenaussage eines solchen Mannes darin, dass er viermal bei Gott bezeugt, er gehöre zu denen, die die Wahrheit sagen, und zum fünften Mal [bezeugt], der Fluch Gottes komme über ihn, wenn er ein Lügner sein sollte. Von ihr [die Frau] wehrt es die Pein ab, dass sie viermal bei Gott bezeugt, er sei ein Lügner, und zum fünften Mal [bezeugt], der Zorn Gottes komme über sie, wenn er zu denen gehören sollte, die die Wahrheit sagen. (Q 24:4–9)

Diese Sure enthält nun allerdings zugleich die Möglichkeit, dass die Frau durch vierfachen Widerspruch das Zeugnis ihres Mannes gegen sie aufhebt. Damit würde sich die ganze Bestimmung selbst annullieren. Das ist jedoch nicht der Fall. Einerseits handelt diese Bestimmung nur von der Beschuldigung, die der Mann gegen seine Frau erhebt – der umgekehrte Fall wird gar nicht ins Auge gefasst –, andererseits ist im Falle einer Schwangerschaft die Frau natürlich in der schlechteren Lage.

Die strenge Scheidung von erlaubter, ehelicher Sexualität und unerlaubter, ausserehelicher Sexualität wirkt sich im Ganzen zuungunsten der Frau aus. Dieses Bild wird nun noch erheblich verschärft durch die Praxis der «Ehrenmorde». Sie kommt zustande durch eine Verbindung von Sexualmoral und Ehrenkodex: Da, wie wir gesehen haben, die Ehre einer Familie im Körper ihrer Frauen inkarniert ist, so ist jede Verletzung des Keuschheitsgebotes, insbesondere jede aussereheliche geschlechtliche oder auch nur erotische Beziehung einer Frau eine Verletzung der Familienehre. Die Männer der Familie fühlen sich dann verpflichtet, die Ehre der Familie wiederherzustellen. Und das geschieht dann durch die Ermordung der beschuldigten Frau. Die anachronistische Praxis der Ehrenmorde muss als eine Form der Selbstjustiz angesehen werden, ähnlich der Praxis der Blutrache. Hier stellen die Personen, die einen Schaden erlitten haben, die Verhältnisse selbst wieder her, und zwar durch einen Akt, durch den für sie dieser Schaden ausgeglichen wird. Es gibt also keine neutrale Beurteilung der Sachlage, es gibt keine Verteidigung der Beschuldigten, es gibt keine Rechtfertigung durch die allgemein anerkannten staatlichen Gesetze. Das führt dazu, dass die blosse Beschuldigung bereits zur Ermordung der Beschuldigten führen kann und dass überhaupt die rein familieninterne Auffassung von Ehre und Ehrverletzung die alleinige Richtlinie des Handelns darstellt.

Dass die Ehrenmorde wirkliche Morde sind, ist an sich in allen Ländern aufgrund der staatlichen Gesetze klar. Nur bildet in den meisten Ländern, in denen sie vorkommen, der Ehrbegriff noch einen so wirksamen Hintergrund moralischen Verhaltens, dass in der Regel dem Mörder mildernde Umstände zuerkannt werden und das Strafmass entsprechend niedrig ausfällt. Zudem schicken die betroffenen Familien häufig unmündige jugendliche Männer vor, um die Strafbarkeit der Handlung weiter einzuschränken.

4 Asymmetrie in der Geschlechterbeziehung

Die Asymmetrie zwischen Mann und Frau wird vor allem durch die Institution der Polygamie deutlich: Ein Mann darf mehrere Frauen heiraten, während sich eine Frau immer strikt als die Frau *eines* Mannes verstehen und verhalten muss. Die Institution der Polygamie mag heute quantitativ nicht mehr sehr verbreitet sein, in einigen islamischen Ländern wird sie sogar durch das Zivilgesetz eingeschränkt. Doch sie bestimmt im Prinzip, als was die Ehe zu verstehen ist: Sie ist eine Institution zur Befriedigung des Mannes. So schreibt Al Ghazzali in seinem Buch über die Ehe: «Was nun aber besonders sinnliche Naturen anbelangt, die nicht durch eine Frau allein befriedigt werden können, so dürfen und sollen diese noch andre Frau dazunehmen bis zu vier. Wenn ein solcher sie lieb haben und gut zu ihnen sein kann und sein Gemüt bei ihnen Befriedigung findet, so ist alles in Ordnung, wenn aber nicht, so ist ihm Abwechslung zu empfehlen.»[5]

Die Probleme, die die Polygamie mit sich bringt, sind im Islam von jeher gesehen worden. So ist die Zahl der Frauen, die ein Mann haben darf, auf vier begrenzt worden, ausserdem ist die Gleichbehandlung der Frauen eines Mannes gefordert:

Und wenn ihr fürchtet, gegenüber den Waisen nicht gerecht zu sein, dann heiratet, was euch an Frauen beliebt, zwei, drei oder vier. Wenn ihr aber fürchtet, [sie] nicht gleich zu behandeln, dann nur eine, oder was eure rechte Hand [an Sklavinnen] besitzt. Das bewirkt es eher, dass ihr euch vor Ungerechtigkeit bewahrt. (Q 4:3)

Und ihr werdet es nicht schaffen, die Frauen gleich zu behandeln, ihr mögt euch noch so sehr bemühen. (Q 4:129)

Schliesslich ist die Zahl der Frauen eines Mannes auch durch die wirtschaftliche Kraft des Mannes begrenzt. Man kann in diesen Einschränkungen der Polygamie durchaus ein Bemühen erkennen, auch Rechte der Frauen in der Ehe zu sichern. Da die Forderung

---

5   *Al-Ġazzālī*, Ethik 31.

der Gleichbehandlung bereits vom Propheten als utopisch bezeichnet wurde, kann man das jedenfalls als eine Einschränkung der zulässigen Polygamie im Konkreten ansehen.

Als naturgegebene Kraft wird die Sexualität der Frauen sehr wohl anerkannt, aber eben als etwas, das die Quelle der Unordnung, des Chaos, etwas, das destruktiv ist und Fitna schürt und deshalb gedämpft, beschnitten und beherrscht werden muss. Wenn immer wieder einmal behauptet wird, Mann und Frau seien im Islam gleichberechtigt, so gilt das im Bereich der Sexualität nur in dem Sinne, dass jeder beanspruchen kann, was ihm seinen religiösen Bestimmungen nach zusteht – und es ist nun einmal nach der islamischen Sexualmoral die Bestimmung der Frau, die sexuellen Bedürfnisse des Mannes zu befriedigen. An diesem Gesamteindruck ändert sich auch nichts, wenn es gelegentlich heisst, dass der Mann seine Frauen bei sexueller Annäherung zärtlich behandeln soll. So wird als Beweis für die Frauenfreundlichkeit des Islam immer wieder zitiert:

> Erlaubt ist euch, in der Nacht während der Fastenzeit Umgang mit euren Frauen zu haben. Sie sind eine Bekleidung für euch, und ihr seid eine Bekleidung für sie. (Q 2:187)
>
> Und es gehört zu seinem Zeichen, dass Er euch selbst Gattinnen erschaffen hat, damit ihr bei ihnen wohnet. Und Er hat Liebe und Barmherzigkeit zwischen euch gemacht. (Q 30:21)
>
> Eure Frauen sind für euch ein Saatfeld. Geht zu eurem Saatfeld, wo immer ihr wollt. Und schickt für euch [etwas Gutes] voraus. (Q 2:223)

Diese Zärtlichkeit, die damit angemahnt wird, ist der Art, wie man sie Abhängigen zukommen lässt, also eher eine Geste der Grossmut.

Der Ehe wird im Islam eine ausserordentlich hohe Bedeutung zuerkannt, das sieht man an Sunnas wie den folgenden, wo Ehe und Religion im Leben eines Menschen als gleichwertige Pflichten bezeichnet werden. Ibn Abbas sagt: «Die Frömmigkeit eines Menschen ist erst dann vollkommen, wenn er verheiratet ist»[6]. Der Prophet sagt: «Das Heiraten gehört zu meiner Sunna, und wer gegen meine Sunna ist, der ist gegen mich»[7]. Die Eheschliessung ist in der islamischen Kultur primär eine Angelegenheit der Familie, nicht der einzelnen Personen. Das Arrangement einer Ehe wird von den Eltern, aber auch anderen Verwandten der jungen Leute zustande gebracht.

Das Alter der Ehefähigkeit wird nun im Grunde biologisch verstanden. Ein Mädchen ist ehefähig von Zeitpunkt der ersten Menstruation an, und ein Junge ist ehefähig mit dem Auftreten der Zeugungsfähigkeit. Diese Grundauffassung wird nun allerdings von kulturellen Bräuchen und gesellschaftlichen Bestimmungen überlagert. Danach gibt es heute in den meisten islamischen Ländern Festlegungen darüber, in welchem Alter, nach Jahreszahlen gerechnet, ein Mädchen und ein Junge als heiratsfähig gelten. Diese Zahlen variieren stark.

Patriarchat

Ich komme zum Schluss, in dem ich einiges über den patriarchalen Charakter der genannten Strukturen zur Sprache bringen will. Der Islam ist historisch gesehen keine Ursache patriarchaler Strukturen, vielmehr waren sie in der arabischen Gesellschaft, in der der Islam entstand, gegeben. Der Islam hat diese Strukturen nicht abgeschafft, sondern im Gegenteil stabilisiert, indem er sie zur göttlichen Ordnung erhoben hat. Das bedeutet vor allem die generelle Nachordnung der Frau nach dem Mann.

Die Männer haben Vollmacht und Verantwortung gegenüber den Frauen, weil Gott die einen vor den anderen bevorzugt hat und weil sie von ihrem Vermögen [für die Frauen] ausgeben. Die rechtschaffenen Frauen sind demütig ergeben und bewahren das, was geheimgehalten werden soll, da Gott es geheimhält. (Q 4:34)

6   Ebd. 7.
7   Ebd. 5.

Q 2:228 bezieht sich auf den Fall der Scheidung:

Die entlassenen Frauen haben drei Perioden lang zu warten. Es ist ihnen nicht erlaubt, zu verschweigen, was Gott in ihrem Schoß erschaffen hat, so sie an Gott und den jüngsten Tag glauben. Ihre Gatten haben eher das Recht, sie während dieser Zeit zurückzunehmen, wenn sie eine Aussöhnung anstreben. Und sie [die Frauen] haben Anspruch auf das gleiche, was ihnen obliegt, und dies auf rechtliche Weise. *Die Männer stehen eine Stufe über ihnen* (Hervorhebung d. Autorin).

Ferner ist das weibliche Geschlecht im Erbrecht benachteiligt. Mädchen erhalten nur die Hälfte von dem, was die Jungen beanspruchen können:

Gott trägt euch in bezug auf eure Kinder [Folgendes] auf: Einem männlichen Kind steht soviel wie der Anteil von zwei weiblichen zu […]. (Q 4:11)

Das Verhältnis zwischen Mann und Frau ist im Falle einer Scheidung, wie schon erwähnt, ungleichgewichtig. Zwar können Frauen unter Umständen, insbesondere bei Impotenz des Mannes, die Scheidung verlangen, aber Männer haben das Recht ihre Frauen zu verstossen. Ausserdem haben die Männer, und das ist sogar durch den Koran (Q 4:34) legitimiert, das Recht die Frauen zu züchtigen:

[…] Ermahnt diejenigen, von denen ihr Widerspenstigkeit befürchtet, und entfernt euch von ihnen in den Schlafgemächern und schlagt sie. Wenn sie euch gehorchen, dann wendet nichts Weiteres gegen sie an.

Diese und viele andere Bestimmungen machen deutlich, dass im Islam, um mit Simone de Beauvoir zu sprechen, die Frau das *zweite Geschlecht* ist. Daran ändert sich auch nichts durch die Tatsache, dass es im Koran eine ganze Reihe von Suren gibt, die die Männer ermahnen, Frauen freundlich zu behandeln.

Es gibt allerdings auch mehrere Hadith, die kritisch zu patriarchalem Herhalten Stellung nehmen, wie zum Beispiel: «Der eine von euch entschließt sich, seine Frau auszupeitschen, wie man einen Sklaven auspeitscht, und dann ist es möglich, dass er am Ende seines Tages mit ihr schläft»[8].

Eine andere Hadith von Abu Huraira berichtet: «Wer an Gott und den Tag des Gerichts glaubt, fügt seinem Nächsten keinen Schaden zu. Und behandelt die Frauen fürsorglich und liebevoll. Die Frauen wurden aus einer Rippe geschaffen, und das am stärksten gebogene Teil einer Rippe ist das Obere. Wenn du versuchst, sie gerade zu biegen, wirst du sie zerbrechen. Überlässt du sie aber sich selbst, dann bleibt sie gekrümmt. Behandele die Frauen also fürsorglich und liebevoll»[9].

In summa: Die Unterdrückung der Frau hat in jeder Gesellschaft und jeder Religion viele verschiedene Facetten: Dass der Islam wie alle patriarchalen Religionen auch frauenfeindliche Strukturen aufweist, soll nicht bestritten werden. Aber von einem universell anerkannten Frauenbild auszugehen, ohne die besonderen historischen, materiellen und ideologischen Machtstrukturen muslimischer Gesellschaften zu analysieren, heisst, die komplexen Interaktionen zwischen Klasse, Kultur, Religion und anderen ideologischen Institutionen und Strukturen zu ignorieren. Der eigentliche Gegensatz zum Islam ist nicht das Christentum, sondern eine durchgehend säkulare Lebensordnung. Wirklich anders ist der Islam verglichen mit der modernen, rein weltlichen und individualistischen Lebensform. Und deshalb ist auch die islamische Frau, also die Frau, deren Lebensform religiös bestimmt ist, anders als die durchschnittliche, moderne Europäerin.

---

8   Nach den Hadith-Sammlungen von Sahih Bukhari, Sahih Muslim und Sunan Al-Djami al-sahih Tirmidhi. Zitiert aus: Texte aus der Tradition (Hadith) zu Themen des Korans 540.

9   *Al-Buḫārī*, Nachrichten 349.

Literatur

Al-Buḫārī, Ṣaḥīḥ: Nachrichten von Taten und Aussprüchen des Propheten Muhammad. Ausgewählt, aus dem Arabischen übersetzt und hg. von Dieter Ferchl. Stuttgart: Reclam, 1991.

Al-Ġazzālī: Islamische Ethik. Heft 2: Von der Ehe. Das 12. Buch von al-Ġazzālī's Hauptwerk. Nach den Originalquellen übersetzt und erläutert von Hans Bauer. Halle: Niemeyer, 1917.

Chebel, Malek: Die Welt der Liebe im Islam: eine Enzyklopädie. Erotik, Schönheit und Sexualität in der arabischen Welt, in Persien und der Türkei. Wiesbaden: VMA-Verlag, 2003.

Der Koran. Übersetzung von Adel Theodor Khoury, unter Mitwirkung von Muhammad Salim Abdullah. Gütersloh: Gütersloher Verlagshaus, [3]2001.

Texte aus der Tradition (Hadith) zu Themen des Korans, in: Der Koran. Übersetzung von Adel Theodor Khoury. A. a. O., S. 487–558.

Saïda Keller-Messahli

Islam zwischen Tradition und Moderne

Den «Islam zwischen Tradition und Moderne» zu thematisieren, zwingt mich als Autorin, über die heutigen Hindernisse
nachzudenken, die diesen notwendigen und auch für mich wün-
schenswerten historischen Prozess des Islam hin zur Moderne so
erschweren.

Wenn ich vom Islam spreche, meine ich nicht nur die Religion,
für die im Koran das Wort Gottes festgeschrieben ist, sondern ich
beziehe mich auf den ganzen kulturellen Raum, auf die islamische
Zivilisation, die sich über 1400 Jahre herausgebildet hat und in die
viele Elemente jener älteren Kulturen eingegangen sind, in die der
Islam in seiner expansiven Phase vorgedrungen ist. Obwohl sich
etwa 1.5 Milliarden Menschen zu dieser Religion und Zivilisation
bekennen – weit mehr als zur westlich-christlichen Welt –, werde
ich mich auf den arabischen Raum beschränken, da ich ihn am
besten kenne und dort die Bruchstellen zwischen Tradition und
Fortschritt am deutlichsten zu erfassen sind.
      Auf den ersten Blick könnte man sagen, dass der Fortschritt für
einige dieser Länder dank ihrer Petrodollars ja leicht zu erreichen
sei. Man kann ihn sozusagen einkaufen. Wer in den letzten Jahren
die Scheichtümer Oman oder Dubai besucht hat, wird beeindruckt
gewesen sein, wie hier innerhalb kurzer Zeit der sogenannte Fortschritt Einzug gehalten hat. Die modernistischen neuen Städte,

Infrastruktur, Technik, Tourismus- und Unterhaltungsindustrie –
alles genügt den neuesten westlichen Standards. Aber ich wage
vorauszusagen, dass die so betriebene Modernisierungspolitik
scheitern wird. 80 Prozent der Einwohner in den Vereinigten
Arabischen Emiraten sind Ausländer. Sie werden nie die Staats-
bürgerschaft erwerben können, aber sie sind hauptsächlich dafür
qualifiziert und zuständig, dass diese ganze fortgeschrittene Technik
installiert werden und funktionieren kann. Dagegen liegt die ganze
politische Macht bei den wenigen regierenden Familien, die wie in
einer Stammesgesellschaft aus ihrem Kreis die Herrscher bestimmen und die 20 Prozent ausmachenden ansässigen Einwohner zum
einen mit grosszügigen ökonomischen Privilegien versehen, sie zum
andern aber auch zum strengen Befolgen der religiösen Vorschriften
und der Rituale der Tradition verpflichten.

Die Modernisierung scheitert hier an diesem Auseinanderklaffen
von Tradition und übernommenen technischem Fortschritt, der
ohne gleichzeitige politisch-gesellschaftliche Reformen übernommen wurde: Wichtige Elemente der Aufklärung blieben aus, etwa
Schritte hin zu individueller Freiheit und demokratischen Rechten.
Wir sind hier – wie in der ganzen arabischen Welt – weit entfernt
von einem verinnerlichten Gesellschaftsvertrag (Rousseau: «contrat
social»), der eine Öffentlichkeit mit ihren demokratischen Auseinandersetzungen schafft.

Zwar ist der Aufstieg des technischen Fortschritts mit der Aufklärung verbunden. Aber er hat auch eine Eigenständigkeit angenommen. Lassen Sie mich dafür ein eindrückliches historisches
Beispiel geben. Erstmals in der Geschichte trat diese von jeder
aufklärerischen Idee abgelöste Eigenständigkeit der Technik hervor
bei der vernichtenden militärischen Niederlage, welche Japan der
russischen Grossmacht 1905 beigebracht hatte. Ein östliches Land
vermochte die aus dem Westen stammende Technik zu beherrschen und mit ihr eine westliche Macht zu besiegen, aus eigener
Kraft und sich selbst treu bleibend, das heisst ohne dass sie in
ihrem Innern auch nur die geringsten gesellschaftlich-politischen
Reformen eingeleitet hätte. Im Gegenteil, ausgehend von der

eigenen Tradition – Shintoismus als Staatskult, alle politische und religiöse Macht beim Tenno als absolutem Monarchen, der ihm treu ergebene Militäradel – entstand ein militaristischer und totalitärer Nationalismus.

Diese Ereignisse haben die arabische Welt ausserordentlich fasziniert, weil sie zu zeigen schienen, dass man den technischen Fortschritt des Westens beherrschen kann, ohne sich den Ideen der Aufklärung wirklich stellen zu müssen und so an den eigenen politisch-gesellschaftlichen Traditionen festhalten zu kann. Doch standen zu Beginn des 20. Jahrhunderts die ökonomische Misere der zum grössten Teil kolonialisierten arabischen Welt und das fehlende technische Know-how, eine Folge des von den Koranschulen dominierten Bildungssystems, der Übernahme westlicher Technik im Weg.

Japan, die arabische Welt und das irritierende Bild, das Europa abgab als Kolonialmacht und zugleich Verfechterin der Aufklärung, belegen das Scheitern der Aufklärung für diese Zeit.

Nur in Klammern weise ich darauf hin, dass sich zwischen dem 8. und dem 12. Jahrhundert unter den arabischen Intellektuellen eine sehr lebhafte Debatte entwickelt hatte, in welcher es, anschliessend an die Schriften von Aristoteles und Ibn Roschd (Averroës), um den Vorrang der Vernunft gegenüber jedem religiösen Gebot ging und auch um die strikte Trennung von Religion und Staat. Das Niveau dieser Diskussion stellte alles in Schatten, was zu jener Zeit in Europa bezüglich dieser Themen diskutiert wurde. Erst die Renaissance, beginnend bei Dante, nahm diese arabische Debatte zur Kenntnis und legte sie übrigens dem beginnenden Prozess der Aufklärung zugrunde. Dieser Prozess erstreckte sich in Europa vom 13. bis ins 18. Jahrhundert. Gleichzeitig nahm im arabischen Raum ein Konservativismus überhand, der jeden Versuch einer Neuerung (*bida*) so nachhaltig in Verruf brachte, dass noch westliche Orientalisten im 19. Jahrhundert dem Wort *bida* bei der Übersetzung ein abwertendes Adjektiv hinzufügten, z. B. «verwerfliche Neuerung».

Das Scheitern der Aufklärung in der arabischen Welt bringe ich in eine enge Verbindung mit der tief liegenden Furcht vor radikalem Denken, welches ja immer auch fordert, mit dem Alten zu brechen und sich davon zu trennen. In der arabischen Welt wird heute heftig debattiert über *hadaatha*, was übersetzt «Moderne» heisst. Aber man kann dort über Moderne nur diskutieren, wenn man auch über *at-tuuraath* redet, was übersetzt «Tradition», (kulturelles) «Erbe» bedeutet. Was man mit dem einen meint, kann man nur mit Hilfe des andern fassen. Natürlich gibt es über diese Begriffe keinen Konsens, auch wenn religiöse Autoritäten *at-tuuraath* mit dem ganzen Kanon der islamischen Orthodoxie gleichsetzen. *Hadaatha* steht aber nicht nur in Opposition zu *at-tuuraath*, Moderne also gegen Tradition, *hadaatha* steht genauso in Opposition zu *at-tachalluf*, was «rückständig sein» bedeutet, insbesondere mit Blick auf Israel oder den Westen. Das Rückständig-Sein ist nicht primär ökonomisch zu verstehen, sondern es bezeichnet das Gefangensein in den überkommenen Denk- und Sprachformen, die dadurch fehlende Beweglichkeit, Neugierde und Experimentierlust.

Moderne steht gegen Tradition. Moderne steht gegen Rückständig-Sein. Und Tradition und Rückständig-Sein stehen gegeneinander – das erste ist positiv gemeint: das kulturelle Erbe; das zweite negativ: die dumpfe Wiederholung. Drei Begriffe, um die gestritten und oft blutig gekämpft wird, drei Bruchlinien zwischen den Begriffen. So ist das Selbstverständnis der arabischen Welt. Und jede Araberin, jeder Araber spürt diese Bruchlinien in sich selbst. Trotzdem sehen sich alle gezwungen, so etwas wie eine Identität herzustellen, denn die Frage «Was ist ein Araber?», «Was macht mich als Araberin, als Araber aus?», stellt sich allen. Und sie wird immer drängender angesichts der Herausforderungen, mit denen die arabische Welt konfrontiert ist.

Im Jahr 1966, mitten in der Hochblüte des arabischen Nationalismus und seines Idols, Gamal Abd an-Nasir – hier in symptomatischer Missachtung arabischer Namen «Nasser» genannt –, noch vor dem Sechstagekrieg und dem arabischen Desaster, 1966 also erschien in Kairo ein Roman, der den arabischen Intellektuellen eine ganz neue Spur eröffnete: *Zeit der Nordwanderung*. Der bis dahin unbekannte sudanesische Autor, Tajeb Salich, damals BBC-Mitarbeiter in London, hatte einen von Grund auf modernen arabischen Roman geschrieben. Modern in dem Sinn, dass er sich aus den Fesseln der alten Formen, dem Rückständig-Sein, befreit. Modern aber auch darin, dass er an der Hauptfigur die tiefe innere Zerrissenheit gerade der gut ausgebildeten Araber in und mit dem Problem der Moderne erfahrbar macht, vor allem die unüberbrückbare Kluft zwischen Moderne und *at-tuurath* (Tradition). Und drittens ist der Roman modern, weil er diese Zerrissenheit als ureigene arabische Frage zeigt und nicht in eine platte Kolonialismuskritik verfällt. Diese hat sich erschöpft, ist formelhaft geworden und geht meist davon aus, dass der westliche Imperialismus schuld sei an der arabischen Zerrissenheit. Auch Figuren im Roman vertreten diese Meinung, nicht aber der Autor. Er zeigt vielmehr, dass diese sterile Kolonialismuskritik und seine simple Schuldzuweisung an den Westen zum Rückständig-Sein selbst gehört. Sie dient als ideologischer Pfropfen auf der eigenen Zerrissenheit im Sinne von: Ohne den Westen hätten wir diese Bruchlinien in der arabischen Welt und in uns selbst nicht.

Die Kritik am westlichen Hegemonieanspruch – politisch, militärisch, ökonomisch, kulturell, moralisch-ethisch – ist keineswegs überflüssig, sondern brennend notwendig, in der arabischen Welt wie anderswo, nicht zuletzt im Westen selbst. Aber für das Problem der arabischen Zerrissenheit ist diese Kritik untauglich, ebenso untauglich wie die aggressiven antiwestlichen Ideologien bis hin zu terroristischen Strategien. *Zeit der Nordwanderung* findet Mittel und Wege, dieser Zerrissenheit nicht auszuweichen. Das war damals ganz ungewöhnlich in der arabischen Welt, und noch heute ist es selten. Und es war genuin modern, das heisst auch schwierig und sehr riskant. Wobei für den Autor Tajeb Salich das Risiko des künstlerischen Scheiterns weit schwerer wog als das des politischen: Er musste eine andere Sichtweise überhaupt erst entwickeln, die richtige Sprachform dazu erfinden. Nichts war da. Es gab nur die gewohnten Sichtweisen des arabischen Problems: Der westliche

Kolonialismus und Israel sind unsere Probleme. Das war einfach und nicht so unangenehm für die Regierungen. Folgerichtig verboten alle arabischen Regierungen den Roman von Tajeb Salich, kaum war er in einer literarischen Zeitschrift abgedruckt und weit herum beachtet worden.

Ich hebe das so hervor, um deutlich zu machen, dass in der arabischen Welt noch heute das Verlassen der gewohnten Sichtweisen und Ideologien etwas Ungewöhnliches und Unbequemes ist. Nur wenige finden eigenständige Antworten auf die beschriebene Zerrissenheit. Die meisten, auch die gut ausgebildeten und die Akademiker, benützen Versatzstücke, um die Zerrissenheit zu überbrücken. Das Beispiel von Fatma, eine alte Schulfreundin von mir, kann das verdeutlichen. Sie ging in Tunis an ein französisches Gymnasium, war begeistert von der französischen Literatur, besonders von der modernen, Sartre, Camus und vom Nouveau Roman. Sie war fasziniert davon, dass sich diese Texte scheinbar nicht um gesellschaftliche und andere Tabus kümmern mussten. Sie schienen radikal modern, ohne alten Ballast. Das war anfangs der Siebzigerjahre. Fatma studierte, gründete eine Familie und unterrichtet heute an einem arabischen Gymnasium französische Literatur, auch den Nouveau Roman und die Existentialisten. Sie will modern sein, das heisst vor allem nicht rückständig. In ihrer grossen Eigentumswohnung und im schicken Neubauquartier ist alles modern. Es könnte auch in Marseille oder Lissabon sein. Guter Mittelstand, würde man sagen. Nur scheint hier in Tunis – wie in andern rasch wachsenden arabischen Städten – alles irgendwie in der Luft zu hängen.

Den Eindruck einer Irrealität wird man in diesen modernen urbanen Gebilden nicht los. Man weiss nicht, welche reale Wirtschaft die Investitionen trägt. Geld aus dem Tourismus? Saudische Petrodollars? Niemand fragt danach, auch nicht nach den realen gesellschaftlichen und politischen Verhältnissen, nach dem wirklichen Fundament und den realistischen Perspektiven. Auch Fatma will es nicht wissen. Solche Fragen erschrecken sie, und sie reagiert heftig, so als hätte man ein Tabu verletzt. Sie setzt sich ein für ihre Familie und ihre Schüler, damit diese ein gutes Rüstzeug haben, um im modernen Leben, so wie es überall gezeigt und simuliert wird, mithalten zu können. Zugleich hat Fatma ein tiefes Unbehagen. Dieses moderne Leben ist für sie so abgelöst, unverbunden mit all dem, was *at-tuuraath* (Tradition) bedeutet. Was ausser der arabischen Muttersprache soll sie ihren Kindern und ihren Schülern davon mitgeben? Was ist ihre Identität als Tunesierin, Araberin, das heisst, wie findet sie das sichere Gefühl, am kulturellen Erbe teilzuhaben und es weitergeben zu können? Da ist eine innere Kluft. Wie sie überbrücken?

Seit ein paar Jahren befolgt Fatma streng die religiösen Regeln. Sie betet fünfmal am Tag und zitiert Suren aus dem Koran. Laut und inbrünstig, als wären da Antworten auf all die Fragen, die nicht gestellt werden. Das ist formelhaft, ritualisiert, fast eine Beschwörung. Wie wenn sie etwas gefunden hätte, das ihr nun ganz sicher ist und das sie von niemandem in Zweifel ziehen lässt. Einen Widerspruch zu den Themen der französischen Literatur, die sie unterrichtet, gibt es für sie nicht. Sie bewegt sich darin wie im modernen Leben. Und sie hat darauf verzichtet, dieses moderne Leben realer zu machen, mehr Transparenz in die wirklichen Verhältnisse zu bringen. Anders als Tajeb Salich ist sie vor dem Risiko einer anderen Sichtweise zurückgeschreckt. Durch den Rückzug auf religiöse Rituale und ideologische Versatzstücke ist Fatma aber wieder ganz gefangen in den überkommenen Formeln und Formen. Da ist keine intellektuelle Beweglichkeit oder Kreativität mehr möglich. Mitten in ihrem Leben in *hadaatha* (Moderne) ist als Pfropfen ein unbeweglicher Kern entstanden. Das ist *at-tachalluf* (rückständig sein), und damit ist nicht der Bauer gemeint, der mitten im Verkehr seinen Esel antreibt.

Am Beispiel von Fatma wird deutlich, wie sich gerade in den urbanen Zentren der arabischen Welt die Frage nach dem Eigenen, nach der kulturellen Identität sehr drängend stellt. Viele leben im Gefühl, durch das moderne und irgendwie irreale Leben von etwas ganz Grundlegendem abgeschnitten zu sein. *At-tuuraath*, die Tradition, das kulturelle Erbe, das kann man nicht auflisten, zusammenzählen und davon die Summe ziehen. Das bezieht sich elementar auf das Weitergeben in den Generationen. Etwas wird weitergegeben wie der Name, vom Vater an den Sohn. Dieses Weitergeben, das Überliefern von den Vorvätern auf die Väter auf die Söhne, das ist *at-tuuraath*. Und da, genau da, ist etwas aus den Fugen geraten, das Weitergeben funktioniert nicht mehr. Die Linien scheinen gestört, unterbrochen durch die Moderne.

Wir müssen uns nun etwas eingehender mit diesem Gefühl der Bedrohung auseinandersetzen, das für einen Grossteil der Menschen in den arabischen Ländern von der Moderne und den zentralen Ideen der Aufklärung – individuelle Freiheit und demokratische Rechte – ausgeht. In der Wahrnehmung der meisten Muslime sind die Menschen des Westens in einem fundamentalen Sinn orientierungslos, nichts scheint ihnen mehr heilig oder unantastbar zu sein. Bei aller Freiheit scheinen die Menschen im Westen nicht wirklich zu wissen, wo ihr Platz im Leben und auf der Welt ist. Ihre Zugehörigkeit zu einer Abstammung, einer Familie, einer Gemeinschaft und einem Ort scheinen ebenso in Frage gestellt wie die religiöse Bindung und die moralisch-ethischen Grundsätze[1].

Die Moderne habe den westlichen Subjekten, so ist etwa zu hören, jeden «kosmischen» Weltzusammenhang aufgelöst, es gibt für sie keinen letzten Bezugspunkt, keinen Garanten des universellen Zusammenhangs, keinen Gott mehr, bei dem die Wahrheit ist. Das durch die modernen Wissenschaften erzeugte Wissen sei zwar beeindruckend, aber es *bindet* (im Sinn von *religere*) das Subjekt nicht, lässt es in einem gewissen Sinn kalt, da die Einheit von Wissen und Wahrheit nie wieder zu erreichen sei. Der Literaturwissenschaftler Peter von Matt sprach einmal von der

---

1 Letzteres äussert sich zum Beispiel in einer als chamäleonartig kritisierten Gesetzgebung, die plötzlich die Homosexualität legalisiert und sogar Schwulenehen ermöglicht.

«transzendentalen Obdachlosigkeit der Moderne»[2], und in den arabischen Ländern diagnostiziert man, dass das Symbolische, also die über Abstammungen, Zugehörigkeiten, Traditionen und Identifikationen etc. geordnete Welt, im Westen keine Macht mehr, sondern nur noch eine Wahl des Einzelnen ist. Jeder scheine seinen Lebensweg, seinen Glauben, ja seine sexuelle Orientierung selbst zu wählen. Damit fällt das Subjekt noch nicht aus der Welt, aber es wird keine Gewissheit, kein Obdach mehr finden, das es vor dem Grauen der absoluten Verlassenheit schützen könnte.

Im Islam ist der Begriff der *Umma* wesentlich. Er bezeichnet die Gemeinschaft der Gläubigen, d. h. aller, die an Allah glauben und für die sein Prophet Mohammed die Wahrheit über die Welt im Koran festgehalten hat. Das Wort *Umma* leitet sich von *Umm* ab, die Mutter. Ein ur-mütterliches Obdach und den unvergänglichen Zusammenhang der Welt unter diesem Obdach verspricht dieser Glaube. Dabei sind der Stamm, die Sippe und die Familie die für den Einzelnen erfahrbaren Träger dieses Obdachs, das sich in der Tradition (*at-tuuraath*) konkretisiert. Deutlich verweist dieses Wort auf seine Herkunft aus *at-tuuraab*, womit das Kulturland – Äcker, Wiesen, Obstgärten, Weiden etc. – bezeichnet wird. Die Tradition bezieht sich zunächst auf die Ordnung, in welcher der Besitz, vor allem an Boden, von einer Generation auf die nächste übergeht, zusammen mit dem Namen. Die Basis der Tradition ist also eine genealogische Ordnung, die Eigennamen und Besitz gemäss Abstammung und Zugehörigkeit regelt. Und diese Basis trägt alle weiteren Elemente, welche *at-tuuraath* (Tradition) ausmachen: die Weitergabe der religiösen Vorschriften und des Gesetzes, weiter die Regeln des sozialen Zusammenlebens und des Handels bis hin zu Essgewohnheiten, Kindererziehung und Bestattung der Toten.

Diese Weltordnung, die sich in *at-tuuraath* konkretisiert, erscheint den Muslimen als gottgegeben. Es ist letztlich die

2   Peter von Matt: «Wetterleuchten der Moderne. Krisenzeichen des bürgerlichen Erzählens bei Gottfried Keller». NZZ vom 03. Juni 2006, http://www.nzz. ch/2006/06/03/li/articleE3MFF.html (07.05.2009).

göttliche Ordnung, welche den Zusammenhalt der Welt und somit die *Umma*, die Gemeinschaft der Gläubigen, garantiert. Alle Staatsformen und politischen Herrschaftssysteme in den arabischen Ländern, so oligarchisch und autoritär sie auch sein mögen, sind für die meisten Muslime im Grunde Teil dieser Weltordnung – selbst wenn sie ihre Regierungen kritisieren, Ineffizienz, Ungerechtigkeit und die verheerende Korruption beklagen, sich eingeengt fühlen durch die bürokratischen Hürden, die jede innovative Einzelinitiative, z. B. zu unternehmerischem Handeln, vor fast unüberwindbare Hindernisse stellt.

Der unterschwellige Fatalismus, der mit dem Festhalten am Glauben in die göttliche Weltordnung einhergeht, hat bis heute das Aufkommen einer fortschrittlichen Opposition und jede auf demokratische Rechte zielende politische Revolution in einem arabischen Land verhindert. Es gab mehr oder weniger blutige Militärputsche (Ägypten, Irak, Tunesien, Algerien), es gab spontane Protestbewegungen, z. B. der Brotaufstand in Tunesien, schwere soziale Unruhen in Algerien. Aber eine starke politische Bewegung mit einem fortschrittlichen, gegen die patriarchalischen und diktatorischen Herrschaftsstrukturen gerichtetes Programm, durch das die Mehrheit der Bevölkerung aus Fatalismus und politischer Apathie hätte herausgeholt und mobilisiert werden können, gab es bisher in keinem einzigen arabischen Land. Es ist, als wäre die Angst vor der Freiheit und all der Risiken, die sie mit sich bringt, zu gross, allem voran die Angst vor dem Verlust des durch die Tradition garantierten Obdachs, wie ich es zu skizzieren versucht habe. Der in allen arabischen Ländern tiefsitzende gesellschaftliche und politische Konservativismus legt davon Zeugnis ab.

Hier könnte als Gegenbeispiel Algerien dienen: Präsident Chadli Benjedid führte 1989 die ersten wirklich fortschrittlichen politischen Reformen in einem arabischen Land ein: Trennung von Partei und Staat, parlamentarische Verantwortung, Pluralismus, politische Freiheiten und Garantie der Menschenrechte. Auf der Basis dieser neuen Verfassung fanden 1991 die ersten freien Wahlen in einem arabischen Land statt. Der erste Wahlgang brachte einen überwältigenden Sieg der islamistischen Partei FIS (*Front islamique du salut*). Noch bevor aber der zweite Wahlgang durchgeführt werden konnte, ergriff das Militär die Macht, verbot den FIS und zwang Präsident Chadli Benjedid zum Rücktritt. In der Folge kam es zu einem Bürgerkrieg, der mehr als 120'000 Tote forderte und hauptsächlich zwischen dem erneut diktatorischen Staatsapparat und dem GIA (*Groupe islamique armé*), einer militanten Abspaltung des FIS, ausgetragen wurde.

Es würde zu weit führen, das Scheitern dieser ersten wirklich fortschrittlichen politischen Reform in einem arabischen Land zu analysieren. Aber ich möchte zwei mir wichtig erscheinende Punkte festhalten: Erstens war die Verfassungsreform nicht getragen von einer fortschrittlichen, demokratisch gesinnten Bürgerbewegung, sondern primär der verzweifelte Versuch, sozusagen die letzte Karte des Präsidenten, den schweren sozialen Spannungen im Land beizukommen. Zweitens demonstrierte das Wahlverhalten der Bevölkerungsmehrheit eben jene Furcht vor wirklichen Neuerungen. Denn mit der Wahl des FIS wählten sie gleichzeitig die weitgehende Rückgängigmachung der fortschrittlichen Verfassung von Chadli Benjedid. Zugespitzt könnte man sagen: Die Mehrheit benützte die Wahl, um den in Aussicht stehenden Freiheitsrechten zu entkommen, um des Obdachs, welches *at-tuuraath* (Tradition) bietet, nicht verlustig zu gehen. Genau dies versprach der FIS, indem er die Rückbesinnung auf islamische Werte propagierte und vor den Gefahren der drohenden «Verwestlichung» warnte. Für den FIS war die Verfassungsreform selbst Ausdruck dieser «Verwestlichung», und er wollte die freien Wahlen dazu benützen, genau das wieder abzuschaffen, was sie ermöglicht hatte.

Mit dieser Kennzeichnung des Islamismus als heute vielleicht grösstem Hindernis zu gesellschaftlich-politischen Reformen komme ich zum letzten Punkt.

Der islamische Fundamentalismus, meist Islamismus genannt, ist janusköpfig. Und in dieser Zweigesichtigkeit des an Bedeutung gewinnenden Islamismus liegt einer der weiteren wichtigen

Gründe für die gesellschaftlich-politische Stagnation, ja, Paralyse in der arabischen Welt. 1928 wurde die erste bis heute einflussreiche politische Formation des Islamismus gegründet: die Muslimbrüder in Ägypten. Ihr Programm stellt sich gegen die Herausforderungen der Moderne und gegen jeden Fortschritt. Es will die sogenannte Rückkehr zu den wahren islamischen Grundwerten, die Rückkehr zu den islamischen Vorvätern. Jede Veränderung der islamischen Lehre nach dem Jahr 855 wird abgelehnt. Warum 855? Es ist das Todesjahr von Ahmad ibn Hanbal. Auf ihn und sein Lehrsystem berufen sich die Muslimbrüder. Die Lehre ibn Hanbals bezeichnet den Koran als die Sprache Gottes, d. h. nicht als Menschenwerk. Der Koran sei deshalb ungeschaffen, denn «nichts an Gott ist erschaffen, und der Koran ist Teil Gottes». Der Mensch müsse den Willen Gottes durch sein Tun und seinen Glauben erfüllen, und es ist ihm untersagt, die Suren des Korans zu interpretieren und sie so seinem jeweiligen Zeitalter und seiner Lebenswelt anzupassen. Denn dadurch würde er sich anmassen, Gott selbst zu verändern, dessen Teil der Koran ja sei. Das Dogma der Unnachahmlichkeit des Korans beruht auf diesem Glauben an dessen Ungeschaffenheit.

Dieser Lehre folgend sehen sich die Hanbalisten, die heutigen Islamisten, als Vertreter des einzig wahren Islam und als Hüter der unverfälschten islamischen Tradition (*at-tuuraath*). Da aber die Tradition eine geschichtliche Dimension hat, indem Gesetz, Regeln und Gebräuche, Namen sowie Eigentum von einer Generation auf die andere tradiert, übergeben werden, ist *at-tuuraath* unausweichlich historischen Veränderungen unterworfen. Das Gesetz, die ganze symbolische Ordnung einer Gesellschaft wird auf diese genealogische Weise *vermittelt*, und die Vielzahl sowie die Verschiedenheiten der Vermittlungswege formen in ihrer Gesamtheit eine Kultur mit all ihren Traditionen.

Der Islamismus stellt sich einerseits gegen diese Vermittlung von Tradition und Gesetz, weil dadurch die einzig wahre Lehre und das göttliche Wort des Korans verfälscht und unterhöhlt werde. Andererseits beansprucht er, die reine Lehre des Islam, das richtige Gesetz und die wahre Tradition zu vertreten. In einem gewissen Sinn greift er also die über Traditionen und ihre Vermittlung gewachsene islamische Kultur an. Er verlangt, dass sich der Einzelne nicht mehr in erster Linie identifiziere über seine Herkunft, sein geistiges und materielles Erbe aus der kulturellen Tradition, sondern dass das Subjekt all diese Identifikationen aufzugeben habe. Der Islamismus kommt sozusagen von ausserhalb der konkreten Lebenspraxis der Muslime und fordert von ihnen, dass sie sich von ihren sehr unterschiedlichen kulturellen Bindungen zu verabschieden haben, um sich direkt mit dem Gesetz selbst zu identifizieren. Dieses sei niedergelegt im göttlichen Wort und nirgends sonst. Es begründe die einzig wahre Tradition. In seinem Kern will der Islamismus alles historisch Gewachsene abschaffen, die über Jahrhunderte gewachsenen symbolischen Ordnungen in der weit ausgedehnten arabischen Welt.

Ich hoffe, die Janusköpfigkeit des Islamismus deutlich gemacht haben zu können. Auf der einen Seite stützt er sich auf die reine Lehre der reinen islamischen Tradition, welche den aus dem Fortschritt kommenden Bedrohungen entgegen treten kann. Auf der andern Seite verlangt er vom Subjekt, sich zu lösen aus seinen kulturellen Bindungen und den Traditionen, die es trägt. Aus dieser Ideologie entsteht der arabischen Welt wie für die einzelnen Muslime eine ebenso grosse Gefahr, wie sie dem Fortschritt nach westlichem Vorbild zugeschrieben wird. Denn die von der islamistischen Ideologie verlangte Identifizierung mit dem Ganzen statt mit der jeweiligen kulturellen Tradition könnte zur Auflösung der gewachsenen sozialen Bindungen und der jeweiligen gesellschaftlich-politischen Ordnungen führen.

Zweifellos ist einsichtig, dass die Lehre des ibn Hanbal in der Ideologie von al-Kaida («die Basis») ihren extremen Ausdruck gefunden hat. Ihre Ideologen wollen auf der Grundlage des Islamismus ein neues Denkgebäude errichten, eine Art «geistiges Universum», in dem der Bezug auf den «ungeschaffenen» heiligen Text, so wie sie ihn verstehen, das einzige Kriterium ist. Die Ideologie der al-Kaida richtet sich vor allem gegen die andern Muslime, die dadurch vom rechten Weg abgekommen seien, dass sie sich von westlichen und fortschrittlichen Ideen hätten beeinflussen lassen. Und die Ideologie ist eine Kampfansage an die Regierungen der islamischen Welt sowie an die tonangebenden religiösen Gelehrten. Al-Kaida versucht auf diese Weise, eine Deutungshoheit, eine Hegemonie über die anderen Strömungen in der islamischen Welt zu erlangen. Dies ist das eigentliche Ziel, und der Kampf gegen den Westen ist ein Mittel zu diesem Zweck. Indem über die weltweite mediale Verbreitung der Terroranschläge ein idealer Kanal zur Verbreitung der al-Kaida-Ideologie gefunden wurde, kann die Mobilisierung optimal vorangetrieben werden.

Diese Ideologie schreibt dem allgemeinen Gesetz des Korans und der Scharia eine reale politische Existenz zu. Sie entzieht den Worten des Korans alles Rätselhafte, Mehrdeutige. Sie nimmt ihm jede Aura und reduziert ihn auf einen einzig gültigen Sinn. Den Buchstaben wendet sie auf die Wirklichkeit an und verlangt so die Identifikation mit einer Position der imaginären Allmacht. Ganz ähnlich verfuhr der Faschismus, der das Kollektiv mit seinem «Volkswillen» zur imaginären Allmachtsinstanz machte, die alle Widersprüche und Begrenzungen aufheben sollte. In der Ideologie der al-Kaida wird der Koran zur imaginären Allmachtsinstanz, er ist nicht mehr vermittelt über kulturelle Bindungen und Tradition. Dementsprechend fühlen sich die Kämpfer der al-Kaida – und jene, die sich dafür halten – nur noch dieser imaginären Allmachtsinstanz verpflichtet, sie sind frei verschiebbar, weil abgelöst vom Ort der Herkunft, von Familie und ihrer spezifischen kulturellen Tradition.

Zusammenfassend hebe ich nochmals hervor, dass sich der sogenannte Kulturkampf in erster Linie in der islamischen Welt selbst abspielt. Dabei steht *at-tuuraath*, die gewachsene Kultur, zwischen Skylla und Charybdis, zwischen der Bedrohung durch den Islamismus mit seinem Hegemonieanspruch einerseits und den Gefahren von Fortschritt und Moderne mit ihrer «transzendentalen Obdachlosigkeit», Auflösung der Gemeinschaft, Vereinzelung andererseits. Dies sind die primären Ursachen für die gesellschaftlich-politische

Lähmung, in der sich die arabischen Länder befinden, und für das verbreitete Gefühl, in einer tiefen Sackgasse zu stecken.

Auf Dauer wird aus dieser Sackgasse nur ein einziger Wegweiser führen: Der Koran muss im Gesamt der islamischen Kultur eine andere Stellung erhalten. Er muss von einem «ungeschaffenen» Text zu einer «erschaffenen», in der Zeit entstandenen Schrift werden. Dazu muss nicht einmal der Glaube an den göttlichen Ursprung des Textes verlassen werden. Aber wie in den andern Offenbarungsreligionen – Judentum, Christentum – muss die heilige Schrift als Aktualisierung des Wortes Gottes in einer Menschensprache verstanden werden.

Diesen Wegweiser – zur Erinnerung – gab es schon einmal in der Geschichte des Islam, aufgestellt im 9. Jahrhundert in Bagdad von den Mutaziliten, die sich von der Vernunft und den Abhandlungen von Aristoteles leiten liessen. Aber der Wegweiser wurde später von den theologisch-politischen Autoritäten abgewiesen und demontiert. Er liegt tief vergraben in den alten Bibliotheken. Da muss man ihn hervorholen und mit seiner Hilfe einen längst verschütteten Kulturpfad neu begehbar machen. Einige wenige mutige Denker tun es heute – beispielsweise der ins europäische Exil gezwungene ägyptische Linguist Nasr Hamid Abu Zaid - aber sie werden verpönt, oft auch ins Gefängnis geworfen. Ein Kulturkampf eben.

Mit dieser neuen Stellung in der Kultur würde der Koran zugänglich für verschiedene Auslegungen, für Öffnungen, für Anpassung an neue Gegebenheiten – für einen *Fortschritt*, der sich nicht in der Übernahme von Technik und Konsumartikeln aus dem Westen erschöpft.

Samuel-Martin Behloul

Islam-Diskurs nach 9/11. Die *Mutter* aller Diskurse?
Zur Interdependenz von Religionsdiskurs und Religionsverständnis

1 Einleitende Überlegungen

Unter den Mediävisten ist es umstritten, ob *Europa* bereits im Mittelalter im Sinne einer historisch-politischen und kulturellen Einheit im Bewusstsein seiner Bewohner existierte. Für Peter Burke kann beispielsweise vor 1700 keine Rede von einem gesamteuropäischen Bewusstsein im Sinne einer Wertegemeinschaft sein. Vielmehr sei Europa, so Burke, «not so much a place as an idea»[1] gewesen. So gesehen sei Europa also weder ein geographisch noch politisch klar bestimmter Raum, sondern entsprechend sich jeweils neu stellenden Interessenlagen immer wieder neu und anders definiert.[2] Der renommierte französische Mediävist Le Goff stellt hingegen mit grosser Affirmativität fest, dass Europa bereits in der Spätantike aus der Begegnung griechisch-römischer Kultur und dem lateinischen Christentum geboren wurde. Byzanz sei dabei das «abstoßende Andere»[3] gewesen, gegen das sich das lateinische Abendland als Europa gebildet habe. Spätestens bis zum fünfzehnten Jahrhundert – so Le Goffs Resümee – sei der europäische Raum in soziokultureller und religiöser Hinsicht formiert gewesen.[4]

1 *Burke*, Europe 21.
2 Vgl. ebd. 23.
3 *Le Goff*, Geburt 44.
4 Vgl. ebd. 262f.

Sollte es also unter den Mediävisten (noch) keinen Konsens darüber geben, ob Europa im Sinne einer historisch-politischen und kulturellen Einheit im Bewusstsein der Bewohner dieses Kontinents bereits im Mittelalter existierte, so ergibt sich daraus logischerweise die Frage, seit wann es denn eine Selbstwahrnehmung von Europa als spezifische Wertegemeinschaft überhaupt gibt. Für Rolf-Joachim Sattler beginnt sich der Gebrauch des Begriffs Europa im Sinne einer historisch-politischen und kulturellen Einheit erst in der Zeit des Übergangs vom Spätmittelalter zur Frühen Neuzeit durchzusetzen, als der Terminus auf Grund bestimmter Entwicklungen neuen Sinn und Inhalt gewinnt und so allmählich die bis dahin existente religiöse Identifikationsbasis des Christentums ablöst.[5]

Auch wenn im Rahmen des vorliegenden Beitrages dieser Frage nicht weiter nachgegangen werden kann, so ist dennoch eine in diesem Kontext immer wieder geäusserte Ansicht auch für den vorliegenden Beitrag aufschlussreich. Sie glaubt, dass es zur Herausbildung eines gesamteuropäischen Bewusstseins erst durch die Türkengefahr kam. Unter den Gelehrten und Künstlern, Priestern und Politikern des 16. und 17. Jahrhunderts sollen die Türken das alles beherrschende Thema gewesen sein. So definierten die italienischen Dichter Ariosto und Tasso Europa als ein einheitliches soziales Wertesystem, und der französische Dichter Pierre de Ronsard soll sogar vorgeschlagen haben, sämtliche westeuropäischen Völker nach Amerika auszusiedeln und Europa den Osmanen zu überlassen. Im Zeitraum zwischen 1480 und 1609 sollen im Westen achtzig Bücher über die Osmanen und nur vierzig über den neu entdeckten amerikanischen Kontinent erschienen sein. Entsprechend vertrat *der* englische Historiker des neunzehnten Jahrhunderts Lord Acton die These, dass die moderne Geschichte erst unter dem Anprall der osmanischen Eroberungen begann.[6]

---

5   *Sattler*, Europa 28. Die überragende Bedeutung des Christentums als Einheitsgefühl stiftendes Element im mittelalterlichen Europa hebt auch Hay hervor, indem er sagt, «that Christendom was the largest unit to which men in the Latin west felt allegiance in the middle ages», *Hay*, Europe 56.

6   Vgl. *Balic*, Bosnien 159.

Lord Actons These – mag sie nun streng wissenschaftlich gesehen stimmen oder nicht – erinnert mich an den Satz, mit dem der amerikanischen Historiker Paul Auster die Terroranschläge des 9/11 kommentierte: «Erst jetzt hat das 21. Jahrhundert begonnen.»[7] Ebenso die Angabe über den hohen Stellenwert des Themas Osmanen in der Publizistik des fünfzehnten und des sechzehnten Jahrhunderts lässt mich an den sprunghaften Zuwachs an Monographien und Aufsätzen denken, welche in der Zeit nach 9/11 im Westen zum Thema Islam und Muslime erschienen sind. Und die Vorstellung von Europa als einem einheitlichen Wertesystem erinnert mich an die Charakterisierung des NATO-Bündnisses infolge der Ereignisse des 9/11 als ein Werte-Bündnis durch den damaligen britischen Premierminister Tony Blair. Dieses Bündnis, so Blair damals, sei nicht nur dazu da, um die westliche Wertegemeinschaft zu verteidigen, sondern ebenso um deren Werte auch anderswo durchzusetzen. Notfalls mit Gewalt.

2   Islam-Diskurs nach 9/11: Was ist anders?

Ob sich für Terroranschläge des 9/11 kulturelle und religiöse Grenzen übergreifende historische Parallelen finden lassen oder ob dieses Ereignis eher als singuläres einzustufen sei, darüber gehen die Meinungen der Experten auseinander. Worüber es jedoch keinen Zweifel gibt, ist die Tatsache, dass die Anschläge von New York und Washington einen kollektiven Schock bewirkt haben. Der französische Philosoph und Soziologe Jean Baudrillard charakterisiert den 9/11 sogar als «die ‹Mutter› aller Ereignisse», die «in sich alle Ereignisse vereint, die niemals stattgefunden haben.»[8]

Mit welchem Qualitätssprung wir es beim 9/11 hinsichtlich des Terrorismus oder hinsichtlich künftiger global ausgetragenen Konflikte und ihrer langfristigen Folgen zu tun haben, mag hier dahingestellt bleiben. Auffallend ist aber, dass auf die unmittelbare

---

7   *Auster*, 21. Jahrhundert 36.
8   *Baudrillard*, Geist 53.

Sprachlosigkeit und Lähmung, die der 9/11 auslöste, ein als dringend und auf einmal als längst überfällig empfundenes Bedürfnis nach Einordnungen, Klarstellungen und Antworten folgte. Eine der Fragen, der im Kontext dieser neuen Diskursformation besonderes Interesse eines breiten Spektrums von Fachleuten – von Soziologen, Theologen, Islam- und Religionswissenschaftlern bis hin zu Hirnforschern und Sicherheitsexperten – gilt, ist die nach der Rolle von Religion, insbesondere des Islam, in der neu entstandenen Konfliktlage und ihrem angeblich religiös-kulturell definierten Frontverlauf.[9]

Die Besonderheit des Islam-Diskurses der post-9/11-Ära besteht nicht nur in seiner Intensität, sondern vor allem in seinem totalisierenden Charakter.[10] Die sogenannte Islam-Frage im heutigen Westeuropa ist nicht nur eine Frage akademischer Diskurse. Sie umfasst vielmehr praktisch alle gesellschaftsrelevanten Themen. Der Einwanderungs- und Integrationsdiskurs, interreligiöse Dialogprojekte, der Diskurs über die religiöse Erziehung von Kindern, über die Einbürgerung, über die Bestimmung des Verhältnisses von Religion und Staat, über die Freiheit der Kunst, über das religiös-kulturelle Erbe und die Identität Europas, über die architektonische Gestaltung des öffentlichen Raumes und nicht zuletzt der Diskurs über die Sicherheitsfragen – alle diese Einzeldiskurse sind in der Zeit nach 9/11 mit der sogenannten Islam-Frage verschränkt. Diese Frage ist in Westeuropa in besonderem Masse an die Einwanderer aus mehrheitlich islamisch geprägten Gesellschaften und deren Nachkommen gerichtet. Jeder westliche Staat hat zwar seinen eigenen Islam-Diskurs. Bei aller Unterschiedlichkeit und Gewichtung von einzelnen Themen vermitteln alle diese Diskurse den Eindruck eines Systemkonfliktes zwischen den zwei in sich normativ geschlossenen Blöcken.

9   Vgl. *Huntington*, Clash.
10   Vgl. *Behloul*, Society 278f.

Haben die Terroranschläge des 9/11 einen Diskurs ausgelöst, den man in Anlehnung an Baudrillards Diktum als die *Mutter* aller Diskurse charakterisieren könnte?

Nun, unbeschadet der Spezifizität und historischen Singularität des aktuellen Islam-Diskurses ist es, um eine Antwort auf diese Frage wagen zu können, zunächst wichtig, die Darstellung der gegenwärtigen Situation mit einer historischen Betrachtung zu verbinden. Der kürzlich verstorbene und aus Palästina stammende Schriftsteller Eduard W. Said hob in seinem viel beachteten Werk «Orientalism» zu Recht hervor, dass der Islam schon immer ein dauerhaftes Thema für Europa war.[11] So betrachtet erscheint es umso wichtiger, den aktuellen Islam-Diskurs in einen breiteren historischen Kontext europäischer Islam- und darüber hinaus allgemeiner Religionsdiskurse zu stellen. Diese Kontextualisierung scheint mir in zweierlei Hinsicht wichtig zu sein:

a) Seit der frühesten Phase ihrer Entstehungs- und Entwicklungsgeschichte waren Christentum und Islam schon immer ein öffentliches Thema. Wir können dabei ein spezifisches sich von Epoche zu Epoche wiederholendes semantisches Muster beobachten.

b) Wir stellen fest, dass keine Religion ein in sich starres, unbewegliches Gebilde darstellt, das ihre Mitglieder in eine Art Sinnreservat einsperren würde. Vielmehr wird im Kontext immer neuer Diskurse das Selbstverständnis einer Religion je neu definiert. Dabei manifestiert sich in der diskursiv ausgehandelten normativen Selbstwahrnehmung und Selbstdarstellung einer Religion zugleich die normative Fremdwahrnehmung derselben Religion.

Diese zwei Aspekte sollen im Folgenden an drei historischen Fallbeispielen operationalisiert und anschliessend mit dem aktuellen Islam-Diskurs am Beispiel der Schweiz verglichen werden.

Wenn ich im Kontext christlich-islamischer Diskurse von einem sich wiederholenden semantischen Muster spreche, dann denke ich in erster Linie an das folgende Phänomen.

---

11 *Said*, Orientalism.

Eine Frage, welche die Diskursgeschichte zwischen Christentum und Islam schon immer dominiert hat, ist die Frage nach dem Verhältnis von Religion und Vernunft. Mit Blick auf Regensburger Rede Papst Benedikts XVI. scheint diese Frage hinsichtlich der normativen Verhältnisbestimmung zwischen Christentum und Islam neuen Auftrieb zu erhalten. In dem stark normativ geladenen Islam-Diskurs in der Zeit nach 9/11, bei dem es nicht nur um die Frage nach der (In-) Kompatibilität des Islam mit dem westlichen Wertesystem, sondern letztendlich auch um die Frage geht, wer zur Werte-Gemeinschaft Europa gehört und wer nicht, ist die gegenseitige Verschränkung von zwei Themen festzustellen. Beide Themen bedingen sich eigentlich gegenseitig. Zum einen ist es die Frage nach der Vereinbarkeit des Islam mit dem westlichen Wertesystem und zum anderen die Frage nach dem kausalen Verhältnis zwischen dem allgemeinen wirtschaftlich-kulturellen und politischen Zustand einer Gesellschaft einerseits und deren religiöser Prägung andererseits. Anders formuliert, der kulturelle und wissenschaftliche Entwicklungsgrad einer Gesellschaft – so wurde und wird immer wieder kontrovers diskutiert – hänge ab von oder ist zumindest auf engste verbunden mit der dominierenden Religionstradition und deren Einfluss auf die jeweilige Gesellschaft. Dieses semantische Muster stellt weder ein neues noch ausschliesslich mit dem Islam-Diskurs verschränktes Phänomen dar. Vielmehr ist er mit Blick auf die Geschichte der Religionsdiskurse sowohl auf inter- wie auch auf intrareligiöser Ebene zu beobachten.

3 Historisches Fallbeispiel 1: Christentum und Islam auf der Anklagebank der Vernunft

Die Machtergreifung der Abbasiden-Dynastie im Jahre 750 bedeutete einen folgenreichen Einschnitt in der Entwicklungsgeschichte des zu diesem Zeitpunkt noch jungen islamischen Reiches. Während der Herrschaftszeit der Umayyaden-Dynastie (661–750) mit dem Machtzentrum in Damaskus hatte der Islam noch den Charakter einer *universal-arabischen* Religion. Unter den Abbasiden begann sich dies zu ändern. Der Islam trat, wie Busse es formuliert, «aus seinen ethnischen Fesseln heraus und wurde erst jetzt zu einer wirklichen Weltreligion»[12]. Ein erster wichtiger Schritt in Richtung der Etablierung einer universalen islamischen Herrschaft wurde durch die Verlegung des Kalifatsitzes aus Syrien in den Irak gelegt. Für die weitere Entwicklung des arabisch-islamischen Gemeinwesens bedeutete dies in dreierlei Hinsicht einen folgenreichen Schritt. Als Erstes waren die Provinzen des persischen Raums hinsichtlich ihrer demographischen Struktur nicht mehr rein arabisch, was notwendigerweise zur Beendigung einer arabischen Dominanz im islamischen Gemeinwesen führen musste. Als Zweites lag die neu gegründete Residenzhauptstadt Bagdad am Kreuzungspunkt wichtiger Handelsstrassen, was zu einer raschen Entwicklung der Stadt zum wirtschaftlichen und religiös-kulturellen Austauschzentrum des Reiches führte. Und als Drittes ist hervorzuheben, dass das neue islamische Reichszentrum in einem Gebiet lag, das nicht nur unterschiedliche Kulturen, Weltanschauungen und Religionen in sich barg, sondern den arabischen Eroberern in wissenschaftlich-kultureller und administrativ-politischer Hinsicht absolut überlegen war.

Vor allem dieser drittgenannter Aspekt ist für unseren Zusammenhang aufschlussreich. Vor dem Hintergrund ihres Herrschaftsanspruches, nicht nur eine im Gegensatz zu ihrer Vorgängerdynastie (Umayyaden) authentische islamische Herrschaft zu errichten, sondern auch das glorreiche wissenschaftlich-kulturelle Erbe der altpersischen Dynastie der Sassaniden würdig anzutreten, war es für abbasidische Kalifen wichtig, die Besonderheit und die darin begründete Superiorität des Islam gegenüber den im Reich bereits seit Jahrhunderten etablierten religiösen und wissenschaftlichen Traditionen unter Beweis zu stellen.

Neben zoroastrischen, jüdischen und christlichen Einflüssen war das neue Machtzentrum des Islam auch durch den Hellenismus stark geprägt. Diese Einflüsse machten sich vor allem am

12 *Busse*, Grundzüge 37.

Kalifenhof von Bagdad bemerkbar, an dem zahlreiche vom iranischen, indischen und griechisch-antiken Bildungsgut geformte Beamte angestellt waren und grossen Einfluss auf das politische und kulturelle Geschehen hatten. Die iranische Beamten- und vor allem Wissenschaftselite, obwohl formell zum Islam bekehrt, war nicht nur von der kulturellen, sondern auch von der religiösen Superiorität persischer und indischer Kultur sowie griechischer Philosophie gegenüber der Religion und Kultur der Araber überzeugt. Eine der einflussreichsten Gestalten unter den gebildeten Persern war ein Mann namens Ibn al-Muqaffa (ca. 720–756).[13] Er stellte nicht nur kritische Fragen an den Inhalt des Korans und an die zentralen Glaubenswahrheiten des Islam, sondern trieb sogar intellektuellen Spot über die aus seiner Sicht naive Gläubigkeit und Gottesvorstellungen der Araber. Dies kommt im ihm zugeschriebenen Urteil über den Islam in aller Schärfe zum Ausdruck:

«Seit der Entstehung der Welt bis auf diese Zeit, in der ihr Ende herangenaht ist, haben wir keine Religion kennengelernt, deren Quintessenz sich stets als abscheulicher herausstellte, sobald man sie zu erforschen suchte, deren Anhänger sich als dümmer erwiesen, während man derlei Untersuchungen durchführte, (keine Religion), deren Wurzel mehr gestutzt, deren Früchte bitterer, deren Spuren bei ihrer eigenen Gemeinde und bei den anderen Völkern, deren sie sich bemächtigte, schlimmer, deren Verfahrensweise barbarischer, deren Vernunft geringer gewesen ist, (keine Religion), die mehr den weltlichen Dingen gedient hat und eifriger den Begierden gefolgt ist als eure!»[14]

Ibn Muqaffas zentraler Vorwurf an den Islam soll also – gemäss der Quellenlage – in der Ansicht bestanden haben, dass sich islamische Glaubenswahrheiten und insbesondere der Inhalt des Korans schon bei einer einfachen Überprüfung durch den Verstand als nicht vernunftgemäss erweisen.

13 In der arabisch-islamischen Literaturgeschichte gilt er als einer der ersten Übersetzer literarischer Werke persischen und indischen Ursprungs ins Arabische und als einer der Pioniere arabischer Prosabelletristik.
14 *Nagel*, Rechtleitung 315.

Durch den Machtantritt und den universalen Geltungsanspruch der Abbasiden geriet die islamische Glaubenslehre in einen völlig neuartigen Diskurszusammenhang. Eine überzeugende und vernunftgemässe Begründung des eigenen religiösen und kulturellen Universalanspruches wurde zur dringlichen Aufgabe. Gerade diese neue Herausforderung verlieh den Übersetzungen philosophischer Werke der griechischen Antike, allen voran der aristotelischen Logik, einen entscheidenden Aufschwung im arabisch-islamischen Raum.[15] Unbeschadet ihrer hohen praktischen Bedeutung für die Bereiche Medizin, Astronomie, Geographie und Agrikultur sollte die Rezeption des antiken Kulturerbes auch einem apologetisch-polemischen Zweck dienen: der Darstellung des Islam gegenüber dem bereits etablierten wissenschaftlich-kulturellen und religiösen Gedankengut des persischen Raumes als einer vernunftgemässen Religion. Dieser Aspekt kam insbesondere in der Auseinandersetzung mit dem Christentum zum Ausdruck.

Kausalität von religiöser Rationalität und wissenschaftlich-kultureller Blüte
Stellvertretend für das Christentum stand damals das Byzantinische Reich. Die Auseinandersetzung mit Byzanz fand nicht nur auf militärischer, sondern auch auf geistiger Ebene statt. Muslimischen Gelehrten ging es dabei nicht nur darum, die Rationalität des Islam zu demonstrieren, sondern auch seine Überlegenheit darin gegenüber dem Christentum zu beweisen. Gerade die geistige Auseinandersetzung mit dem byzantinischen Reich ist für unseren Zusammenhang interessant und aufschlussreich. Im Rahmen dieser Auseinandersetzung wurde nämlich muslimischerseits der

---

15 Streng historisch gesehen begann die Rezeption des antiken Kulturerbes seitens der Muslime bereits in der Regierungszeit der Umayyaden-Dynastie (661–750). Im Blickfeld dieser ersten Rezeptionsphase standen jedoch nicht philosophische Schriften, sondern jenes Schriftgut, woraus sich praktische administrativ-organisatorische Kenntnisse für die Errichtung neuer Staatsstrukturen und für deren Funktionieren gewinnen liessen, vgl. *Gutas*, Thought 24.

Kausalzusammenhang von Rationalität einer Religion und wissenschaftlich-kultureller Blüte einer Gesellschaft hervorgehoben. Die Tatsache einer sowohl militärisch-politischen als auch wissenschaftlich-kulturellen Unterlegenheit von Byzanz gegenüber dem Islamischen Reich wurde ursächlich auf die Bekehrung der Byzantiner zum Christentum zurückgeführt. Als Nachkommen alter Griechen, so nämlich das Kernargument, haben die Byzantiner durch die Übernahme des Christentums, einer irrationalen Religion, dem grossartigen wissenschaftlichen Erbe ihrer griechischen Vorfahren endgültig den Rücken gekehrt. Sehr ausdrücklich formuliert der Gelehrte al-Gahis (gest. 868) seinen gegen das Christentum gerichteten Vorwurf des Irrationalismus. In seinem Werk Kitab al-Ahbar beschreibt er die Byzantiner zunächst als ein Volk grosser wissenschaftlicher Leistungen, um sich dann verwundert zu fragen, wie es denn möglich sei, dass solch ein Volk sich ausgerechnet dem Christentum zuwenden konnte:

«If we had not seen it with our own eyes and heard it with our own ears, we would not consider it true. We would not believe that a people of religious philosophers [...], physicians, astronomers, diplomats, arithmeticians, secretaries and masters of every discipline could say that a man who, as they themselves have seen, ate, drank, urinated, excreted, suffered hunger and thirst, dressed and undressed, gained and lost [weight], who later, as they assume, was crucified and killed, is Lord and Creator and providential God, eternal and not newly created [...]»[16].

Der in der frühabbasidischen Zeit postulierte Kausalzusammenhang zwischen dem wissenschaftlich-kulturellen Niedergang der Byzantiner und ihrer Annahme der christlichen Religion bildete in den nachfolgenden Jahrhunderten das zentrale Merkmal der Wahrnehmung des Byzanz durch die Brille muslimischer Gelehrter. Christen wurden allgemein als Feinde der Philosophie und des rationalen Denkens, Muslime hingegen – ob der behaupteten

16   Ebd. 85f.

Rationalität ihrer Religion – als würdige Erben der griechischen Antike dargestellt.

4 Historisches Fallbeispiel II: Humanisierung und Ethisierung des Religionsverständnisses

Haben muslimische Gelehrte in der Abbasidenzeit die Intoleranz des Christentums gegenüber wissenschaftlichem Denken exemplarisch am politischen und kulturellen Niedergang sowie der Inferiorität von Byzanz gegenüber dem Islamischen Reich demonstriert, so kam es im neunzehnten Jahrhundert zu einer Umkehrung des Machtverhältnisses zwischen der islamisch-arabischen und der westlichen Welt. Die koloniale Expansion Europas in die arabisch-islamische Welt offenbarte nämlich eine machtpolitische Verschiebung der Gewichte zugunsten von Europa. Dies legte Weichen für ein neuartiges Diskursverhältnis, das hinsichtlich der Machverhältnisse bis heute andauert und auch Auswirkungen auf das Religionsverständnis hat.

Wie bereits im 8. Jahrhundert, so wurde im 19. Jahrhundert das fast identische normative Schema angelegt, welches Christentum und Islam in ein kausales Verhältnis von Rationalität und Fortschritt bzw. von Irrationalität und Stagnation einbindet. Im direkten Vergleich mit der Zeit der Abbasiden war die islamische Welt ab jetzt nicht mehr ein dominierendes, sondern ein dominiertes Element. Dieses neue Machtverhältnis erzwang die Formation eines neuen Diskursraumes zwischen westlicher und arabisch-islamischer Welt. Zum Kernmerkmal dieses neuen Diskurses wurde der vom Westen thematisch bestimmte und vorangetriebene Antagonismus von Aufklärung und Islam. Die Ideale der Aufklärung und der Französischen Revolution wurden zum neuen generelle Gültigkeit beanspruchenden normativen Massstab zur Verhältnisbestimmung zwischen Islam und dem Westen. Die Expansion europäischer Kolonialmächte – vor allem Frankreichs und Grossbritanniens – bedeutete für die arabisch-islamische Welt also nicht nur eine militärisch-politische Herausforderung. Weit grösser muss der kulturelle

Druck gewesen sein, den die vom technischen und wissenschaftlich-ideellen Fortschrittsoptimismus beflügelten Kolonialmächte bewirkten.

Wie haben arabisch-muslimische Gelehrte und Intellektuelle auf diese neue geistig-ideelle Herausforderung reagiert? Zu welchem neuen Diskurs über Religion haben die erwähnten neuen soziokulturellen und gesellschaftspolitischen Rahmenbedingungen geführt, und wie hat sich dieser Diskurs auf das Religionsverständnis selbst ausgewirkt?

4.1 Muhammad Abduh: Religion als Elementarbildungssystem des Humanismus und des Fortschritts

Die wohl einflussreichste Gestalt unter den arabisch-islamischen Reformdenkern und Reformisten der zweiten Hälfte des 20. Jahrhunderts war der ägyptische Gelehrte Muhammad Abduh (1849–1905). Sein reformistisches Denken war vor allem antikolonialistisch motiviert. Obwohl von den Ideen der europäischen Aufklärung und der französischen Revolution angetan, warf Abduh den europäischen Kolonialmächten Doppelmoral vor: Die Werte und die Errungenschaften der Aufklärung, auf die sie so stolz seien und die sie aussereuropäischen Völkern angeblich vermitteln wollten, machten die Europäer nach Ansicht von Abduh durch ihre Kolonialpolitik selbst zunichte.[17]

Auffällig an Muhammad Abduhs polemischer Erwiderung auf die Dichotomisierung von Aufklärung und Islam seitens christlicher und allgemein europäischer Gelehrter ist die Komplementarität naturrechtlicher und religiöser Argumente. Der in der menschlichen Natur angelegte Drang nach Freiheit und Unabhängigkeit werde durch die islamische Religion zusätzlich gefördert. Menschliche Natur und Islam seien in Harmonie miteinander verbunden und verstärkten sich gegenseitig. Gemäss Abduh leiste die islamische Religion also, wie Meier es ausdrückt, «eine Art

---

17 Vgl. *Meier*, Auftrag 86.

‹Elementarbildungssystem›»[18]. Dies sowohl hinsichtlich des Ideals eines mündigen und selbstständigen muslimischen Individuums als auch mit Blick auf den wissenschaftlichen Fortschritt des muslimischen Gemeinwesens. Gerade Letzteres, d. h. den Kausalzusammenhang zwischen der Vernunftgemässheit der islamischen Religion und dem wissenschaftlich-technischen Fortschritt der muslimischen Gesellschaft betont Abduh in seiner polemischen Erwiderung auf die Thesen von Farah Antun (1861–1922), einem damals in Kairo wirkenden syrisch-christlichen Schriftsteller. Dieser gründete in Ägypten eine Zeitschrift («Die osmanische Universitas»), die zur Verbreitung der Ideen der Französischen Revolution dienen und dadurch freie und liberale journalistisch-schriftstellerische Arbeit in Ägypten fördern sollte.[19]

In seiner biographischen Darstellung des grossen arabischen Philosophen Averroes (arab. Ibn Rushd, 1126–1198) ging F. Antun der im neunzehnten Jahrhundert in Europa intensiv debattierten Frage nach dem Verhältnis des Islam gegenüber *ratio* und Wissenschaft nach. In der sich immer klarer abzeichnenden wissenschaftlich-technischen Kluft zwischen der islamischen und der westlichen Welt zugunsten des Westens sah F. Antun die real-politische Exemplifizierung der in Europa allgemein verbreiteten Ansicht, die Religion des Islam sei fortschrittsfeindlich und stehe somit einer wissenschaftlich-technischen Entwicklung der arabisch-islamischen Welt im Wege. Die grosse entwicklungsmässige Kluft zwischen den zwei Welten führte er auf das jeweilige Wesen des Islam bzw. des Christentums zurück. Denn erstens, so F. Antun, «die Natur der islamischen Religion verhindert die Toleranz der Wissenschaft gegenüber, aber die Natur des Christentums erleichtert ihren Anhängern die Toleranz gegenüber der Wissenschaft» und zweitens, «das Heranreifen der Früchte der gegenwärtigen Kultur geniessen die Europäer nur durch die Segnung der Toleranz der christlichen Religion.»[20]

18 Ebd. 86.
19 Vgl. *Hasselblatt*, Herkunft 167.
20 Vgl. ebd. 16.

Der essentialistischen Argumentation von Antun begegnet Abduh ebenso essentialistisch. In seiner Schrift Islam und Christentum im Verhältnis zu Wissenschaft und Zivilisation, die als polemische Antwort auf Antuns Thesen entstanden ist und sich, wie Hasselblatt hervorhebt, «für die apologetische Haltung der auf M. Abduh folgenden Generationen als richtungweisend»[21] zeige, transformiert Abduh die Grundaussagen von Antun über den Islam bzw. das Christentum kontrafaktisch zugunsten des Islam[22]. Dabei geht es ihm darum, Islam und Christentum objektiv von ihrem Wesen und ihrer Geschichte her zu beurteilen.[23] Im konkreten Geschichtsverlauf einer Religion, so Abduhs Überlegung, muss sich doch exemplarisch und empirisch eruierbar ihr eigentliches Wesen manifestieren.

Abduh stellt zunächst einzeln die sechs Grundlagen dar, die seiner Meinung nach das Wesen des Christentums bilden.[24] Als «die Grundlage aller Grundlagen» des Christentums nennt er den Glauben an Irrationales.[25] Anschliessend an die Darstellung aller sechs Grundlagen erwähnt Abduh einige Ereignisse aus der Geschichte des Christentums, um die fatalen Auswirkungen der erwähnten Grundlagen auf die Entwicklung des wissenschaftlichen Denkens im Christentum zu exemplifizieren. Die generelle und wohl

21 Ebd. 1.
22 Das von F. Antun behauptete *Faktum* einer wesensmässigen Unvereinbarkeit des Islam mit der Moderne kehrt M. Abduh nämlich in das gegenteilige *Faktum*, indem er den Islam geradezu als Vorwegnahme der modernen Entwicklung, das Christentum hingegen als ihr Gegenteil darstellt.
23 Das Neue an M. Abduhs Polemik gegen das Christentum besteht darin, dass er die traditionellen Vorwürfe muslimischer Theologen gegenüber Christentum wie beispielsweise die Verfälschung biblischer Schriften oder die Vielgötterei (vgl. *Behloul*, Ibn Hazm's) durch eine historische und wesensmässige Sichtung beider Religionen ersetzt.
24 Die sechs Grundlagen, die Abduh anführt und behandelt, sind die folgenden: die Wunder, die Abwendung von der Welt, der Glaube an Irrationales, die Relevanz heiliger Bücher für die dies- und die jenseitige Welt und schliesslich die Trennung zwischen Christen und anderen, sogar zwischen den Verwandten, vgl. *Hasselblatt*, Herkunft 26.
25 Vgl. ebd. 29.

folgenreichste Auswirkung bestand nach seiner Ansicht darin, dass «die Christen den Unterricht auf die Klöster [beschränkten …] und die Kirche […] die Ausbreitung der Bildung im Volk [verbot] außer dem, was offensichtlich zur Frömmigkeit und Festigung des Glaubens aufrief»[26]. Abduh erscheint es deswegen geradezu als logisch, dass «[…] nach der Entfaltung der vollen Macht des Christentums zur Zeit Konstantins und danach […] die Flamme der Wissenschaft ausgelöscht [… wurde] und die reine Religion siegte.»[27] Nicht einmal die Reformation konnte am *ratio*-feindlichen Wesen des Christentums etwas ändern. Im Gegenteil, denn – so Abduh weiter – «Luther hat am heftigsten gegen jene opponiert, die sich mit der Philosophie des Aristoteles befassten […] und nannte diesen Philosophen ein dreckiges und lügnerisches Schwein. […] Die islamischen Gelehrten [hingegen] nannten diesen Philosophen ‹den ersten Lehrer›! Schau nur, welch ein Unterschied!»[28]

Den sechs Grundlagen des Christentums setzt Abduh die sechs Grundlagen des Islam diametral entgegen. Farahs Kernthese von der wesensmässigen Intoleranz des Islam gegenüber Wissenschaft wird dabei kontrafaktisch in das Wesen des Islam transformiert. Dies manifestiert sich deutlich in der Prioritätensetzung von Grundlagen des Islam, die Abduh einzeln anführt und erläutert. Demnach bilden «das vernünftige Denken und die Erlangung des Glaubens» einerseits und «die Vorrangstellung des Verstandes über den Wortsinn des Gesetzes beim Widerstreit beider»[29] andererseits die ersten zwei Grundlagen des Islam.[30] Abduh verfolgt hier also das Ziel, den Islam auf der Grundlage des generellen Massstabs der *ratio* als eine vollkommene Vernunftreligion darzustellen.

---

26 Ebd. 33.
27 Ebd. 36.
28 Ebd. 45.
29 Ebd. 56.
30 Als die übrigen vier Grundlagen des Islam nennt Abduh das Vermeiden von Verketzerung, das Nachdenken über die Gesetze Gottes in der Schöpfung, der Sturz der religiösen Macht und schliesslich der Schutz der Predigt zur Abwehr des Aufruhrs.

Den eigentlichen Wesenskern des Islam und somit auch die Grundvoraussetzung für den wissenschaftlichen Fortschritt einer Gesellschaft bildet bei Abduh jedoch die fünfte Grundlage, «der Sturz der religiösen Macht»[31]. Während nämlich die Macht der geistlichen Führer, wie er mit Verweis auf zwei Stellen im Matthäusevangelium hervorhebt,[32] ausdrücklich in die Fundamente des Christentums eingebaut worden sei, kenne der Islam keine Macht eines Menschen über das Bekenntnis und das Denken anderer Menschen. Diesem aus seiner Sicht repressiven Grundcharakter des Christentums stehe der präventive Charakter der islamischen Botschaft gegenüber. Diesbezüglich verweist er auf eine Koranstelle (88:21–22), in der der arabische Prophet Muhammad die klare Anweisung bekommt, seine Landsleute bloss vor dem Jüngsten Gericht zu warnen, aber keine politische oder religiöse Macht über sie auszuüben.[33] Entsprechend kenne der Islam «[…] keine religiöse Macht […] außer der Macht zum Guten aufzurufen, zum Besseren zu ermahnen und das Böse verhasst zu machen.»[34] Träger und Adressaten zugleich dieser Macht sind alle Muslime, unabhängig von ihrer gesellschaftlichen Stellung. Denn, so Abduh weiter, «dies ist die Macht, die Gott dem niedrigsten Muslimen gegeben hat, damit dieser mit ihr den Höchsten ermahnt, wie Gott sie auch dem Höchsten gegeben hat in der Weise, dass er sie von dem Niedrigsten empfängt.»[35]

In Abduhs expliziter Hervorhebung des aus seiner Sicht wesensmässigen Fehlens von religiöser Macht im Islam manifestiert sich der neue Diskurs zwischen der islamischen und der westlichen Welt seit dem neunzehnten Jahrhundert. Im Kontext dieses Diskurses erlangte die Frage nach der Trennung von religiöser und politischer

---

31 *Hasselblatt*, Herkunft 60.
32 Abduh bezieht sich in diesem Zusammenhang auf Mt 16,19 und 18,18. Dort wird geschildert, wie Jesus dem Apostel Petrus bzw. allen seiner Jünger die Macht des Bindens und Lösens im Himmel und auf Erden überträgt.
33 Vgl. *Hasselblatt*, Herkunft 61
34 Ebd. 65.
35 Ebd.

Macht als einer der mühsam erkämpften Kernerrungenschaften der Moderne hohe Aktualität.

Es ist deswegen kein Zufall, dass F. Antun gerade in der behaupteten wesensmässigen Unfähigkeit der islamischen Religion zu dieser Trennung den eigentlichen Grund für die fortschrittsmässige Inferiorität der arabisch-islamischen Welt gegenüber der westlich-christlichen verortet.[36] Der Systemkonflikt, der zwischen Islam und Christentum, wie oben dargestellt, bereits in der frühabbasidischen Epoche postuliert wurde, wird ab dem neunzehnten Jahrhundert inhaltlich also auf eine neue Grundlage gestellt. War es im neunten Jahrhundert das Verhältnis zum philosophischen Erbe der griechischen Antike, so sind es ab jetzt die im Zuge der Aufklärung erkämpften Werte, die sich in der sukzessiven Loslösung der weltlichen Bezüge vom kirchlichen Machteinfluss deutlich ausdrückt. Mit dem expliziten Verweis auf die angeblich bereits im Neuen Testament postulierte Trennung der religiösen von der politischen Macht christianisiert F. Antun den Prozess der Aufklärung. Weil bereits in den Grundlagen des Christentums angelegt, sei dieser Prozess eben nur im christlichen Europa möglich gewesen. Der im neunzehnten Jahrhundert diskursiv neu postulierte Systemkonflikt zwischen der arabisch-islamischen und der westlich-christlichen Welt bekam dadurch einen neuen Explizitheitsschub und provozierte muslimischerseits, wie am Beispiel von Muhammad Abduh dargestellt, explizit *islamische* Antworten.

Kontrafaktisch zu Antuns Hervorhebung einer wesensmässigen Unvereinbarkeit des Islam mit dem wissenschaftlichen Denken und allgemein mit den Errungenschaften der Aufklärung hebt Abduh nicht nur die aus seiner Sicht bestehende wesensmässige Afinität des Islam zum selbständigen wissenschaftlichen Denken hervor, sondern unterstreicht sogar die vorwegnehmende Leistung des experimentellen Denkens im Islam gegenüber Europa. Während experimentelle Methode in Europa erst seit Francis Bacon

36 Vgl. ebd. 12.

(1561–1626) möglich sei, hätten die Araber bereits im achten Jahrhundert die Methode des Experiments an Stelle der blossen Nachahmung von tradierten Lehrmeinungen zur Grundlage der Wissenschaft erhoben.[37] Aufgrund der wesensmässigen Affinität des Islam zum selbständigen wissenschaftlichen Denken «[...] gefiel [es] den Arabern nicht, lange Zeit hindurch Schüler von Aristoteles, Plato, Euklid oder Ptolemäus zu sein, wie es die Europäer zehn volle Jahrhunderte während der christlichen Geschichte geblieben waren.»[38] Für Abduh steht schliesslich fest, dass der Sieg der Wissenschaft in Europa keineswegs dank, sondern gerade trotz Christentum stattfinden konnte, nämlich durch die Abkehr der «Männer der Wissenschaft und Hüter der Zivilisation [...] von der [christlichen] Religion.»[39]

Die Ursache für die wissenschaftliche und kulturelle Erstarrung der islamischen Welt sieht Abduh nicht im Islam selbst. Im Gegenteil. Er führt sie vielmehr zurück auf «eine Krankheit, die die Muslime befiel, als fremde Dogmen in ihre Herzen kamen und mit den Dogmen des Islam zusammen in ihren Herzen wohnten»[40]. Diese Entwicklung habe ab dem Moment ihren Anfang genommen, als muslimische Führer – «die Weitherzigkeit der Bestimmungen des Islam und seine Toleranz» nutzend – begannen, den Führern ausländischer (d.h. nicht arabischer) Heere die wichtigen politischen Ämter anzuvertrauen. Diese aber, so Abduh weiter, «hatten nicht jenen Verstand, den der Islam herangebildet hat, sondern sie kamen in roher Unwissenheit zum Islam. [...] Den Islam trugen sie wohl äußerlich, aber nichts davon drang bis zu ihrem Gewissen »[41]

37 Vgl. ebd. 86f.
38 Ebd. 86.
39 Ebd. 137.
40 Ebd. 104.
41 Ebd. 106.

4.2 Neuer Diskurs – Neue normative Einordnung des Christentums und des Islam

Indem er mittels Darlegung der Grundlagen des Islam, die er in normativ abgrenzender Weise den Grundlagen des Christentums gegenüberstellt, den Islam in ein Begründungsverhältnis zu dem neuen universal geltenden normativen Massstab der Aufklärung stellt und dabei – unter Bezugnahme auf den Koran und die Bibel – aus vermeintlicher religionsdogmatischer Stichhaltigkeit des Islam bzw. des Christentums argumentiert, bedient sich Abduh zwar religiöser Terminologie. Charakteristisch für den christlich-islamischen Diskurs ab dem neunzehnten Jahrhundert ist aber, dass der Wahrheitsgehalt einer Religion nicht mehr vordergründig an ihren dogmatischen Aussagen über das Wesen Gottes, über seine Attribute oder etwa über die Authentizität der Offenbarung gemessen wird.[42] Den Referenzrahmen bilden ab jetzt zunehmend die Werte des Diesseits. Dieses Phänomen manifestiert sich deutlich auch in Abduhs Argumentation. Denn das Menschen- und das Gesellschaftsbild, das er in seine apologetisch-polemisch Antwort auf Antuns Qualifizierung des Islam kontrafaktisch inkorporiert, ist säkular. Nasr ist deswegen zuzustimmen, wenn er mit Blick auf Abduh und die von ihm nachhaltig beeinflusste Generation muslimischer Reformdenker des neunzehnten und der ersten Hälfte des zwanzigsten Jahrhunderts unterstreicht, dass «some of the apologetic writings of the Muslim modernists cannot be considered as religious although they my be dressed in Islamic terms»[43].

Am Abduhs Beispiel dürfte deutlich geworden sein, dass dem Islamverständnis, welches unter den Bedingungen einer neuartigen geistig-politischen Konfrontation zwischen der arabisch-islamischen

---

42 In der frühabbasidischen Zeit und in den darauf folgenden Epochen ging es – wie oben am Urteil von al-Djahiz über die Byzantiner exemplifiziert – darum, die rationale Tragweite und davon abhängend die Koinzidenz einer Religion mit dem aktuellen wissenschaftlichen Kenntnisstand an ihren Aussagen über das Wesen Gottes und seinem Verhältnis zu der Schöpfung zu messen.

43 *Nasr*, Religion 120.

und der westlichen Welt im neunzehnten Jahrhundert von muslimischen Reformdenkern konzipiert wird, das neuzeitlich geprägte Religionsverständnis zugrunde liegt. Dieses wurde in Europa ab dem sechzehnten Jahrhundert unter spezifischen gesellschaftspolitischen Rahmenbedingungen der Konfessionalisierung des europäischen Christentums und den diesen Prozess begleitenden politischen Auseinandersetzungen gebildet. Die innerchristliche Spaltung einerseits und die wachsende Kenntnis über andere nichtchristliche Religionen andererseits verstärkten das Bedürfnis nach einer jenseits aller intra- und interreligiösen Konflikte und Rivalitäten stehenden *wahren Religion*. Die Besonderheit dieses im neuzeitlichen Protestantismus geprägten Religionsverständnisses, das den Religionsdiskurs bis heute nachhaltig prägt,[44] liegt aber auch darin, dass im Zuge ihrer Verallgemeinerung als Gattungsbegriff *Religion* – wie Joachim Matthes es hervorhebt – «als selbst verantwortete christliche Lebensform in eine gewisse Opposition [...] zu ‹Kirche› als der verfassten Ordnung [zu treten begann], in der sich das [protestantische] Christentum in der Gesellschaft präsentiert. ‹Religion› wurde allmählich zur Signatur für eine eigene christliche Lebenswirklichkeit neben der der verfassten ‹Kirche›, – wenn man so will: zu einer bürgerlichen Kategorie»[45].

Als Gattungsbegriff wurde «Religion» also im Zusammenhang mit dem reformatorischen Konzept vom direkten Gottesverhältnis des christlichen Individuums zu einem innerchristlichen Medium normativer Abgrenzung der individuellen Gläubigkeit und Frömmigkeit gegenüber einer institutionell (kirchlich) definierten und verwalteten Gläubigkeit. Obwohl sich die Annahme eines elementaren Spannungsverhältnisses zwischen Institution und individueller Lebensführung den spezifischen kulturellen und vor allem kirchen-politischen Bedingungen der reformatorischen und nachreformatorischen Zeit verdankt, prägte sie seit dem siebzehnten Jahrhundert die Religionsdiskurse sowohl auf intra- als auch auf

44 Vgl. *Schieder*, Zivilreligion 11.
45 *Matthes*, Reflexionen 198.

interreligiöser Ebene. «Das Protestantische an dieser Annahme ist längst vergessen, in jeder Untersuchung über irgendeine ‹Religion› aber taucht sie unweigerlich als Bestimmungs- und Messgrösse auf.»[46] Am Beispiel von Abduhs apologetisch-polemischer Erwiderung auf Antuns Thesen zum Verhältnis von Islam und gesellschaftlichem Fortschritt konnte beobachtet werden, wie dieses neuzeitlich-protestantische Religionsverständnis den Islam-Diskurs ab dem neunzehnten Jahrhundert zu bestimmen begann und sich zugleich auf das Islamverständnis, sowohl auf die Ebene der Fremd- wie auch auf die Ebene der Selbstwahrnehmung, auswirkte. Im Kontext eines neuen Diskursraumes erfuhren Christentum und Islam eine neue normative Einordnung. Zum normativen Massstab für eine *wahre* Religion wurde in diesem Diskurs das Ideal des mündigen, von jeder religiösen Machtinstanz unabhängigen frommen Individuums erhoben. Abduh entdeckte dieses Ideal vollkommen und einzig in der Religion des Islam verwirklicht – oder zumindest einzig im Wesen des Islam angelegt.

Am folgenden dritten historischen Fallbeispiel soll nun dargestellt werden, wie dieses neuzeitlich-protestantische Religionsverständnis auch auf intrareligiöser, d. h. auf binnenchristlicher Diskursebene zur Bestimmungs- und Messgrösse wurde.

5 Historisches Fallbeispiel III: Antikatholizismus und Moderne

Praktisch zur selben Zeit, d. h. zu Beginn des neunzehnten Jahrhunderts, in der sich ein neuartiges Diskursverhältnis zwischen der arabisch-islamischen und der westlichen Welt zu formieren begann, ist in den protestantisch dominierten Gesellschaften Europas und in den USA eine Dichotomie, ja, ein Antagonismus von Katholizismus und den Werten der bürgerlich-liberalen Zivilgesellschaft zu beobachten. Aus protestantischer Sicht konnte die *Religion des Bürgers* nur eine Privatreligion des freien protestantischen Individuums

---

46 Ebd. 201.

sein. Entsprechend erblickte der evangelische Theologe und einer der radikalsten Vertreter bildungsbürgerlicher Religiosität in Deutschland Richard Rothe (1799–1867) den wesentlichen Unterschied zwischen Katholizismus und Protestantismus in der Gleichsetzung des Christentums mit der Kirche (im Katholizismus) bzw. mit der religiös beseelten humanen Sittlichkeit des Individuums (im Protestantismus).[47]

Die Erweiterung des Religionsbegriffes auf das in Ehrfurcht und Hingabe erfolgte subjektive Verhalten zu Gott, das Friedrich Schleiermacher mit dem Konzept des Gefühls schlechthinniger Abhängigkeit systematisierte,[48] führte im neunzehnten Jahrhundert zu einer zunehmenden Distanz des protestantischen Bildungsbürgerturms gegenüber kirchlicher Frömmigkeit. In den Berichten kirchlicher Beobachter über das religiöse Verhalten von Gebildeten und Beamten wird deren mangelnde Beteiligung am kirchlichen Leben und allgemeine Kirchenentfremdung beklagt. So hiess es beispielsweise bereits 1800 und 1801 in den kirchlichen Visitationsberichten von Schleswig-Holstein, dass der grösste Teil «obrigkeitlicher Personen» nicht mehr den Gottesdienst und das Abendmahl besuche und dass sich diese Verhaltensweise «immer mehr unter den wohlhabenden Bürgern und Landleuten auszubreiten»[49] scheine.

Lucian Hölscher, der den Prozess der Säkularisierung im protestantischen Deutschland des neunzehnten Jahrhunderts unter frömmigkeitsgeschichtlichen Fragestellungen untersuchte, betont aber zu Recht, dass das Bildungsbürgertum trotz Kirchenentfremdung und radikaler Ablehnung traditioneller christlicher Glaubenssätze religiös blieb: «Es ließ – bei aller Schärfe und Radikalität in der Zurückweisung traditioneller christlicher Glaubenssätze und Vorstellungen – doch nie von dem Bestreben ab, an die Stelle der alten und falschen eine neue, zeitgemäße Religion zu setzen.»[50]

47 *Schneider*, Schriften 71.
48 *Schleiermacher*, Glaube 78.
49 *Beyer*, Kirchenentfremdung 16.
50 *Hölscher*, Religion 621.

5.1 Konfessionelle Definition von Bürgerlichkeit und Zivilgesellschaft

Das Oppositionsverhältnis zwischen *Religion* und *Kirche* gestaltete sich aber nicht nur intrakonfessionell, d. h. innerhalb des Protestantismus, entlang der Grenze zwischen ländlicher und städtischer Bevölkerung. Vielmehr kam dieses Verhältnis mit besonderer Schärfe auf interkonfessioneller Ebene zum Ausdruck. Bürgerlichkeit und Zivilgesellschaft mit dem ihnen zugrunde liegenden Wertekanon wurden in den protestantisch dominierten Gesellschaften Europas konfessionell definiert, d. h. als exklusive Errungenschaft des Protestantismus verstanden, was zu einer normativen Exklusion von Katholiken aus dem Projekt der bürgerlichen Zivilgesellschaft führte. Die Katholiken wurden allgemein als antimodern, undemokratisch und vor allem unselbständig, weil von der Institution der Kirche fremd gesteuert, wahrgenommen. Diese Art von Wahrnehmung des Katholizismus, von Casanova als «not totaly without foundation in reality»[51] bezeichnet, hing vor allem mit dem Phänomen des *Ultramontanismus* zusammen, einer Strömung, die besonders ab den 1850er Jahren innerhalb der katholischen Kirche stark wurde.[52] In kirchenpolitischer Hinsicht verfolgte der Ultramontanismus das Ziel, den Katholizismus in expliziter Abgrenzung von Moderne und Liberalismus zu definieren.[53] Dadurch bestätigte er den in den protestantisch dominierten Gesellschaften wahrnehmbaren paradigmatischen Status des Katholizismus als «das Andere von Nation, Vernunft und Moderne»[54]. Der Katholizismus wird als antimodern, undemokratisch und fremd wahrgenommen – ein anschauliches Beispiel dafür bietet

51 *Casanova*, Civil society 5.
52 Die Bezeichnung leitet sich von lateinischem *ultra montanes* (jenseits der Berge) ab. Der Ultramontanismus lokalisierte nämlich das Zentrum des Katholizismus – von Nordeuropa aus gesehen – jenseits der Alpen, d. h. in Rom.
53 Vgl. *Weber*, Ultramontanismus 27–35.
54 *Borutta*, Das Andere 62.

Robert Virchow (1821–1902)[55] mit seiner verbalen Attacke gegen die Fraktion des katholischen Zentrums im Preussischen Abgeordnetenhaus 1872. Darin bezeichnet er den Katholizismus als undeutsches, ultramontanes und römisches Wesen, welchem «in jeder gesetzlich zuverlässigen Form» entgegengetreten werden muss. Gemäss Virchow sei «die eigentliche Aufgabe, welche die neue Zeit hat, dieses fremdartige Wesen, welches sich in uns hineindrängt […] zu überwinden.»[56]

5.2 Protestantischer Katholizismus-Diskurs in den USA

Der infolge der Reformation immer stärker in Erscheinung tretende und im neuzeitlichen Protestantismus zum vollen Durchbruch gelangte Gegensatz von Religion als der Angelegenheit des mündigen, freien und sittlich handelnden Individuums auf der einen und der Kirche als institutionell vorgeschriebener und gelenkter Frömmigkeit des gläubigen Volkes auf der anderen Seite manifestiert sich auch im Antikatholizismus-Diskurs des protestantischen Nativismus im neunzehnten Jahrhundert in den USA. Im Kontext des aktuellen Islam-Diskurses im Westen ist der Antikatholizismus-Diskurs der USA sehr aufschlussreich. Wie der Islam-Diskurs, so war auch dieser Diskurs eng mit der Einwanderung verschränkt, mit der grundsätzlichen Frage also, wer dazugehört und wer nicht. Damals waren es katholische Einwanderer aus Europa, vornehmlich aus Irland, Italien, Deutschland

55 R. Virchow war Abgeordneter der linksliberalen Fortschrittspartei im Preussischen Abgeordnetenhaus. In einer 1873 dort gehaltenen Rede verwendete er als erster den Begriff *Kulturkampf* als Charakterisierung der Politik von Otto von Bismarck gegenüber der Katholischen Kirche. Infolge der sog. Kleindeutschen Einigung unter Führung des Königs von Preussen und unter Ausschluss des Kaiserreiches Österreich wurden Katholiken im Deutschen Reich von 1871 nämlich zu einer religiösen Minderheit und im Kontext des Widerstandes der Katholischen Kirche gegen liberale Bewegungen des 19. Jahrhunderts als innerer Feind der deutschen Nation wahrgenommen, vgl. *Langewiesche,* Liberalismus und *Eley,* Germany.

56 *Borutta*, Das Andere 59.

und Polen, die im Laufe des neunzehnten Jahrhunderts in grosser Zahl in die USA einwanderten.

Wie in den protestantisch dominierten Gebieten Nordeuropas, so wurde der Katholizismus auch in den USA in ein antagonistisches Verhältnis zu den zivilgesellschaftlichen Werten gesetzt. Dieser Antagonismus war hier durch die Tatsache der Einwanderung noch zusätzlich verstärkt, was sich deutlich in der Wahrnehmung des Katholizismus in den USA als eine fremde und zutiefst unamerikanische Einwandererreligion manifestierte. Amerika definierte sich zwar als *christian Nation*, christlich bedeutete hier aber *protestantisch*.[57]

Dabei bestand die behauptete Bedrohung durch den Katholizismus nicht etwa in seiner Grösse, sondern vielmehr in der Wahrnehmung eines Systemkonfliktes zwischen dem *Republikanismus* und dem *Romanismus*[58]. Als Beispiel, wie dieser Diskurs ablief und was seine zentralen Themen waren, hier eine historische Notiz aus der Zeit des Krieges der USA gegen Mexiko (1846–1848):

Am 23. Mai 1847 kamen über 5000 Menschen in Philadelphia zusammen. Anlass war die Grundsteinlegung für die neue St. Augustine Kirche. Das neue Gebäude sollte an den Überresten der alten Kirche errichtet werden, die nur drei Jahre zuvor von einem wütenden Mob der Anhänger der Native American Party unter der Regie lokaler protestantischer Geistlichkeit angezündet wurde. Ein katholischer Pfarrer, der bei diesem feierlichen Anlass die Ansprache hielt, nahm u. a. auch Stellung zum allgemeinen Vorwurf der Protestanten, Katholiken würden nie Waffen gegen andere Katholiken richten und könnten die eigene Heimat (USA) nie gegen ein katholisches Land verteidigen. Der Redner konterte,

---

57 Die christlichen Einwanderer in den USA konnten noch so weiss und christlich sein, wenn sie aber nicht auch protestantisch waren, wurden sie nicht als Amerikaner wahrgenommen. So hatten beispielsweise irische Protestanten nie ein Problem akzeptiert zu werden, während katholische Iren zusammen mit anderen Katholiken aus Polen und Italien mit Rassismus konfrontiert waren, vgl. dazu *Ignatiev*, Irish.

58 Gemeint ist der römische Zentralismus.

gerade das Gegenteil sei der Fall. Zum Zeitpunkt seiner Rede konnte er nicht vermuten, dass nur wenige Monate später, ein ganzes Bataillon von zumeist amerikanisch-katholischen Deserteuren nahe Mexico-City gefangen genommen würde. In den amerikanischen Zeitungen war die Rede von der Fahnenflucht der «Romish soldiers». Die Nachuntersuchungen zu diesem Vorfall haben ergeben, dass es mexikanische Priester waren, welche die Soldaten zur Aufgabe überredeten.[59]

Portestanten in den USA betrachteten Katholiken als einen homogenen, von Rom aus ferngesteuerten und somit auch gegenüber der eigenen Heimat illoyalen Block. Dies geht auch aus der Bezeichnung «Romish soldiers» hervor. Dabei ging es aber nicht nur um die Loyalität auf dem Schlachtfeld. Gewiss, während dem Mexiko-Krieg galt die besondere Aufmerksamkeit der Frage, wie hoch die Bereitschaft der katholischen Soldaten in der amerikanischen Armee überhaupt sei, für die USA gegen ein katholisches Land zu kämpfen. Die Loyalitätsfrage bezog sich aber generell auf das Verhältnis der Katholiken gegenüber den Werten des Republikanismus. Ab 1830 bis ca. 1950 erlangte der Katholizismus im protestantischen Katholizismus-Diskurs den paradigmatischen Status als religiöse Antithese der Zivilgesellschaft und der ihr zugrunde liegenden Werte wie Toleranz und individuelle Freiheit. Gerade in den 1840er Jahren, die durch starke Migrantenströme von Katholiken aus Irland und Deutschland gekennzeichnet waren, verfestigte sich der Antikatholizismus-Diskurs in den USA zu einer theologisch und politisch motivierten Front gegen die Katholische Kirche und ihre Anhänger. Diese Front bestand, wie Pinheiro es hervorhebt, aus «theological anti-Catholicism and political nativism combined under the aegis of republicanism»[60]. Was diese beiden ideologischen Komponenten des Anti-Katholizismus verband, war die Überzeugung, «that Roman Catholics could never be faithful citizens of the United States, because their allegiance

59 Vgl. *Pinheiro*, Religion 69.
60 Ebd. 74.

to the Pope prevented them from fully supporting the existence of civil and religous liberty»[61]. Katholische Priester wurden sogar verdächtigt, daran zu arbeiten, die Vereinigten Staaten Rom zu unterwerfen.[62]

5.3 Im Spannungsfeld zwischen normativer Exklusion und zivil-gesellschaftlicher Praxis

Die konfessionelle Definition von Zivilgesellschaft, welche zu einer normativen Exklusion von katholischen Einwanderern aus der amerikanischen Gesellschaft führte, wurde im Laufe der Zeit paradoxerweise zu einem Vehikel der Verbürgerlichung des Katholizismus innerhalb der amerikanischen Gesellschaft. Schon der blosse Diskurs über die angebliche Unvereinbarkeit von Republikanismus und Romanismus führte als Erstes zu der Anerkennung eines irreversiblen Faktums, der Tatsache nämlich, dass Katholizismus – zumindest faktisch – infolge der Einwanderung zu einem integralen Bestandteil der amerikanischen Gesellschaft wurde. Als Zweites haben Republikanismus und Disestablishment als zentrale Elemente amerikanischer Gesellschaft und der für die protestantischen Kirchen in den USA charakteristische Kongregationalismus, d.h. die volle Autonomie lokaler Kirchengemeinden, auch die Einwanderergemeinschaften entscheidend beeinflusst. McCarthy schreibt dazu:

«One of the earmarks of republicanism was a deeply ingrained suspicion of centralized authority, a suspicion that played out among Catholics in a drive for local congregational autonomy that resembled that of many Protestant denominations. As in other sects, disestablishment encouraged a set of relations in which laymen had a decisive hand in controlling parish affairs.»[63]

---

61 Ebd.
62 Vgl. *Higham*, Stranger 28.
63 *McCarthy*, Creed 68.

Der Protestantismus hatte somit einen entscheidenden Einfluss auf die, wie McCarthy es formuliert, «laity's vision of an American Catholic Church»[64].

Und als Drittes motivierte konfessionelle Exklusion zivilgesellschaftliches Engagement. Katholiken wurden diskursiv gezielt dazu gedrängt, durch philanthropisches Engagement – das ja ein wichtiges Element der amerikanischen Zivilgesellschaft darstellt – ihre Loyalität gegenüber der protestantisch dominierten Mehrheitsgesellschaft unter Beweis zu stellen und sich nicht zuletzt dadurch auch Bürgerrechte zu erkämpfen.

Neue Organisationsstrukturen – auf freiwilliger Basis ins Leben gerufene nichtstaatliche und gemeinwohlorientierte Assoziationen – eröffneten neue Handlungsfelder und -möglichkeiten, erweiterten soziale Grenzen zivilgesellschaftlicher Praxis und intensivierten Prozesse der Verbürgerlichung von marginalisierten Gruppen. So entstanden im Laufe des neunzehnten Jahrhunderts Laien- und Frauenorganisationen innerhalb des katholischen Migrantenmillieus der USA mit wohltätiger Ausrichtung in der Öffentlichkeit, was ihnen eine schrittweise Integration in die protestantische Mehrheit und eine Verbesserung von Kommunikation mit dieser ermöglichte. Katholizismus in Amerika begann sich so, wie McCarthy es ausdrückt, «closer in form to Protestant congregationalism than to the more centralized European Church» zu entwickeln und «provided laymen in local parishes with a substantial degree of control over their religious properties and activities»[65].

Man kann nun verblüffende Parallelen zwischen dem gegenwärtigen Diskurs über den Islam als einer fundamentalistischen, anti-modernen und mit der Demokratie unvereinbaren Religion und dem vorher skizzierten vergangenen Diskurs über den Katholizismus feststellen. Dies soll am Beispiel des Islam-Diskurses in der Schweiz veranschaulicht werden.

64 Ebd.
65 Ebd. 74.

6   Islam-Diskurs in der Schweiz

Wie der Katholizismus damals in den USA, so wird auch der Islam im Kontext des westeuropäischen Islam-Diskurses der post-9/11-Ära in ein antagonistisches Verhältnis zu den vermeintlich unifizierenden Europäismen wie *Aufklärung, Liberalismus* und *Zivilgesellschaft* gesetzt. Mag der Islam-Diskurs in den Ländern wie Frankreich, Grossbritannien, Holland oder der Schweiz politisch jeweils unterschiedlich gelagert und thematisch verschieden besetzt sein, allen diesen Islam-Diskursen liegt dennoch dasselbe Reaktionsschema zugrunde: die Verteidigung der liberalen und toleranten Gesellschaft gegen die Gefahr fundamentalistisch-patriarchaler Sitten einer fremden, uneuropäischen Religion.

Der totalisierende Charakter des Islam-Diskurses der post-9/11-Ära, den, wie zu Beginn gesagt, die Verschränkung mit praktisch allen gesellschaftsrelevanten Bereichen kennzeichnet, lässt sich gut am Beispiel der Schweiz konkretisieren. Innerhalb weniger Jahre dominierte die sog. *Islam-Frage* in der Schweiz unterschiedliche Initiativen und Abstimmungen und hatte letztlich einen entscheidenden Einfluss auf deren Ausgang. Hier einige Beispiele.

Bei der kantonalen Abstimmung über die öffentlich-rechtliche Anerkennung von nichtchristlichen Religionsgemeinschaften im Kanton Zürich im Jahr 2003 ging es weder primär noch ausschliesslich um den Islam. Als sich im Vorfeld der Abstimmung in öffentlichen Umfragen eine Mehrheit zugunsten der Initiative abzeichnete, gelang es den Gegnern der Initiative, die gesamte Diskussion über die Abstimmung auf den Islam, bzw. auf die heraufbeschworene Gefahr der steuerlichen Unterstützung von Koranschulen zu reduzieren. Die Initiative wurde abgelehnt.

Die Abstimmung über die erleichterte Einbürgerung von Migranten der zweiten und der dritten Generation in der Schweiz 2004 wurde zu einer Debatte über den Islam und die Muslime. Die Gegner der Initiative wiesen landesweit auf ihren Wahlplakaten und in den Zeitungsinseraten auf die Gefahr hin, im Falle eines positiven Ausgangs der Abstimmung würden Muslime im Jahr 2040 siebzig Prozent der Schweizer Bevölkerung ausmachen. Die *Islamisierung* auch dieser Debatte trug entscheidend zu einer Ablehnung der Initiative bei. Bei den letzten Nationalratswahlen 2007 hat die Schweizerische Volkspartei, gegenwärtig die stärkste politische Kraft in der Schweiz, auf ihren Wahlplakaten und bei den öffentlichen Auftritten, *den* Islam als ein fremdes Phänomen normativ in ein antagonistisches Verhältnis zum Schweizer Wertesystem gesetzt. Bei den Nationalratswahlen sollte es also um eine alternativlose Wahl zwischen Schweizer Werten auf der einen und *Islamisierung* auf der anderen Seite gehen.

Zur Veranschaulichung hier drei Plakatbeispiele von den letzten Nationalratswahlen:

Beispiel 1:

Foto: Samuel M. Behloul, 2007.

Beispiel 2:

Grafik: Werner Laube, © Andreas A. Glarner, 2009.

Beispiel 3:

Grafik: Werner Laube, © Andreas A. Glarner, 2009.

6.1 Historische Parallelen

6.1.1 Semantische Vergleichsebene

Wie aus diesen veranschaulichten Beispielen hervorgeht, steht der
Islam im öffentlichen Diskurs paradigmatisch für ein fremdes,
aussereuropäisches Phänomen und mithin auch für ein anderes,
mit dem europäischen Wertesystem inkompatibles Wertesystem.
In der Zeit nach 9/11 ist in den westlichen Gesellschaften ein

zunehmendes Misstrauen, ja sogar ein Generalverdacht gegenüber Zuwanderern aus mehrheitlich islamisch geprägten Gesellschaften zu beobachten. Im Mittelpunkt der Auseinandersetzung um ihre Präsenz steht die Frage nach der Verträglichkeit des Islam mit der demokratischen und säkularen Rechtsstaatlichkeit westeuropäischer Gesellschaften. Dieser Diskurs weist starke Ähnlichkeiten sowohl mit dem Islam-Diskurs der Kolonialzeit als auch mit dem Katholizismus-Diskurs des neunzehnten Jahrhunderts in Europa und den USA auf. Dabei lassen sich die Parallelen zwischen diesen drei Diskursen zunächst auf rein semantischer Ebene feststellen.

Wie bereits im neunzehnten Jahrhundert, so wird auch heute das Hauptproblem *des* Islam – jetzt nicht nur mit Blick auf die arabisch-islamische Welt, sondern – migrationsbedingt – insbesondere mit Blick auf die Zukunft Europas in seiner vermeintlichen Unfähigkeit zur klaren Trennung zwischen Staat und Religion gesehen. Dabei wird die Befürchtung geäussert und nicht selten auch die Gefahr heraufbeschworen, die zunehmende Präsenz von Muslimen in den westlichen Gesellschaften werde die in Europa mühsam erkämpfte säkulare Rechtsstaatlichkeit im Sinne der religiösen Neutralität des Staates gefährden.

Wie der amerikanische Katholizismus-Diskurs des neunzehnten Jahrhunderts, so ist auch der aktuelle Islam-Diskurs mit dem Einwanderungs-Diskurs verschränkt. Entsprechend sind beide Diskurse durch normativ geladene Exklusionssemantiken gekennzeichnet. Stellten katholische Einwanderer aus Europa in den USA in der Mehrheitswahrnehmung einen homogenen und normativ nicht dazugehörenden fremden Block dar, so werden auch muslimische Einwanderer und deren Nachkommen im öffentlichen Diskurs Westeuropas normativ als ein fremdes und hinsichtlich der Frage nach Loyalität gegenüber ihrer jeweiligen Mehrheitsgesellschaft als ein zutiefst suspektes Kollektiv von Gleichgesinnten wahrgenommen.

*6.1.2 Inhaltliche Vergleichsebene: normative Neu-Einordnung
des Islam*

Grosse Ähnlichkeiten zwischen den drei dargestellten Diskursen lassen sich aber auch auf der Ebene der Auswirkungen verzeichnen, welche diese Diskurse auf die jeweils (fremd-) diskursivierte Seite haben, und zwar sowohl hinsichtlich des eigenen religiösen Selbstverständnisses wie auch mit Blick auf die Strategien der öffentlichen Selbstdarstellung.

Wie oben dargestellt, hat Muhammad Abduh die im neunzehnten Jahrhundert in Europa vorherrschende Grundüberzeugung von der wesensmässigen Intoleranz des Islam gegenüber den Werten der Aufklärung unter Bezugnahme auf den Koran bzw. auf die Bibel kontrafaktisch in das Wesen des Islam transformiert. Auf diese Weise verlieh er dem Islam einen exklusivistisch-universalen Charakter. Demnach gebe es nicht nur eine wesensmässige Affinität des Islam gegenüber den vermeintlich genuinen christlich-westlichen Werten, sondern der Islam stellt vielmehr eine historisch einmalige Vorwegnahme dieser Werte dar. Das essentialistische Diktum, welches für den Islam-Diskurs der Kolonialzeit prägend ist, kennzeichnet auch den aktuellen Islam-Diskurs. Normative Fremdzuschreibungen wie etwa die behauptete *Aufklärungsunfähigkeit, Demokratieresistenz* und das *Gewaltpotenzial* des Islam sowie die Forderung nach einer unmissverständlichen Verurteilung von Terror und nach einem klaren Bekenntnis zum Wertekanon der Mehrheitsgesellschaft werden von muslimischen Akteuren inkorporiert und kontrafaktisch transformiert in religiöse Selbstzuschreibungen. Dies kommt zum Ausdruck, wenn sich beispielsweise Vertreter muslimischer Dachorganisationen in der Schweiz – sei es bei öffentlichen Dialogveranstaltungen oder auf Internetseiten ihrer Vereine – unter dem diskursiv ausgeübten Druck der Mehrheitsgesellschaft *im Namen des Islam* zu den Grundwerten der schweizerischen Mehrheitsgesellschaft wie Demokratie, Rechtsstaatlichkeit, Gleichberechtigung, Menschenrechte, Toleranz und Frieden nicht bloss bekennen, sondern sich sogar als deren Garanten und Bewahrer präsentieren[66]. Der Islam wird somit nicht nur in ein bejahendes, sondern auch in ein Fundierungsverhältnis zum Wertekanon der schweizerischen Mehrheitsgesellschaft gebracht. Dieses semantische Muster konnten wir auch oben sowohl mit Blick auf die Polemik al-Djahiz' gegen die Byzantiner als auch mit Blick auf Abduhs apologetisch-polemische Erwiderung auf Antuns Thesen beobachten. So wie al-Djahiz den Islam in ein Fundierungsverhältnis zur griechischen Philosophie stellte, brachte auch Abduh – jetzt unter veränderten Machtverhältnissen – den Islam in ein Fundierungsverhältnis zu dem von Europa aus als universal gültig postulierten Wertekanon der Aufklärung und Säkularisierung. Während er aber in apologetisch-polemischer Perspektive – dasselbe gilt auch für al-Djahiz – Islam und Christentum in ein Verhältnis von vollkommener *Metareligion* (Islam) auf der einen und defizitärer historischer Religion (Christentum) auf der anderen Seite einspannte, offenbart sich in den öffentlichen Loyalitätsbekundungen und Bekenntnissen muslimischer Akteure zum Dialog und Frieden ein inklusivistisch-universales Verständnis des Islam. Gegenüber dem Misstrauen und gleichzeitiger Erwartungshaltung der den Diskurs inhaltlich dominierenden Mehrheitsgesellschaft stellen die daran beteiligten muslimischen Akteure den Islam zusammen mit anderen Religionen – vornehmlich mit dem Christentum und Judentum – in ein gemeinsames, d. h. dialogisches Fundierungsverhältnis zum Wertekanon der Mehrheitsgesellschaft, den sie als universal anerkennen. Es liegt auf der Hand, dass diese normative Neu-Einordnung des Islam aus einer neuen Diskursformation (post-9/11) hervorgeht, in der gerade die Dialogfähigkeit und Frieden stiftendes Potenzial einer Religion zum zentralen normativen Massstab erhoben werden.

66 Vgl. dazu die Internetauftritte einzelner muslimischer Dachvereine in der Schweiz wie beispielsweise www.aargauermuslime.ch und www.vioz.ch/4721.html.

6.1.3 Dialektik von Exklusion und Inklusion

Wie oben am Beispiel des Katholizismus-Diskurses in den USA gezeigt, kann die normative Exklusion einer religiösen bzw. konfessionellen Minderheitengruppe aus einer sich in normativer Hinsicht exklusivistisch selbstdefinierenden Mehrheitsgesellschaft paradoxerweise zu einer Intensivierung des Kommunikationsverhältnisses zwischen der Minderheitengruppen und der Mehrheitsgesellschaft führen. Dasselbe Paradox stellen wir auch mit Blick auf den aktuellen Islam-Diskurs in der Schweiz fest. Durch die antagonistische Gegenüberstellung vom Islam auf der einen und säkularer Rechtsordnung, Demokratie sowie Freiheit auf der anderen Seite fühlen sich muslimische Gruppen regelrecht dazu gedrängt, durch öffentliches Engagement ihre Integrationsfähigkeit und Loyalität gegenüber der Mehrheitsgesellschaft unter Beweis zu stellen. Zahlreiche von muslimischen Akteuren initiierte öffentliche Anlässe – vom Tag der offenen Moschee über Vortragsabende zum Islam bis hin zu den kulturellen Anlässen und Sportveranstaltungen – haben zum Ziel, die Dialogfähigkeit und den Integrationswillen von Muslimen zu unterstreichen. Solche und zahlreiche ähnliche Initiativen führen zweifelsohne zu einer Intensivierung der Kommunikation zwischen Muslimen und den relevanten politischen, religiösen und kulturellen Akteuren der Mehrheitsgesellschaft. Darüber hinaus eröffnen sie innermuslimisch neue Handlungsmöglichkeiten und -felder für die kulturell bedingt ansonsten marginalisierte Gruppen wie beispielsweise Frauen. Die Existenz aktiver Frauengruppen innerhalb muslimischer Vereine ist in den letzten Jahren zu einem wichtigen Aspekt öffentlicher Präsentation und Auftritte dieser Vereine in der Schweiz geworden. Neben Frieden, säkularer Rechtsordnung und Dialogfähigkeit bildet die Genderfrage eines der Kernelemente des normativen Schemas, welches im Islam-Diskurs angelegt wird.

7   Fazit

Mit Blick auf die Kontextualisierung des Islam-Diskurses der post-9/11-Ära innerhalb der islamisch-christlichen einerseits und

innerchristlicher Diskursgeschichte andererseits ist zusammenfassend dreierlei zu unterstreichen:

a) Der Islam-Diskurs der post-9/11-Ära hat sich nicht nur zu
einem Diskurs über den angeblichen zivilisatorischen Zusammen-
stoss zwischen dem Islam und dem Westen entwickelt, sondern
fördert parallel dazu immer neue und intensivere Formen der Kommunikation zwischen Muslimen und der Mehrheitsgesellschaft.

b) Wie die früheren Religionsdiskurse wirkt sich auch dieser
Diskurs verändernd und konstruktiv auf das Islam-Verständnis der
Muslime selbst aus. Eine ähnliche, wenn nicht sogar identische
Entwicklung war auch mit Blick auf den protestantischen Katho-
lizismus-Diskurs in den USA und den europäischen Islam-Diskurs
der Kolonialzeit zu beobachten.

c) Die für ältere islamisch-christliche Diskurse charakte-
ristischen Fragen nach der Verhältnisbestimmung von Religion
und *ratio*, Religion und Fortschritt, Religion und Zivilgesellschaft
haben im Kontext des post-9/11-Diskurses nicht nur an neuer
Aktualität gewonnen. Aufgrund seines alle Gesellschaftsbereiche
vereinnahmenden Charakters scheint in den aktuellen Islam-
Diskurs ein gesamtgesellschaftliches Bedürfnis nach endgültigen
Klarstellungen und Verhältnisbestimmungen zu münden – nach
Verhältnisbestimmung von Religion und *ratio*, Religion und
Politik, Religion und Erziehung, Religion und Einwanderung,
Religion und Kunst, Religion und Architektur, Religion und
Identität, Religion und Freiheit, Religion und Medien, Religion
und Bekleidung und nicht zuletzt auch Religion und Humor. Im
aktuellen Islam Diskurs verdichten und überlagern sich alle diese
Einzeldiskurse in einer bislang einmaligen Intensität. In qualitativer
Hinsicht scheint der aktuelle Islam-Diskurs – um zum Schluss die
Beantwortung der bereits im Titel aufgeworfener Frage zu wagen –
tatsächlich die Charakterisierung als die *Mutter* aller Diskurse zu
erlauben. Er vereint in sich alle Gesellschaft relevanten Fragen,
die in dieser Konzentriertheit bislang noch kein Religionsdiskurs
vereinte.

Es bleibt schliesslich zu fragen, welche Perspektiven sich aus diesem spezifischen Diskurs für die zukünftige Entwicklung des Islam und der Muslime in der Schweiz ergeben.

Der Katholizismus-Diskurs in den USA, mit den ihn charakterisierenden Paradoxien von normativer Exklusion und zivilgesellschaftlichem Engagement, endete letztlich in der Integration des Katholizismus in die amerikanische Zivilgesellschaft.

Ist dieselbe Entwicklung auch mit Blick auf den Islam in der Schweiz zu erwarten?

Es stellt zwar keine dankbare Aufgabe dar, ein in sich komplexes und nicht zuletzt auch widersprüchliches Phänomen wie Religion prognostisch zu erfassen. Die hier dargestellten Entwicklungstendenzen im Kontext des aktuellen Islam-Diskurses und deren Verbindung mit historischer Betrachtung werden uns dennoch andeutungsweise gezeigt haben, dass der Islam in der Schweiz in Zukunft eine relevante Rolle als aktiver Faktor in den öffentlichen und gesellschaftspolitischen Debatten des Landes spielen könnte.

Literatur

Auster, Paul: Jetzt beginnt das 21. Jahrhundert, in: ZEITdokument (2001), H 2, S. 36.

Balic, Smail: Das unbekannte Bosnien. Europas Brücke zur islamischen Welt. Köln u. a.: Böhlau, 1992.

Baudrillard, Jean: Der Geist des Terrorismus. Das Abendland, das die Stelle Gottes eingenommen hat, wird selbstmörderisch und erklärt sich selbst den Krieg, in: *Hoffmann, Hilmar; Schoeller, Wilfried F. (Hg.):* Wendepunkt 11. September 2001. Terror, Islam und Demokratie. Köln: DuMont, 2001, S. 53–64.

Behloul, Samuel M.: Ibn Hazm's Evangelienkritik. Eine Methodische Untersuchung. Leiden u. a.: Brill, 2002.

Ders.: The Society is watching you. Islam-Diskurs in der Schweiz und die Konstruktion einer öffentlichen Religion, in: Theologische Berichte 30 (2007), S. 276–315.

Beyer, Hans: Die Kirchenentfremdung in Norddeutschland – historisch gesehen, in: Informationsblatt für die Gemeinden in der niederdeutschen lutherischen Landeskirche (1954), H 3, S. 16.

Borutta, Manuel: Das Andere der Moderne. Geschlecht, Sexualität und Krankheit in antikatholischen Diskursen Deutschlands und Italiens (1850–1900), in: *Rammert, Werner; Knauthe, Gunther; Buchenau, Klaus (Hg.):* Kollektive Identitäten und kulturelle Innovationen. Leipzig: Leipziger Universitätsverlag, 2001, S. 59–75.

Burke, Peter: Did Europe exist before 1700?, in: History of European Ideas 1 (1980), S. 21–29.

Busse, Heribert: Grundzüge der islamischen Theologie und der Geschichte des Islamischen Raumes, in: *Ende, Werner; Steinbach, Udo (Hg.):* Der Islam in der Gegenwart. München: C.H. Beck, ⁵2005, S. 21–54.

Casanova, Jose: Civil society and religion. Retrospective reflections on Catholicism and Prospective reflections on Islam, in: Social Research 68 (2001), H 4, S. 1041–1081.

Eley, Geoff: Bismarckian Germany, in: *Martel, Gordon (Hg.):* Modern Germany reconsidered, 1870–1945. London u. a.: Routledge, 1992, S. 1-32.

Gutas, Dimitri: Greek Thought, Arabic Culture. The Graeco-Arabic Translation Movement in Baghdad and Early 'Abbasid Society (2nd–4th/8th–10th centuries). London: Routledge, 1998.

Hasselblatt, Gunnar: Herkunft und Auswirkungen der Apologetik Muhammed Abduh's (1849–1905), untersucht an seiner Schrift: Islam und Christentum im Verhältnis zu Wissenschaft und Zivilisation. Diss. Göttingen, 1968.

Hay, Denys: Europe. The Emergence of an Idea, Edinburgh: Edinburgh University Press, 1968.

Higham, John: Strangers in the Land. Patterns of American Nativism 1860–1925, Greenwood Press: Westport, 1981.

Hölscher, Lucian: Die Religion des Bürgers. Bürgerliche Frömmigkeit und Protestantische Kirche im 19. Jahrhundert, in: Historische Zeitschrift, Bd. 250 (1990), S. 595–630.

Huntington, Samuel: The Clash of Civilisation and the Remaking of World Order. New York: Simon and Schuster, 1996.

Ignatiev, Noel: How the Irish Became White. New York: Routledge, 1995.

Langewiesche, Dieter: Liberalismus in Deutschland. Frankfurt a. M.: Suhrkamp, 1988.

Le Goff, Jacques: Die Geburt Europas im Mittelalter. München: C.H. Beck, 2004.

Matthes, Joachim: Reflexionen auf den Begriff «Religion», in: *ders.:* Das Eigene und das Fremde. Gesammelte Aufsätze zu Gesellschaft, Kultur und Religion. *Hg.: Schloz, Rüdiger.* Würzburg: Ergon Verlag, 2005, S. 195–208.

McCarthy, Kathleen D.: American Creed. Philanthropy and the Rise of Civil Society 1700–1865. Chicago/London: The University of Chicago Press, 2003.

Meier, Andreas: Der politische Auftrag des Islam. Programme und Kritik zwischen Fundamentalismus und Reformen. Originalstimmen aus der islamischen Welt. Wuppertal: Hammer, 1994.

Nagel, Tilman: Rechtleitung und Kalifat. Versuch über eine Grundfrage der islamischen Geschichte. Bonn: Orientalisches Seminar Bonn, 1975.

Nasr, Hossein: Religion and Secularism, their Meaning and Manifestation in Islamic History, in: The Islamic Quarterly, Vol. VI (1961), Nr. 4, S. 118–126.

Pinheiro, John C.: «Religion without restriction»: Anti-Catholicism, all Mexico, and the treaty of Guadalupe Hidalgo, in: Journal of the Early Republic 23 (2003), S. 70–96.

Said, Edward W.: Orientalism. New York: Vintage Books, 1994.

Sattler, Rolf-Joachim: Europa. Geschichte und Aktualität des Begriffes. Braunschweig: Limbach, 1971.

Schieder, Rolf: Zivilreligion als Diskurs, in: *ders.:* Religionspolitik und Zivilreligion. Baden-Baden: Nomos, 2001, S. 8–23.

Schleiermacher, Friedrich: Der christliche Glaube. Nach den Grundsätzen der evangelischen Kirche im Zusammenhange dargestellt. Berlin: Walter de Gruyter, 1960.

Schneider, Theodor: Ausgewählte Schriften von Dr. Richard Rothe. Halle a. d. Saale: Verlag von Otto Hendel, 1899.

Weber, Christoph: Ultramontanismus als katholischer Fundamentalismus, in: *Loth, Wilfried (Hg.):* Deutscher Katholizismus im Umbruch zur Moderne. Stuttgart etc.: Kohlhammer, 1991, S. 20–45.

Autorinnen und Autoren

Akashe-Böhme, Farideh (†): Soziologin. Schwerpunkte: Frauenforschung, Soziologie der Migration, Islam

Behloul, Samuel-Martin: Forschungsmitarbeiter SNF, Lehrbeauftragter für Religionswissenschaft an der Universität Luzern

Cumart, Nevfel: Turkologe und Islamwissenschaftler

Jäggle, Martin: Dekan, Professor für Religionspädagogik und Katechetik an der Universität Wien

Keller-Messahli, Saïda: Gründerin und Präsidentin des Forums für einen fortschrittlichen Islam

Lienemann, Wolfgang: Professor für Ethik an der Theologischen Fakultät der Universität Bern

Müller, Wolfgang W. (Herausgeber): Professor für Dogmatik an der Universität Luzern und Leiter des Ökumenischen Instituts Luzern

Renz, Andreas: Fachreferent für Ökumene und interreligiösen Dialog im Erzbistum München-Freising, Lehrbeauftragter an der Ludwig-Maximilians-Universität München

Ritter, André: Pfarrer, Direktor des Europäischen Instituts für interkulturelle und interreligiöse Forschung in Vaduz / Liechtenstein

Ucar, Bülent: Professor für Islamische Religionspädagogik an der Universität Osnabrück

Wehrli, Reto: Rechtsanwalt und Urkundsperson, Nationalrat

Herausgeber und Verlag danken der römisch-katholischen Körperschaft des Kantons Zürich für die Unterstützung bei der Drucklegung dieses Buches.